BUILDING
AND
DWELLING

Ethics for the City

棲居 ．

都市規劃的過去、現在與未來，
如何打造開放城市，
尋找居住平衡的新契機？

Richard Sennett

理查·桑內特————————著

譯————洪慧芳

謹獻給 Ricky 與 Mika Burdett

推薦序　開放城市的築與居

台灣大學建築與城鄉研究所副教授 康旻杰

書寫城市

　　一如桑內特一貫的書寫風格，這本可作為都市規劃專業學院必讀的都市文本，其實並不囿限於學術行話，乃至築高閱讀門檻。全書即使建構都市理論的企圖昭然若揭，讀來竟有散文式的節奏和趣味；迂迴但流暢，微觀個人又格局恢宏，面對邊變當下卻始終不忘探測歷史縱深。尤其當桑內特中風後，以身為度，觀察和體驗的城市空間，不只是先前《肉體與石頭》（*Flesh and Stone*）書中所譬喻或被結構化的身體處境，而是扎扎實實的困難身體感受、和設身處地由他者位置看見的全球城市流變場景。

　　《樓居》是「創造者」（homo faber）三部曲的總結大作，但拉長時間軸，更像桑內特寫作生涯的都市里程碑。從《失序之用》（*The Uses of Disorder*）、《再會吧！公共人》（*The Fall of Public Man*）、《視覺的良知》（*The Conscience of the Eye*）、乃至《肉體與石頭》，他論述的主旨其實頗為一致，都是關於城市性（urbanism）核心價值的倡議：簡言之，由多元差異的市民集體形塑的公共生活／社會生活。他總是深掘西方文明的檔案，藉以爬梳城市空間與社會，或本書引用之 ville 與 cité 相互為用的關係；但此「西方」揭示的民主制度與公民社會，以及相對應的建築風貌及規劃範型，實為全球北方（global north）視角所建構

的城市想像，而非全球城市的真相。相較於前作，《棲居》總算跨越南北分歧的布朗特界線，正視急劇都市化及超高密度的全球南方城市，和相伴隨的非正式空間過程及階級困境出路。桑內特因此發現諸多西方哲學與都市規劃典範的限制，從而更確認差異融滲、多元包容的城市倫理。其中最批判性的倫理對照，便從書的原名開始。

築與居

　　《棲居》英文原名 Building and Dwelling 直譯乃「築與居」，刻意與哲學家海德格深具影響力著作〈築居思〉（Building Dwelling Thinking）對話。從物理環境的「築」與生活實踐的「居」，引申出集體「築與居」所具現的 ville 和 cité──關於城市規劃設計營造與居住生活文化，或所謂城市的實體與靈魂之間的辯證。海德格透過現象學描繪的居所與自然環境的關係，產生唯心式的內向思考和避世觀點，強化了家園的地域認同，卻逆反城市必然要面對差異的多元共榮本質。

　　如果對海德格而言，「築」是為了「居」的目的，放大到城市尺度，不同棲居者在都市發展過程集體形塑的生活經驗，又該如何深描？基礎設施與建築街廓作為城市私密及公共生活的容器，與海德格索居山林的環境美學大相逕庭，但桑內特提醒讀者，海德格反猶太（他者）和納粹牽連的過往，與他詩意卻保守的築居哲學不無關聯。城市，反倒冷酷地強迫其中的棲居生活者真實面對我群與他者，進而在集體的住宅（housing）環境發展出鄰里關係。築與居的社區與社會主張，反映在都市住宅文化的演變，也體現於社會主義理想與現代主義建築之間的媾合，其中

最關鍵的角色莫過於國際現代建築學會（CIAM）依循柯比意瓦贊計畫（Plan Voisin）的布局、至今仍影響全球南方城市規劃的雅典憲章。

雅典憲章

　　桑內特對雅典憲章的重視，無非乃察覺這份一九三三年起草的文件，竟預示了未來城市的發展圖像，且隨著全球化及都市化的軌跡，空間形式越趨立體龐碩。柯比意的瓦贊計畫以「築」的總體結構回應、甚至定義了現代性城市「居」的需求及價值觀，一種翻天覆地砍掉重練、與城市歷史文脈決裂的國際通則。但桑內特批判雅典憲章的規劃議程正是它對都市文化最劇烈且不可逆的破壞——雖然就社會主義的居住正義命題和以個人運輸載具主導都市基礎設施系統的技術革命，形隨功能的態勢已幾乎無法避免。所幸當年巴黎瑪黑區沒有被瓦贊掉，但後來中國城市不僅熱烈擁護，甚至舉國家之力擴張規模，成就大片新闢土地上由快速路網編織的獨立高塔街廓。而原本應是立基於社會主義的城市模型，亦即，公有土地上預設高效率大量生產的模距化住宅，以照顧勞力再生產的集體消費需求，最終仍不敵房地產市場經濟的侵蝕，門禁社區圍牆更直接界定了階級藩籬。這如同政府管控的 ville 強壓市民生活的 cité，假理性規劃之手毀棄了人性城市的倫理。許多全球南方城市的經驗，幾乎同時見證了雅典憲章邏輯的荒謬和失控。

　　桑內特作為聯合國氣候變遷與城市計畫的資深顧問，利用二〇一六年「人居 III」（Habitat III）大會，與其他幾名專業者與學者提出「新雅典憲章」（New Charter of Athens），以聯合

國「新都市議程」（New Urban Agenda）揭櫫的真實議題與挑戰，引領新世紀的城市價值。新雅典憲章的核心論述，開放城市（Open City），正與本書第三章提到的五種開放形式遙相呼應。如桑內特一向關注具滲透性的多孔邊境，不僅指涉建築空間皮層的開放，讓使用者有機會自力參與設計營造及空間詮釋，也暗示其間社會階級跨域流動的可能。尤其在高密度非正式城市的前緣，桑內特透過在邊界奮鬥存活的都市角色，新德里尼赫魯廣場的蘇迪爾先生、麥德林貧民區引路的小孩、或上海的 Q 女士，象徵性但非刻板地開展出開放城市的多層次敘事，同時巧妙呼應了珍雅各對都市社會生活與街道芭蕾的捍衛主張。桑內特在《樓居》中勾勒的柏林康德大街場景，也彷如雅各《偉大城市的誕生與衰亡》的格林威治村。

雅各、孟福與鄂蘭

　　桑內特與珍・雅各的私人情誼及都市對話，讓《樓居》更具一種內幕者的權威視角。特別當他對比雅各與同時代其他卓越的、且與他也有私交的都市研究者及政治學家，讀者更能體會桑內特第一手分析後摩西斯年代的紐約、不同思想陣營建立歧義都市論述的獨特況味。其中珍・雅各、劉易斯・孟福、漢娜・鄂蘭各跳脫雅典憲章的現代主義框架，提出不受基礎設施部署與資本開發主導的城市性概念。雅各對於小區鄰里和街道生活的熱愛，強調混合使用的街區模式，並召喚由下而上的自主市民參與，抵抗摩西斯對紐約創造性破壞的行動，儼然成了都市傳奇。但桑內特以孟福受霍華德　發的「花園城市」範型，比較雅各過於聚焦社區尺度的公共生活，反而彰顯了她忽略都市結

構中必要的規劃干預及基礎設施佈局,而產生 cité 凌駕 ville 的失衡。孟福的社會主義信條,關心土地產權的制度(如花園城市立基於土地公有信託之上)以及都市居住、工作／產業、基礎設施、與自然環境之間的空間調配,但卻常依附左派烏托邦的理想,跳過多元雜沓的街道生活與地方政治,淪為紙上城市的想像。但互有歧見的兩人都堅持原有都市紋理的維繫,而非現代主義式的截然切割;也因兩人對合宜都市尺度的眷戀,難以面對當代大型城市密度及衍生的各種非正式現象,最終反而框限於歐美城市的象限。

反倒未提出整體都市看法的鄂蘭,從自身猶太離散、落腳紐約的經驗,發展為新生(natality)的概念,似更契合桑內特開放城市的主張。鄂蘭認為,無論過往非志願的遷徙,新來乍到者擁有開展全新世界的能力,經由無止盡的交流互動,與他人一起重塑生活,便得獲重生。桑內特的城市倫理從來不是道德規範,他深諳多元社會必然存在的衝突,而包容也非親密的相互擁抱。那種包容陌生人／他者、但保持一定距離而共成鄰里的能力,和從街頭智慧培養機鋒轉適的能動性,正是由封閉社會轉向開放城市的關鍵。

新生

「她相信生活將不斷地重新塑造,這與巴謝拉的觀點相呼應。巴謝拉放棄小屋的安全感(小屋的存在就像孩子的搖籃),轉而面對城市的困境。因此,打造一座城市會有破壞與破裂。這是『行動』的領域,改造的領域。」

目次

第一章
簡介：扭曲、開放、簡約

1. 扭曲

　　在早期的基督教中，「城市」代表兩種城市：上帝之城（City of God）與地上之城（City of Man）。聖奧古斯丁（St. Augustine）以城市來比喻上帝的信仰構思，但聖奧古斯丁的古代讀者在羅馬的小巷、市場、論壇中漫步時，不會知道上帝身為城市規劃者是如何運作的。即使這個基督教的比喻後來逐漸消失了，但「城市」意指兩種不同的東西──一個是指實體的地方，另一個是指由觀感、行為、信念彙集而成的心態──這種雙重概念依然存在。法語首先以兩個不同的單字來做這樣的區分：ville 和 cité。[1]

　　最初這兩個字是用來區分大小：ville 是指整個城市，cité 是指一個特定的地方。十六世紀的某個時候，cité 逐漸用來指一個

街坊鄰里的生活特徵，人們對鄰居與陌生人的感覺，以及對地方的依戀之情。這種古老的區別如今已經消失，至少在法國是如此，現在 cité 最常指的是城鎮郊區那些窮人聚集的沒落地方。不過，老式用法還是值得重新啟用，因為它做了基本的區別：建成環境（built environment）是一回事，人們如何居住在其中又是另一回事了。如今，紐約幾條隧道因設計不良而造成交通阻塞，那是屬於 ville；許多紐約人迫於生存競爭，每天一大清早驅車湧向隧道，那是屬於 cité。

　　cité 除了描述城市的人類學之外，也可以指一種意識。普魯斯特（Proust）從他筆下人物對他們逗留的各種店鋪、公寓、街道、宮殿的觀感，拼湊出巴黎的全景，創造出一種集體的地方意識（place-consciousness）。這與巴爾札克（Balzac）形成了鮮明的對比，他告訴你，城裡確實發生了什麼，不管他筆下的角色怎麼想。「城市意識」（cité-consciousness）也可以代表人們希望如何集體生活，比如十九世紀巴黎動亂期間，那些反抗者在表達抱負方面比較籠統，不像要求減稅或麵包降價那麼具體。他們要求一種新的 cité，亦即一種新的政治思想。事實上，這個 cité 與 citoyenneté（法語的公民身分）息息相關。

　　如果 environment 那個字是理解成覆蓋著城市軀體的蝸牛外殼，那麼英語的「built environment」一詞並無法恰如其分地描述 ville 的概念。建築物很少是孤立的事實。都市發展型態有它自己的內在動態，例如建築的相互關係，建築與開放空間或地下基礎設施或自然的關係等等。以艾菲爾鐵塔的興建為例，一八八〇年代的規劃文件是寫在艾菲爾鐵塔興建以前，在遠離艾菲爾鐵塔現址的巴黎東部地區進行大範圍的調查，以評估它對整座

城市的影響。此外，光是艾菲爾鐵塔的資金並無法解釋它的設計，同樣龐大的資金也可能花在另一種有紀念性的建築物上，例如保守派偏好的凱旋教會。然而，一旦選定鐵塔後，鐵塔的形式需要精挑細選，而不是由環境決定：筆直的支柱比曲線支柱便宜得多，但艾菲爾鐵塔的興建不單只是考慮效能而已。更廣義來看也是如此，建成環境不止反映經濟或政治而已；在這些條件之外，建成環境的形式更是創造者展現意念的結果。

cité 和 ville 看起來應該是天衣無縫地結合在一起：人們想要怎麼生活，應該透過城市的興建來表達，但這裡存在著一個很大的問題。城市的體驗，就像臥室或戰場上的體驗一樣，很少是順暢完美的，往往充滿了矛盾與參差不齊的稜角。

康德（Immanuel Kant）於一七八四年發表了一篇談世界主義生活的文章，他寫道：「人性這根曲木，絕然造不出任何筆直的東西。」一個城市之所以扭曲，是因為它很多元，充滿了移民，說著數十種不同的語言；因為貧富差距如此明顯，苗條的女士在城市的某處享用午餐，距離她不遠的地方，就可以看到幾位疲憊不堪的交通清潔工；城市的壓力很大，聚集了太多年輕的畢業生，爭搶太少的就業機會⋯⋯實體的 ville 能夠解決這些難題嗎？把街道改成行人專用道可以化解住房危機嗎？建築物使用強化玻璃可以讓人更包容移民嗎？城市似乎是扭曲的，因為不對稱性影響了它的 cité 和 ville。[2]

建造者（builder）自身的價值觀與大眾的價值觀有時確實難以協調。一個人拒絕和異於自己的鄰居住在一起，就會出現這種不協調。許多歐洲人覺得穆斯林移民難以理解；許多美國人覺得墨西哥移民應該驅逐出境；從耶路撒冷到孟買，那些信仰不同的

人覺得他們很難在同一地方生活。這種社會反彈的結果之一就是封閉式社區（gated community）。如今在世界各地，封閉式社區都是最熱門的新住宅開發形式。城市規劃者應該違背人們的意願，拒絕興建封閉式社區；他們應該以正義之名消除偏見。但是，沒有一種直接的方法可以把正義轉化為實體的形式——這是我早期做城市規劃時發現的。

一九六〇年代初期，有人提議在波士頓為一個勞動階級的地區興建一所新學校。那個年代，在勞動階級生活的地區，學校大多是採用種族隔離的方式。那所學校究竟是要種族融合呢，還是像多數學校那樣實施種族隔離呢？若是種族融合，規劃者就要設計大型停車場和停車位，以便停放接送黑人學童上下學的校車。白人家長暗中反對種族融合，聲稱社區需要更多的綠地，而不是校車的停車場。規劃者應該為社區服務，而不是強加一套陌生的價值觀在社區上。像我這樣的人——受過哈佛教育，擁有大量關於種族隔離的統計資料及完美執行的藍圖——有什麼權利去告訴南波士頓的校車司機、清潔工、工人該如何生活呢？我很慶幸，我的頂頭上司堅持了立場，他們並未屈服於階級內疚感。然而，生活與建築之間的突兀感，不能光靠規劃者展現倫理正義感來解決。以前述的例子來說，那只會導致事情變得更糟。我們自命不凡的作法，反而在白人民眾之間醞釀了更多的公憤。

這是當今城市的倫理問題。都市規劃應該代表現實社會？還是應該想辦法去改變社會？如果康德是對的，ville 和 cité 就不可能平順地融合在一起，那該怎麼辦呢？

2. 開放

　　二十年前我在麻省理工學院（MIT）教都市規劃時，我以為我找到了答案。媒體實驗室（Media Lab）就在我辦公室的附近，對我這一代的人來說，那是新數位科技的創新中心，把創新的想法轉化為實際的成果。一九八五年，尼古拉斯·尼葛洛龐帝（Nicholas Negroponte）創立了媒體實驗室，那裡投入的專案包括為貧童設計的超便宜電腦、機械膝蓋之類的醫療義肢、為偏遠地區的人提供城市活動訊息的「數位城鎮中心」等等。對建成物件的重視，使媒體實驗室成了能工巧匠的天堂。然而，這種立意良善的運作方式卻引發了激烈的爭論、技術上的鑽牛角尖，以及大量的浪費。

　　疲憊不堪的研究人員似乎從未睡過，他們如此解釋「微軟級」（Microsoft-level）專案和「麻省理工級」專案之間的區別：微軟級的專案是把現有的知識包裝起來，麻省理工級的專案是把現有的知識拆解開來。在媒體實驗室裡，大家平時最愛做的消遣就是欺騙微軟程式，使它運作失敗或中止。無論這樣講是否公平，媒體實驗室的研究人員整體上是一群愛冒險的人，他們往往認為普通的科學是庸俗的，他們想研究的是尖端科技。他們認為微軟的思維是「封閉的」，媒體實驗室是「開放的」——唯有「開放」才能創新。

　　一般來說，研究人員做實驗以驗證或推翻假設時，是在一套行之有年的軌道上運作。原始的立論決定了程序與觀察，實驗的結果在於判斷假設是否正確。在另一種實驗方式中，研究人員認真看待意料之外的資料變化，那可能促使他們跳脫常軌，做另

類思考。他們會思考矛盾與含糊不清的地方，在這些困難中苦思一段時間，而不是立即想辦法排解困難，或是把困難撇在一邊。第一種實驗是封閉的，因為它是回答固定的問題：是或不是。在第二種實驗中，研究人員的作法比較開放，因為他們會問一些無法那樣回答的問題。

　　哈佛大學的醫生傑若・古柏曼（Jerome Groopman）以一種比媒體實驗室更冷靜的態度，解釋新藥臨床試驗的開放程序。在「適應性臨床試驗」（adaptive clinical trial）中，試驗的條件會隨著實驗的展開而變，這不是憑直覺行事、隨波逐流。因為實驗性的藥物可能很危險，研究者在跨入未知領域的過程中，必須非常小心。但是，在適應性臨床試驗中，實驗者比較感興趣的是理解那些令人驚訝或神祕有趣的事情，而不是去證實事先可預料的東西。[3]

　　當然，實驗室裡的冒險無法脫離以「是／否」進行篩選的單調乏味工作。發現 DNA 雙螺旋結構的法蘭西斯・克里克（Francis Crick）表示，那個發現是源自於探究例常實驗室工作中的小「異常」。研究者需要定向，固定的程序提供了定向。如此一來，自我批判的工作才能開始探索奇怪的結果、令人好奇的現象。挑戰在於利用這些可能性。[4]

　　「開放」意指一種把奇怪、令人好奇、可能的事物融合在一起的系統。數學家梅蘭妮・米契爾（Melanie Mitchell）為開放系統做了簡潔有力的歸納：「一個由元件組成的大型網路，沒有中央控制和簡單的操作規則，但促成了複雜的集體行為、複雜的資訊處理，以及透過學習或演化的調適。」這表示複雜性是在演化過程中形成的，是透過資訊的回饋與篩選而產生的，而不是像

「終極目標」那樣，一開始就預定與設定好的。 [5]

　　在開放系統中，那些組成元件的互動方式也是如此。數學家史蒂芬‧史特格茲（Steven Strogatz）指出：「線性方程式可以拆解成段，每一段可以單獨分析與解題，最後再把所有單獨的答案重新組合起來……在線性系統中，整體正好等於組成元件的總和。」然而，非線性的開放系統無法這樣拆解，「整個系統必須以一個連貫的整體一起檢視」。你只要思考化學物質是如何互動形成化合物的，就可以輕易了解他的說法了：化學物質互動後，變成一種全新的物質。 [6]

　　那種觀點在麻省理工學院有扎實的基礎。媒體實驗室是建立在電子系統實驗室（Electronic Systems Laboratory）的知識基礎上。電子系統實驗室是一九四○年代由二十世紀最卓越的系統分析師諾伯特‧維納（Norbert Wiener）在麻省理工學院創立的。維納是站在機器可以消化大量資訊的時代尖端，他探索規劃那個消化過程的不同方法，對電子回饋特別感興趣，因為電子回饋的性質是複雜、模糊或矛盾的，而不是直截了當的。如果他所謂的「學習機器」會說話，它會說：「我沒料到會出現 X、Y 或 Z。現在我需要找出原因，以及如何重新改進機器。」這就是開放環境的縮影，雖然那裡面是內建半導體，而不是住著人。 [7]

　　開放實驗室的精神與城市有什麼關係？建築師羅伯‧文丘里（Robert Venturi）曾說：「我喜歡建築中的複雜性與矛盾性……我追求意義的豐富性，而不是意義的明確性。」雖然他抨擊很多現代建築的陽春、功能主義風格，但他的說法更切中要點。他的看法就是把媒體實驗室的精神套用到城市上——城市是個複雜的地方，這表示城市充滿了矛盾與模稜兩可之處。複雜性

豐富了經驗，明確性反而稀釋了經驗。[8]

　　我的朋友威廉・米契爾（William Mitchell）是建築師，他最終接管了媒體實驗室，在系統與城市之間搭起了橋梁。他是個享樂生活家，常去麻州劍橋市的夜生活熱門場所（那年代是如此），他宣稱「鍵盤是我的咖啡館」。他的著作《位元城市》（*City of Bits*）是第一本有關「智慧城市」的著作，於一九九六年出版，因此早在手持裝置、Web 2.0 互動程式、奈米科技出現以前，他的書就想要迎接未來可能出現的一切。他想像智慧城市是一個複雜的地方：資訊分享讓市民有更多的選擇及更大的自由；城市（ville）的實體建築、街道、學校和辦公室將由元件組成，這些元件可以不斷地改變，所以能夠進化，就像資訊流一樣。智慧城市的形式會變得愈來愈複雜，城市（cité）的意義也因此愈來愈豐富。[9]

　　某種程度上，這種科技幻想不是什麼新鮮事。亞里斯多德在《政治學》（*Politics*）中寫道：「城市是由形形色色的人組成，相似的人無法形成一個城市。」人與人團結起來比各自獨立還要強大，所以，在戰爭期間，雅典收留了逃離鄉間的多元部族，也接納了後來留在城裡的流亡者。雖然他們的身分始終沒有確定、模糊不清，但那些難民為城市帶來了新思維與新工藝。亞里斯多德指出，貿易在人口稠密的城市，比在人口稀少的村莊更蓬勃。關於這個事實，不是只有他看到。幾乎所有談論城市的古代作家都指出，多元複雜的經濟比單一的經濟文化獲利更好。亞里斯多德也想到政治複雜性的優點；在多樣化的社會環境中，男人（在亞里斯多德的時代，man 只代表男人）為了治理城市，必須理解不同的觀點。總之，亞里斯多德把匯集不同的人稱為

「群體集住」（synoikismos），那是一種類似「綜合」與「綜效」的匯集——城市就像是數學家史特格茲的方程式，是一個整體大於組成元件的總和。[10]

「開放」是現代政治的關鍵字。一九四五年，奧地利難民哲學家卡爾・波普爾（Karl Popper）出版了《開放社會及其敵人》（*The Open Society and its Enemies*）。他問了一個哲學問題——歐洲是如何陷入極權主義的：西方思想中，是否有什麼東西促使大家扼殺不同群體之間有事實根據的理性辯論，轉而支援獨裁者編造的「我們是一體的」、「我們與他們對立」之類的誘人迷思？儘管《開放社會及其敵人》這本書的書名某種程度上名不符實（因為波普爾分析了許多歷代不開明的政治思想，而不是日常社會發生的事情），但它的主題並未過時。不過，那本書對於從事那些活動的人有很大的影響，尤其是他在倫敦政經學院的同事，當時那些同事正在設計英國福利國家，他們希望設計出一個使官僚系統鬆散開放、而非僵化封閉的計畫。金融家喬治・索羅斯（George Soros）是波普爾的學生，他後來投入大量的資金興建機構（例如在公民社會中興辦大學），那些機構都反映了波普爾的開明價值觀。

開放社會的開明價值觀，似乎適合任何涵蓋許多族群的城市。相互包容使不同的族群能夠生活在一起。同樣地，一個開放的社會應該比今天的多數社會更平等、更民主，財富和權力應該分散在整個社會體系當中，而不是集中在社會頂層。但是，這種渴望不該只是都市的專利，小鎮的農民與居民也理當獲得同樣的待遇。思考都市倫理時，我們想知道是什麼因素使倫理多了都市性。

　　例如，自由在城市中有特殊的價值。德國的格言「城市空氣帶來自由」（Stadtluft macht frei）是源自中世紀晚期。那句話承諾，公民可以擺脫他們從社經階級中繼承的固定地位，可以不只為一個雇主效勞。它的意思不是說公民是孤立的個體。一個人對於行會（guild）、鄰里團體、教會仍有義務，但那些義務在一生中可能改變。在本韋努托・切里尼（Autobiography of Benvenuto Cellini）的自傳中，這位金匠描述他二十幾歲時結束學徒生涯後的蛻變。他工作所在的幾個義大利城市有一些法律和習俗上的差異，他利用那些差異，轉換成不同的形象，以迎合不同的客人。他因緣際會做過多種不同的工作，包括金屬加工、寫詩創作、當兵等等。他的人生比留在農村裡更多彩多姿，因為城市讓他從固定的單一自我中解放出來，變成他想成為的人。

　　在麻省理工學院，我有幸看到「城市空氣帶來自由」在一群來自上海的年輕建築師之間成形。如今的開發中國家正經歷城市的爆炸性成長，他們的家鄉上海市正好是城市爆炸發展的縮影，經濟飛速擴張，吸引中國各地的年輕人蜂擁而入。雖然這群來 MIT 深造的上海人每年過年都會回到他們的村莊或小鎮，但是在城市裡，他們把家鄉的觀點與習慣拋諸腦後。一些年輕的男建築師公開出櫃，承認自己是同性戀；一些年輕的女建築師推遲或拒絕生孩子──不分男女都給家鄉的人帶來煩憂。我提出「城市空氣帶來自由」這個說法時，他們把那句話譯成中文後變成「扮演不同的角色」。粗略的文字表達反而傳達了深刻的真理，人生一旦開放了起來，就會出現很多層次，就像切里尼的人生那樣。

　　麻省理工學院讓我想到，這些「開放」觀點也許可以解開

ville 和 cité 之間的關聯之謎。與其釐清兩者的關係，一個開放的城市會融合各種複雜性，使它變成一個複雜的經驗化合物。城市規劃者與建築師的角色，既要鼓勵複雜性，也要創造一個互動的綜合城市（ville），使城市大於各種組成元件的總和，城市中的秩序指引著裡面的人。倫理上來說，一個開放的城市當然會包容差異，促進平等，但更具體地說，它會讓人從固定及熟悉的束縛中解放出來，創造一個讓人測試及擴展經驗的環境。

　　這是理想主義嗎？當然是，而且是以哲學的實用主義派為框架的美國式理想主義，其核心理念是所有的經驗應該都是實驗性的。我猜想，實用主義（pragmatism）的知名人士──諸如查爾斯・桑德斯・裴爾士（Charles Sanders Peirce）、威廉・詹姆斯（William James）、約翰・杜威（John Dewey）等人──若是待在媒體實驗室裡，應該會感到很自在。那些知名人士反對把「實用」（pragmatic）和「實際」（practical）混為一談，因為十九世紀末和二十世紀初主導美國價值觀的男性一板一眼，講究實際。他們頌揚效率，鄙視模稜兩可或矛盾。

　　然而，在我這個實用主義框架的小角落，要摒棄那些一板一眼的價值觀並非易事。大多數的城市專案耗資巨大。「城市空氣帶來自由」並未告訴城市規劃者，街道應該有多寬。有些人可能不喜歡被迫生活在古怪設計或事後證明有趣的失敗實驗中，都市計畫者必須對那些人負責。杜威和詹姆斯在這方面的想法並不天真，他們都知道實用主義必須搞清楚如何從實驗變成實務。如果你正在拆解一種存在已久的實務，解構並不會告訴你下一步要做什麼。詹姆斯甚至懷疑，開放的實驗性心態──非常挑剔現狀，非常介意事情可能不同──其實洩露了當事人對承諾的恐

懼。套用他的說法，不斷做實驗的人「害怕無法改變，那往往促成一種無法果斷下定決心的性格」。創造者不是那麼神經質時，可以踏上一條彎彎曲曲的道路，從「可能」邁向「可行」。[11]

實用主義者不知道如何把開放的實務加以具體化，米契爾後來是以一種特殊的方式解開這個難題。《位元城市》出版幾年後，米契爾和建築師法蘭克·蓋瑞（Frank Gehry）共同發起一個專案：設計一種高科技的自駕車。他們希望那不僅是一個機械容器，乘坐起來也是一大樂事。他們想要達到米契爾所謂的「運動美學」，那是一個難以捉摸的目標。我追問「運動美學」的定義是什麼，他回應：「我還不知道。」──一種媒體實驗室風格的回答。我偶爾會過去探訪那個專案，我注意到參與專案的人員似乎異動頻繁，所以詢問他們為什麼實驗室的助理流動率那麼高。一位經理向我解釋，許多人不理解他們的角色，因為「我還不知道」無法給人指明方向。由於米契爾在場，專案經理只簡略地說，在這個開放實驗中，失望程度「出奇的」高。此外，兩位天才逕自追尋一個難以捉摸的目標，沒給員工任何啟發，他們冀望下面的人憑直覺去把握靈感，然後把靈感付諸實踐。因此，那個走在時代尖端的開放實驗瀕臨失敗邊緣。

二○一○年米契爾罹癌過世，無法親眼目睹願景實現，但即使在他生命的最後幾年，科技界也持續轉變，從開放走向封閉。尤查·本科勒（Yochai Benkler）寫道，「網際網路最初二十五年的發展是典型的『開放系統的集成系統』……抗拒來自任何中央集權的權力施展」，然而如今「我們正轉向另一種網際網路，它促進了一小群有影響力的國家及非國家行動者的權力累積」。Facebook、Google、亞馬遜（Amazon）、英特爾（Intel）、

蘋果（Apple）——這些名稱體現了本科勒現在看到的問題：網際網路的封閉年代是由少數幾個壟斷的企業組成的，它們生產機器與程式，以進行大規模的資訊挖掘。這些壟斷程式一經採用後，會變得愈來愈個人化，控制力愈來愈強。[12]

　　儘管波普爾早在數位時代開始之前就過世了，他的幽魂可能會說：「我早就知道了。」波普爾痛恨經濟壟斷的程度，跟他畏懼極權國家的程度一樣。兩者都做出同樣誘人的承諾：就像我們現在的科技一樣，只要人們願意放手讓政權來籌劃一切，生活會變得更簡單、更明確、更友善。你會知道你要做什麼，因為有人已經幫你把經驗規則制定好了。你獲得了明確性，卻失去了自由，你的經驗將變得明確又封閉。早在波普爾之前，偉大的瑞士史學家雅各・布克哈特（Jacob Burckhardt）就提過同樣的威脅。他警告，現代生活將由「冷酷的簡化者」主宰，他是指民族主義的誘人簡化。對波普爾和布克哈特來說，那些開放經驗的流行語——諸如「複雜」、「模糊」、「不確定」等等——暗指對壓迫政權的反抗。[13]

　　如今我們居住的城市是封閉的，它們封閉的方式就像科技界一樣。在南方國家（Global South，中國、印度、巴西、墨西哥、非洲中部的國家），城市出現爆炸性發展。[①]在那些龐大的城市發展中，大型金融與建築公司正把城市（ville）標準化。飛機著陸時，你可能分不清那裡是北京、還是紐約。無論是北方國家（Global North），還是南方國家，城市的發展並未在形式上出現太多實驗。有點綠意的辦公園區、校園、公寓大樓都是不適

---

① 譯注：喬瓦尼・皮科・德拉・米蘭多拉（Giovanni Pico della Mirandola，1463-1494）為義大利文藝復興時期的哲學家。其著作《論人的尊嚴》公認為文藝復興的代表宣言。

合實驗的形式，因為它們都是獨立、自成一體的，不受外界影響，也不與外在互動。

　　然而，我在波士頓的經歷提醒了我，不要把封閉直接視為大國對人民的鎮壓。對他人的恐懼或無法因應複雜性是屬於 cité 的面向，那在生活中也是封閉的。所以，我在波士頓也發現，批評城市（cité）「沒做到」開放，其實是一種表裡不一的虛偽行為：一面展現出憤怒的民粹偏見，但另一面卻露出精英自鳴得意的微笑，自命不凡。所以，封閉的城市（cité）既是價值觀的問題，也是政治經濟的問題。

3. 簡約

　　Make（創造）這個字太常見了，所以大家通常不會去多想。不過，我們的祖先對這個字眼不是那麼習以為常，希臘人對於創造東西的能力頗為驚奇，即便是創造最普通的東西亦然。潘朵拉的盒子裡不僅有奇異的仙丹，還有刀子、地毯和罐子。人類對生存的貢獻，在於創造出一些前所未有的東西。希臘人有強烈的好奇心，那種好奇心在我們這個見怪不怪的年代已經消逝。希臘人對於某些東西竟然會存在，充滿了好奇，例如陶工知道怎麼防止陶器裂開，雕像的顏色非常鮮活。相反的，我們只對新鮮的事物感到好奇，例如，前所未見的陶器形狀或顏色。

　　在文藝復興時期，這種對創造的頌揚進入了一個新的領域。「城市空氣帶來自由」把「創造」這個字眼應用在自我上。文藝復興時期的哲學家喬瓦尼・皮科・德拉・米蘭多拉（Giovanni Pico della Mirandola）在著作《論人的尊嚴》（*Oration on the Dignity* of Man）裡宣稱：「人是一種具有多元、多樣、破壞性質的動物。」[②]在這種容易塑造的狀態下，「他選擇想要什麼，以及他想成為什麼，都能如願以償」。這不是自吹自擂，而是像蒙田（Montaigne）在文藝復興末期主張的那樣，人是以獨特的品味、信念或際遇來建構自己的生活。對自己的父親開戰，那是你獨有的經驗；發動任何戰爭的勇氣，則是每個人都有可能出現的特質。蒙田的主張傳達了「人格」（自己造成的）和「性格」（由每個人都有的信念和行為構成的）之間的鮮明對比。儘管如此，對皮科來說，人可以是自己的創造者，這不僅僅是指人格而已，那也承接了上帝主宰人類命運的力量。皮科是虔誠的宗教信徒，終其一生致力協調這兩個信念。[14、15]

十八世紀的哲學家為了化解這兩種信念之間的拉扯，把焦點放在創造的一個面向上：從事優質工作的動力。從中世紀開始，大家普遍認為這個創造者的美德是上帝接受的。優質的工作是一種奉獻及致力於客觀事物的象徵，超越了個人的自私。現在，哲學家以世俗的用語主張，一個人試圖把工作做好，就是在實現自己的價值。homo faber（創造者）以這個名義出現在德尼·狄德羅（Denis Diderot）於一七五一年到一七七一年撰寫的《百科全書》（Encyclopedie）中，他一卷接一卷地向讀者說明如何把工作做好，無論你是廚師、農夫，還是國王。《百科全書》強調把實際的工作做好，這點正好質疑了康德的人性曲木論，因為能工巧匠是合作的人，他們在共同努力創造好東西的過程中，理順了他與他人之間的關係。

---

② 譯注：喬瓦尼·皮科·德拉·米蘭多拉（Giovanni Pico della Mirandola，1463-1494）為義大利文藝復興時期的哲學家。

　　在現代，大家對創造者的信念早已不如以往。工業主義使
那些以技術自豪的勞工形象變得暗淡，因為機器取代了他們的
手藝，工廠的環境貶低了工作的社會情境。二十世紀，納粹主
義和國家共產主義都把「人類身為創造者」變成一種糟糕的意識
形態武器。集中營的入口處寫著「勞動帶來自由」（Arbeit macht
Frei）。如今，這些極權恐怖已經消失了，但「短期零工」這種
新形式的出現，再加上機器人勞動的進步，已經剝奪了很多人身
為工人的自豪感。

　　為了了解「創造者」在城市中的角色，我們必須以不同
的方式來思考勞動的尊嚴。城市中的創造者不是信奉一種世界
觀，而是以不起眼的方式來獲得榮譽：以盡可能低廉的成本來
裝修小房子，或在街道上栽種小樹，或提供廉價的長椅讓老人
安全地坐在戶外。這種「簡約創造」的倫理，暗示著某種與城
市（cité）的關係。

　　我當都市規劃師時還很年輕，伯納德‧魯道夫斯基
（Bernard Rudofsky）於一九六〇年代撰寫的《沒有建築師的建
築》（*Architecture Without Architects*），說服我相信了「簡約創
造」的倫理。在那個遙遠的年代，後現代主義與理論是熱門的
議題，但魯道夫斯基抽離那些熱門的議題，記錄了建成環境的
材料、形狀、選址是如何從日常生活的實務中產生的。西恩納
市（Siena）主廣場外的地區，是魯道夫斯基觀點的典型代表。
那裡的窗戶、門、以及覆蓋著基本上相似建築容積的裝飾，以
不可預測的方式累積了數百年，至今仍持續不斷。走在西恩納的
任一條街道上──平板玻璃店面的旁邊是中世紀的木製門道，門
道旁邊是麥當勞，麥當勞旁邊是修道院──你會強烈感受到這裡

正發生的變化，這種變化使它充滿了複雜又獨到的特質。更重要的是，這些變化大多是出自當地居民之手，他們隨著歲月的流逝，持續地創造及改造建築。麥當勞的玻璃店面必須與社區協會協商招牌的掛法，如今看起來很融入當地風情。

魯道夫斯基認為，地方的建造不需要刻意裝出藝術氣息。他舉了幾個裝模作樣的例子，例如，中非荒野中造型優雅的橢圓形穀倉；在伊朗，有人為了吸引鴿子而建造精緻的塔樓，結果鴿子糞便持續累積，把塔樓變成了堆肥廠。他所謂「沒有建築師的建築」就是這個意思：以城市（cité）為主，建造是由居住衍生而來的。人們投注在穀倉、塔樓、刷白街道的心力，顯示他們已經擁有那些地方。當我們說一個鄰里有家的感覺時，我覺得那是在主張這種擁有權——實體環境似乎源自於我們居住的方式，以及我們是誰。[16]

魯道夫斯基的主張甚至吸引了戈登·卡倫（Gordon Cullen）等經驗豐富的城市規劃家，他們在思考經驗的啟示該如何指引實體形式時，是思考比較技術面的東西。例如，卡倫研究海邊或河邊的城市裡，地平面的建築有何變化。地平面下的空間會逐漸出現，以因應貨物的裝卸，巴黎的碼頭就是如此；阿格德（Agde）是在地平面的上方建造架高的廣場以避免淹水，那個高度是根據年復一年的經驗設計的。在這兩個例子中，用途逐漸確立一個明確的視覺比例。專業人士應該遵循這種從經驗衍生出來的比例，而不是因為整地（grading）在設計圖上看起來不錯，就任意抬高或消除空間。[17]

魯道夫斯基和卡倫之所以提醒創造者不要隨意創新，還有另一個原因。每項創新本質上都是因為人們當前做事的方式和可

能做事的方式不同。時間上的開放性，意味著一個物件將如何演變，它的用途將如何變化，流程通常無法提前預測。以外科手術的手術刀為例，手術刀是十六世紀出現的，當時冶金術的進步意味著手術刀的刀刃變得更鋒利、更耐用。然後，醫生花了近八十年的時間，才想出如何在醫療上使用這些鋒利的刀——例如，如何小心翼翼地握刀，而不是像使用鈍劍那樣用力過猛。在那八十年間，手術刀的刀鋒和刀柄不斷地變細，每十年就出現不同版本的刀柄，有些版本又被改造成屠宰動物的新工具（幸好，那些版本退出了人類外科手術的領域）。在手工藝中，一種工具或材料剛出現時，大家不知道該拿它來做什麼——這其實是很常見的現象。工具或材料的多種用途，通常是在反覆試驗中發現的。時間翻轉了「形式應追隨功能」的口號。事實上，是功能追隨形式，而且追隨的速度通常很緩慢。[18]

　　同樣的，人們需要時間來學習建成環境。常識告訴我們，人們「憑直覺」就知道如何四處移動，或如何理解一座建築或一個地方，但任意創新的建築可以打破這些大家覺得理所當然的習慣。這個問題也出現在融入線上學習的學校設計中。傳統的教室是由一排排的座位組成的，座位上的學生抬頭盯著前面的老師，新型的教室是採用一種比較隨性的工作站群集。就像手術刀一樣，教師不知道如何馬上讓自己的身體與這些工作站配合——例如，該站在哪裡以吸引每個學生的注意力——學習適應新建築需要時間。同樣的，如果當初我們的種族融合計畫成功了，大家就必須學習如何在校車駛離的時候，把停放校車的硬地板當成操場使用。

　　珍・雅各（Jane Jacobs）綜合了這些觀點。這位偉大的作

家兼鬥士並未質疑城市設計本身的價值，而是堅持認為，城市的形式是從使用及經驗的啟示中慢慢出現的。她最討厭的創造者羅伯‧摩西斯（Robert Moses）是紐約市的規劃者，而且又能左右當權者。摩西斯打造城市的方式恰恰相反：宏大、快速、隨意。在這本書中，大家可以看到，我年輕的時候是雅各的信徒，但後來漸漸地擺脫了她的影響。

　　部分原因在於我自己實際活動的場景改變了。以前當城市規劃師時，我向來是採用簡約的作法。事實上，如今回顧過往，我後悔當初沒有正面迎擊實用主義的難題，多做一些實務，少做一些教學。我在美國做的實務都是地方性的案子，目的是為了強化社區。步入中年後，我開始在聯合國從事諮詢工作，先是為聯合國教科文組織（UNESCO）提供諮詢服務，後來為聯合國開發計畫署（UN Development Programme）服務，最近是為聯合國人居署（UN-habitat）服務。在南方國家，城市發展如此迅速，規模如此龐大，所以需要大規模的設計。對於如何提供大規模的住屋、學校或交通，緩慢、謹慎、地方性的作法並無法提供充分的指引。如何以一種簡約的精神在更大的範圍內落實都市建設呢？我並未揚棄那些塑造我的倫理觀，但那些觀念需要重新詮釋。

　　另一種觀點的改變是私人的。幾年前，我出現嚴重的中風。在恢復的過程中，我開始以異於以往的方式，去了解建築與空間的關係。現在我到複雜的空間時，感覺比較吃力，身體站不直，走路無法直線前進，還有神經短路的問題，在人群中會迷失方向。為了走路，我需要付出額外的體力。怪的是，額外的體力付出反而拓展了我對周圍環境的感知，而不是侷限我只想到下一

步該放在哪裡，或是誰在我前面。我開始更廣泛地注意到我穿梭的那些模糊空間或複雜空間，變成文丘里說的那種都市人。

這兩個變化促使我探索「創造者」如何在城市中扮演更有活力的角色。更有活力的都市規劃也必須是一種發自內心的都市規劃，因為地方和空間在人體內會活躍起來。我將在這本書中證明，積極的都市規劃可以和倫理的簡約結合起來。簡約不是指卑躬屈膝，都市規劃者應該是都市人的夥伴，而不是僕人──他們既要嚴謹地看待人們的生活方式，也要嚴格地挑剔自己建造的東西。如果 cité 和 ville 之間可以建立這種關係，城市就可以開放。

有一個論述可以反駁這個觀點。創造者的部分自尊存在於他的純粹意志中。每個卓越的城市創造者對於自己不受他人願望的影響，甚至與他人的願望相悖，都深感自豪。「不可能」、「沒聽過」、「愛現」、「脫節」等評語都是危險的訊號，可能激發出更多武斷的言論。一個以簡約精神來創造的人（如卡倫和雅各期待的那樣），肯定會減少創造與居住之間的緊張關係，但他可能也會避免冒險。如果自信、奔放、有創意的意念充滿了熱情，一種更敏感、更合作、更自我挑剔的都市規劃也能變得如此有活力嗎？

❖　❖　❖

本書概要

我以三部曲來探索「創造者」（Homo faber）的社會地位，這本書是最後一部。第一部是研究工藝，尤其是工藝涉及的頭與

手的關係。第二部是研究把工作做好所需要的合作。第三部是把
「創造者」放在城市裡。這本書的第一部是看都市規劃——城市
建設的專業實務——是如何演變的。十九世紀的城市建造者試圖
把生活與建築聯繫起來，這些組織很脆弱，很容易撕裂。二十世
紀，城市規劃者思考及進行城市建造的方式，導致 cité 和 ville
分道揚鑣。都市規劃把都市變成了一個封閉的社區。[19]

　　接著，這本書探討生活與建築之間的斷層如何影響三大議
題。我從南方國家那些城市的大規模擴張開始談起。北方國家尚
未解決的矛盾已經在南方國家出現了。從社會的角度來看，亞里
斯多德認為城市應該由不同類型的人組成，這個觀點給當今的城
市帶來了社會創傷。米契爾的智慧城市已經出現人性演化，如今
智慧城市要嘛是個噩夢，不然就是充滿希望的地方，因為科技可
能封閉或打開城市（cité）。

　　在第三部，我說明一個城市變得更開放時，它可以是什麼
樣子。在開放的城市（cité）裡，生活在城裡的人需要培養管理
複雜性的技能。在城市（ville）中，有五種開放的形式可以讓城
市以好的方式變得更複雜。接著，我會說明城市規劃者如何與城
市的居民合作，一起運用這些開放形式。

　　本書的最後一部分是探討城市本質上的扭曲。在社會、
科技、建築的裂縫之下，時間的運作破壞了生活與建築之間的
關係——這是實際的陳述，不是充滿詩意的說法。氣候變遷的
混亂與不確定性，彰顯出任何城市在演變過程中都會出現的破
壞。在本書最後，這種混亂把我帶回了我在波士頓首度遇到的議
題——倫理能夠塑造城市的設計嗎？

第一部

兩種城市

第二章

不穩定的基礎

1. 都市規劃的誕生 —— 一個工程師的故事

　　一八五九年，西班牙建築師伊爾德方索・塞爾達（Ildefons Cerdà）首次將「urbanism」（都市規劃）和「urbanist」（都市規劃者）這兩個字寫進印刷品中。為什麼這些字眼這麼新？人們在城市裡生活不是已經數千年了嗎？這些字眼之所以會出現，是因為現代生活的條件需要大家對城市有獨特的理解。[1]

　　十八世紀初期，歐洲開始有大量移民湧向城市，這些遷徙者主要是年輕人與窮人，他們主要是湧向倫敦和巴黎。他們一到城市後，馬上發現城市裡工作短缺。一七二〇年，倫敦的都市貧民中，僅約 60% 有全職的工作。在美國，許多移民行經紐約與費城，前往邊疆地區開拓。但是在英國和法國，那些失業的群眾就像凝固的血液一樣，滯留在城市裡。法國大革命爆發時，人

民普遍覺得有改革的必要，有些提案是針對這些物質條件發起的。例如，有的提案要求拆除偷工減料的貧民窟。不過，在塞爾達所謂的「都市規劃者」的心中，他們並沒有把經濟危機放在心上。當時的公共衛生問題促使他們重新思考城市，因為疾病對人體的危害是不分貧富的。

對城市來說，鼠疫一直是一大威脅。中世紀末期，黑死病帶走了歐洲三分之一的人口。隨著早期的現代城市變得愈來愈大，人口密度愈來愈高——因此衍生更多的排泄物——城市變成老鼠繁衍及傳播疾病的沃土。即使嬰兒出生時幸運地活下來了（在那個產科很原始的年代，順產是可喜可賀的事），他可能也會死於髒水所造成的痢疾。人口成長也意味著更多的住屋，更多的住屋意味著更多的煙囪排放廢氣，汙染空氣，容易使人罹患肺結核。

第一批積極解決這些問題的城市規劃者是工程師，而不是醫師。一般人不覺得土木工程是光鮮亮麗的工作，但是在塞爾達那個年代，工程師變成了英雄，因為他們比醫師更積極地處理城市的公共衛生問題，醫師對於如何預防結核病或鼠疫的起因毫無頭緒。

無論是一般民眾，還是醫學專家，大家因應霍亂的傳統作法依然是源自於無知。他們誤以為這種疾病是透過空氣傳播，而不是透過水傳染的。因此，在一八三二年的那場傳染病中，許多巴黎人交談時以白手帕捂著嘴，以避免感染席捲全城的瘟疫——白色似乎是特別重要的盾牌。巴黎皇家宮殿（Palais-Royal）原本是拱廊商店街兼妓院，後來改建成醫院。病人躺在玻璃屋頂下，排成狹窄的長排。病患群集於一地，人滿為患，即使

有人碰巧出現康復的跡象，擠在那裡也一定會再次互相傳染。然而，醫生和患者都堅信，以陽光直接照射垂死的病體有消毒的效果。古代流傳下來的信仰使大家迫切地想要相信，那是上帝的療癒之光。[2]

土木工程師變成現代城市的能工巧匠，試圖透過技術實驗來改善城市生活的品質。鼠疫肆虐的街道促使工程師重新思考建築材料的生產。十八世紀，倫敦布盧姆茲伯里廣場（Bloomsbury square）周圍的街道最早鋪設平整的石面，平整的石面街道是清理馬糞的必要設施，但直到後來機器能以工業規模大量切割石片後，石片鋪路才開始普及。土木工程師創造出一個加工石材的市場。他們的想法是，如果街道變得更容易清潔，民眾更有意願去清理，也比較不會從建築的窗戶把垃圾扔向戶外（以前的普遍作法）。事實上，工程師認為，只要改變基礎設施，更理性的公共衛生措施也會隨之而來——也就是說，ville 可以改變 cité。

同樣的，一八四三年巴黎率先發明的小便池（pissoir）也代表公共衛生的實質進步。一八八〇年代，出現多人用的小便池（稱為「Alexandrine」），那是一種特別適合擁擠街道的公共衛生技術。他們的想法跟石片鋪路一樣，希望藉由提供一種衛生保健的機制，促成態度上的改變：一八四三年以前，男人在公共場所小解，直接暴露性器官也不覺得羞恥，他們就像狗一樣，在建築物的牆邊或街上撒尿。小便池出現後，尿液可以輸送到地下。城市（cité）的價值也跟著改變了，在陌生人面前小解逐漸顯得丟臉。更棒的是，從街頭清除糞便與尿液後，戶外變成更適合社交的空間。大道旁的寬廣露天咖啡座是公共衛生工程師送給城市文明的大禮。[3]

　　早在城市規劃工程師開始動手改善城市的三百年前，一項有關人體的根本發現預示了衛生城市工程的到來。一六二八年，威廉‧哈維（William Harvey）的《心血運動論》（*De motu cordis*）說明，人類的心臟如何使血液規律地在動脈和靜脈中循環，更早期的醫學認為血液是在升溫時才會循環。一個世紀後，哈維發現的血液循環系統變成城市規劃的一種典範。法國的都市規劃家克利斯蒂安‧帕提（Christian Patte）運用動脈和靜脈的意象，創造出如今眾所皆知的單行道系統。啟蒙時代的都市規劃者想像，如果城市的交通在某個主要地點受阻，整體交通很容易出現循環危機，就像人體心臟病發一樣。循環系統激發的單行道構想，在車流較少的小城中比較容易實現。然而，整個十九世紀巴黎的人口和交通不斷膨脹。在那樣的大城裡，城市結構需要更系統化的干預，不能只樹立單行道的標誌。

　　不過，地下與地上的公共衛生工程仍是十九世紀的偉大成就。一八九二年，弗里德里希‧恩格斯（Friedrich Engels）為五十年前寫的一本書撰寫新序，那本書是談曼徹斯特勞工階級的悲慘。在新序中，他寫道：「霍亂、傷寒、天花和其他流行病的一再肆虐，使英國的資產階級知道他們的城鎮迫切需要衛生設施⋯⋯最迫切需要處理的弊病⋯⋯要不是已經消失，就是變得沒那麼明顯了。」當然，這是維多利亞時代的進步，但城市工程的許多結果往往是偶然或無意間促成的。例如，工程師原本無意在林蔭大道的旁邊打造咖啡館。[4]

　　十九世紀，基礎設施的啟用方式，大多類似媒體實驗室的全盛時期那樣。一開始工程師是在偶然間發現某種東西，他們事先並不知道他們的技術發明會產生什麼連鎖效應。例如，一

八五〇年代到一八六〇年代，為約瑟夫・巴澤爾傑特（Joseph Bazalgette）建造倫敦下水道的工程師在連接管道時，發明了固態廢物篩網的技術。他們實驗了幾種不同的篩網設計，不是馬上就知道該用哪種尺寸的篩網。巴澤爾傑特知道整體該怎麼做：下水道區──《悲慘世界》存在的地方──必須變成一個對應地面上街道的管道網路。不過，他還是很樂於接納不確定性。巴澤爾傑特在打造下水道系統時，常用直徑比實際需要還大的管道，因為他說，規劃無法預測未來的需求。 [5]

　　這個實驗過程需要工程師／都市規劃者開發新的視覺工具。在塞爾達和巴澤爾傑特之前，繪畫和藝術成像等慣用的藝術手法，是規劃者用來設計城市樣貌的方法。誠如唐納・歐爾森（Donald Olsen）所言：「把城市當成藝術品來構想。」即便是軍事工程師，他們在設計一個即使深陷重圍仍能自我防禦的城市時，也會遵循正統的藝術標準。例如，在義大利帕爾馬諾瓦市（Palmanova）的一個星狀設計中，軍事規劃者在不規則的崎嶇地形上，把城市的圖像放在一塊平地上，裡面有賞心悅目的花園，還有一些美麗的牆飾。剖視圖和平面圖是最適合用來描繪單一建築的經典技術，以垂直截面及水平基面顯示。至於密集又無序的街道兩旁，沿途那些雜亂的形式組合，則需要不同的呈現方法。

　　現在因為有電腦輔助設計的剪輯功能，我們可以想像那種複雜性，但以前的人只能在腦海中想像。一八〇七年，煤氣燈首次出現在倫敦的街道。經典的呈現方法無法顯示煤氣燈對倫敦夜景的影響，建築師也無法以繪圖的方式來描述交通的流速。大家看不見工程師在地下興建的基礎設施。傳統的呈現方法無法提供

工程師／都市規劃者所需的技術。

　　基於這些原因，他們不是在從事精確的科學。他們沒有既定的原則以套用在具體的情況上，也沒有一般的政策以規定最佳實務，工程師只能邊做邊學，就像古柏曼所說的「適應性臨床試驗」那樣。巴澤爾傑特的性格中有一種令人欽佩的特質：他流露出維多利亞時代的自信，但他不會宣稱他確切知道自己在做什麼，他只相信自己最終會把事情做對。當時城市的土木工程師大多是如此，他們的技術知識是開放的。

　　然而，這也造成了一些困難，就像媒體實驗室的米契爾難以把他的想法轉譯成他人可理解的概念一樣。文藝復興時期的城市建築師，諸如帕拉迪奧（Palladio），很在意自己的作品如何呈現最好看。你從威尼斯的聖馬可廣場（Piazza San Marco）望向對岸他設計的聖喬治大教堂（Church of San Giorgio）時，會看到那座教堂是如何擺設及決定尺寸的，如何融入城市結構，又是如何被城市吸收的：帕拉迪奧清楚地展示了複雜性。另外，還有一種不同的介入也影響了工程師，他們的工作在其他人的眼中不是那麼顯而易見。大眾可能感受到結果（例如沒有惡臭的街道），但無法從那個證據想像下水道是如何埋在地下的。模糊性是那種複雜性的特徵。下水道系統的建設，需要對管道鋪設點的地質進行許多扎實的研究。但是巴澤爾傑特無法確切向他人解釋，究竟是使用 6 呎、還是 9 呎的管道比較好，因為他也無法向自己解釋。這種模糊性很像米契爾無法解釋「運動美學」，好讓工作室的助手知道翌日早上該做什麼一樣。

　　模糊的複雜性把城市（ville）的工程師／都市規劃者及記錄城市（cité）的作家連在一起。

2. 城市（cité）──難以解讀

　　一八四〇年代初期，年輕的弗里德里希‧恩格斯前往曼徹斯特記錄窮人的悲慘狀況時，他明顯注意到城市（cité）難以解讀。對這個二十四歲的年輕人來說，那是一次奇怪的旅行。恩格斯是德國富商之子，經常在城市中無憂無慮地穿梭，也喜歡下鄉獵狐。他敬畏馬克思，但更有冒險精神。在英國與法國，描寫底層社會日常生活的文章存在已久，但激進的改革者通常是從遠處描述局勢。為了了解那些在曼徹斯特工廠裡工作的窮人，恩格斯親自去了一趟曼徹斯特。他走在街上，進入妓院探聽訊息，在小酒館裡閒晃，甚至去非國教徒的教堂做禮拜（儘管他對教堂深惡痛絕）。

　　史學家湯普森（E. P. Thompson）指出，骯髒、壓抑的曼徹斯特，促使恩格斯創造出一種階級語言，為窮人發明了前所未有的詞彙與類別。在書寫曼徹斯特時，他自創了「無產階級」（proletariat）這個字眼，以及在無產階級之下的「流氓無產階級」（lumpenproletariat）。不過，《一八四四年英格蘭工人階級的狀況》（*The Condition of the Working-Class in England in 1844*）不單只是恐怖故事的報導文學，這個從獵狐者轉變成人類學家的年輕人開始注意到，城市的一些方面與新的階級語言不太相容，例如孩童在街上玩耍的方式，或女人走路的速度，或人們在酒館裡趁機把握的樂趣等等。

　　恩格斯敏銳的城市觸角，使他和那個年代的某些小說家產生了聯繫，尤其是巴爾札克和斯湯達爾（Stendhal，馬利─亨利‧貝爾〔Marie-Henri Beyle〕的筆名）。用詞犀利的小說家和

新興的共產主義者確實對城市有不同的看法。巴黎不是像曼徹斯特那樣的工業中心，也不像離法國較近的里昂那樣生產法國織品和玻璃，而是充斥著炫目的奢華、金融與政府腐敗、龐大的官僚機構與民眾的苦難。這種濃厚的都市氣息，需要創新的小說技巧來傳達——就像工程師／都市規劃者需要新的視覺技巧一樣。

　　為了描寫一個難以解讀的城市，巴爾札克的《幻滅》（*Lost Illusions*）和斯湯達爾的《紅與黑》（*The Red and The Black*）等小說都是以一個看似簡單的故事情節開始：一個鄉下小夥子滿懷著希望，來到大城市。城市要不是令他失望，就是促成他的自我毀滅。接著，小說家用兩種方式來微調這種簡單的敘述。首先，他們利用筆下那些年輕英雄的雄心壯志，那些小伙子受到「城市空氣帶來自由」的強烈驅使。在巴爾札克的《高老頭》（*Père Goriot*）中，年輕的拉斯蒂涅（Rastignac）對著巴黎揮舞著拳頭，大喊：「你這混帳，我們來一較高下吧！」，但他像《幻滅》裡的呂西安・卡頓（Lucien Chardon）那樣，發現很多人也同樣揮舞著拳頭。於是，雄心勃勃的年輕主角就像氣球一樣洩了氣。斯湯達爾也在書中塑造了城市摧毀年輕人壯志的第二種方式。《紅與黑》中那個慘遭父親虐待的鄉下青年朱利安・索海爾（Julien Sorel）不光只是充滿雄心壯志而已，他逃到城市後，發現內在有性欲亟需抒解。巴黎沒有道德上的禁止標誌，在毫無外在限制下，索海爾無法克制自己。最後，他的過度欲望帶來了自毀，他也像氣球一樣洩了氣。

　　十九世紀的城市小說家沉溺於（我不覺得使用「沉溺」這個字眼會太過分）用文字來描寫城市摧毀年輕人希望的方式。巴爾札克描寫年輕主角所受的屈辱或冷漠時，那幾段文字寫

得特別細膩。福樓拜（Flaubert）在《情感教育》（*Sentimental Education*）中，把筆下的年輕主角帶入災難深淵時，不僅句子的節奏加快，更豐富多彩的意象也出現了——小說家這時可興奮了！他在摧毀筆下人物的過程中，創造了美學樂趣。

即使是沒那麼出名或誇張的成長小說，也跟這些名著一樣，突顯出城市（cité）裡的問題，那也是他們的讀者所面臨的問題：你追求的成就，將來自於你還不認識的人；你必須與那些難以解讀的陌生人打交道，因為他們被遮掩住了。

這些小說所處的時代，是城市居民覺得在大街上與陌生人自然交談不再感到自在的時代。如今，我們也不會這樣做，所以很難想像以前的情況並非如此。然而，在十八世紀中期的巴黎或倫敦，陌生人會毫不猶豫地走到你面前詢問你，抓住你的手臂以吸引你的注意。同樣的，在咖啡館裡，你買了咖啡以後，就在長桌邊坐下來，期待和素昧平生的人愉快地討論時事。斯湯達爾筆下的巴黎標示出一道分水嶺，那時的人開始覺得，他們走在大街上或坐在咖啡館裡有獨處的權利，自顧自地啜飲咖啡，沉浸在自己的思緒中。在公共場合，大家逐漸希望獲得寧靜的保護，不受陌生人的侵擾，至今仍是如此：在現代城市裡，陌生人之間的聯繫主要是透過視覺，而不是透過言語。

十九世紀是黑色服裝的時代——不是像日本流行以紅黑配來凸顯色彩，而是一片暗沉的灰黑色。城市的人群黑壓壓一片，全是穿黑衣戴黑帽的男人。那也是成衣第一次出現的年代，由機器按標準樣式剪裁。黑色和成衣結合在一起，形成一種匿名的制服，使個人不會被察覺，或不會在人群中脫穎而出——這是獨自坐在咖啡館內啜飲咖啡及沉思的時尚版。同樣

地，這也和十八世紀的巴黎或倫敦形成了鮮明的對比。十八世紀的街頭色彩繽紛，在古代政權統治的城市裡，人們的穿著不僅象徵著他們在社會階層中的地位，更象徵著他們從事的職業或行業（屠夫戴著紅白相間的條紋圍巾；藥劑師的衣領上別著一束迷迭香）。現在，在一片統一的服飾中，很難光從衣著來解讀陌生人。

　　巴爾札克小說裡的主角與小說的讀者都試圖以一種特殊的方式，來解讀這個被遮掩住的公共領域。他們從衣著透露的細節去推斷陌生人的性格。例如，他們認為外套袖口的鈕釦沒扣起來，表示那個人「出身高貴」，儘管他的外套剪裁幾乎和生意人穿的一模一樣，顏色也是同樣的黑色調。在巴爾札克的《人類喜劇》（*La Comédie humaine*）中，作者請讀者分析地毯上的汙漬或座墊上的貓毛，藉此推斷一個家庭的歷史。讀者從居住環境的細枝末節開始往內探究到住戶的性格。更廣泛地說，局外人需要理解巴爾札克所謂街道的「相貌」、它們的表象、它們是如何及為什麼連在一起的——這些表面的實體現象包含了街道上每扇門後那些陌生人生活的線索。

　　就像工匠專注把小事做好一樣，城市居民唯有精確地分析細節，才能了解城市（cité）。整體大局是宏大、黑色、同質的。複雜性的心理空間，則是由分析現實的小片段所組成。學習以這種方式來「解讀」城市，新來者就懂得城市的生存之道。然而，這些小說大多不是寫出人頭地、飛黃騰達的故事。城市的混亂經濟、政治動盪、領土擴張，都使巴爾札克所謂「城市（cité）

的科學」變成一門經常誤導人的科學。例如，你可能誤判了陌生人袖子上的鈕釦，他其實是詐騙高手，有錢請得起好的裁縫師，他正在欺騙你。

城市小說家對倫理道德的理解，超越了鄉村美德和城市惡行之間的簡單對比。他們只想傳達人類的性格在現代城市中如何改變結構。我們來比較兩個邪惡的巴黎人：巴爾札克筆下的佛特漢（Vautrin），以及前一個世紀德拉克洛（de Laclos）的《危險關係》（*Les Liaisons dangereuses*）中那個邪惡的梅黛夫人（Marquise de Merteuil）。梅黛夫人完全是屬於一個環境：貴族的客廳。佛特漢既是竊賊，也是警察局長，還同時引誘女人和男孩。他比較多變，難以歸類，不斷地自我改造。梅黛夫人的性格多元，但佛特漢的複雜是一種截然不同的形式，他身上沒有任何東西是固定及完整的。你可以把普希金（Pushkin）與杜斯妥也夫斯基（Dostoevsky）之間的對比，與德拉克洛和巴爾札克之間的對比相提並論：普希金描寫的宮廷生活完美又細膩，杜斯妥也夫斯基描寫莫斯科時，則是刻意以參差不齊的描述來刻畫多變的人物。

城市生活的易變特質，也許為「現代性」帶來最有共鳴的定義。這是出現在一八四八年恩格斯和馬克思合撰的《共產黨宣言》（*The Communist Manifesto*）中，那一年整個歐洲都陷入革命動盪：「所有固定又穩固的關係，以及它們連串古老又久遠的成見與觀念，業已蕩然無存。所有新形成的關係尚未穩固僵化之前就已經過時。一切堅實的東西化為雲煙……」他們的宣言呼應了幾年後夏爾・波特萊爾（Charles Baudelaire）在〈現代生活的畫家〉（The Painter of Modern Life）中對現代性的描述：現代

性是由「短暫、稍縱即逝、偶然的東西」所組成的。他們描述的現代性概念，可用如今哲學家齊格蒙・包曼（Zygmunt Bauman）的一個詞來概括陳述：「液態現代性」。液態現代性出現在城市小說家的寫作方式中，他們以專注於細節和片段的語言來描寫小說中的人物，這種寫作方式使人物變得不固定。[6、7、8]

　　這種表達方法看似老套──現代生活是傳統的敵人──但只要看出其中蘊含的矛盾，就不會那樣想了。波特萊爾認為，把現代藝術塑造成稍縱即逝及流動的並不恰當，因為藝術也追求永恆，事實上，藝術家必須「從短暫中淬煉出永恆」。實驗室的運作呼應了這點，因為它必須兼顧例行公事與新發現；我們在日常生活中也希望在變化與穩定之間拿捏平衡。所有的城市創造者都體會過這種矛盾對立，只因一個殘酷的事實：建築是很有份量的東西。即使無法永恆存在，建築也會存續很長的時間。建築要如何配合現代生活的迅速變化，如何去適應舊有經濟、社會或宗教形式的易變、液化流動呢？一個人如何把固態的城市（ville）和液態的城市（cité）聯想在一起呢？

　　一八四八年是革命浪潮席捲歐洲的一年，從德國小鎮蔓延到法國大城。世襲特權受到撼動，但未崩解；革命對勞動條件也沒有產生多大的影響。同年，馬克思和恩格斯在合撰的《共產黨宣言》中鼓吹工人解放運動，但幾個月內，那個希望就破滅了。回顧過往，我們可以看到這個有如分水嶺的一年，整體上提升了公民社會的重要性，尤其是城市的重要性。一八五〇年代出現一個卓越的城市規劃世代。那一代的城市規劃家試圖讓 ville 響應 cité，消除 cité 的模糊性，但他們是採用截然不同的方式。

3. 城市（ville）

在這個世代中，有三個人脫穎而出。一個是塞爾達本人，他為巴賽隆納設計了一個規劃結構。另一個是奧斯曼男爵（Baron Haussmann），他把巴黎改造成一個服務行動城市的網絡。第三個是菲得利克·洛·歐姆斯德（Frederick Law Olmsted），他在紐約設計中央公園時，提出了把營造形式（built form）與自然環境連在一起的原則。據我所知，這三位城市規劃家彼此之間幾乎沒什麼接觸，或許是因為他們的願景如此迥異。

他們三位就像工程師一樣，也是偽裝成實作家的遠見家。不過，與工程師不同的是，他們沒受過專門的訓練。拿破崙三世應該有在信封的背面，為新巴黎寫下最初的「願景宣言」（這可能不是真的，但可信）。奧斯曼男爵的「城市分析」法，是讓測量師爬上高杆，鳥瞰街道，並在設法不摔落下，畫出他們看到的東西。接著，回到地面後再交流意見。歐姆斯德剛出社會時是當記者，後來神奇地搖身變成景觀設計師。在設計中央公園的過程中，他對植物的了解並沒有比他對使用者的了解多了多少。塞爾達確實是專業的建築師，但他踏入城市規劃這一行，其實是一八四八年從政的副產品。[9]

網絡。十九世紀的上半葉，巴黎的交通亂成一團，車輛很難在裡頭穿梭。數千年的歷史在這座城市裡留下了扭曲、不規則的街道。一八五〇年以前，在巴黎搭馬車，從戰神廣場（Champs de Mars）到植物園（Jardin des Plantes）需要兩個

小時，比走路還慢。奧斯曼男爵花了二十年的時間，整頓這座城市。他利用一套交通系統，把城市的各個部分連接起來，並設計了三個大道網絡（réseaux），從北到南、從東到西，貫穿巴黎這個城市。這番整頓充滿了政治意味。

　　拿破崙三世於一九五〇年代任命奧斯曼為總規劃師之前，法國爆發了三場革命：一七八九到一七九四年、一八三〇年、一八四八年。在後面兩次叛亂中，叛亂分子設置了路障，以阻礙士兵與警察通行，藉此霸占扭曲的街道。當時建造街壘很簡單，他們把椅子和箱子之類的輕物件橫排在街道上，接著在那些輕物件的上方堆放比較重的櫃子和桌子，然後在頂頭放一輛馬車或其他很重的物件。炮彈擊中街壘時，這些沉重的物件會導致街壘癱倒下塌，而不是被打飛，所以街道依然是受阻的狀態。

　　在整頓街道的過程中，奧斯曼使這些街道變得更難築起街壘。例如，在現在名為塞瓦斯托波爾大道（Boulevard de Sebastopol）的街道上，奧斯曼要求工程師算出街道的寬度和直段的長度。這樣一來，叛亂期間，大炮就可以用兩匹馬並排拉著，轟隆隆地沿著大道前進，對著道路兩旁的房屋開火。這體現了土木工程與軍事工程之間的關係轉變。傳統上，重點是加強城市周邊的防禦，所以中世紀城牆的興建是愈厚實愈好，以抵禦敵人的入侵。文藝復興時期的城牆——例如文森諾・斯卡默基（Vincenzo Scamozzi）為帕爾馬諾瓦市（Palmanova）設計的提案——設計得比較仔細，以防止炮彈飛過城牆，擊中城內的重要目標；但規劃者還是把重點放在周邊及城門的防禦上。相較之下，奧斯曼的潛在敵人則是已經在城門內了。

　　但是，把奧斯曼的計畫簡化成「為警察國家服務」，並無法

解釋那些計畫的特殊性質。一旦這座城市足以抵禦革命後，他打算讓那些 réseaux（支線匯入的大道）為更多正面的社會目的服務。市中心的公園（主要是杜樂麗花園）現在對巴黎市的所有市民開放了。他開發了巴黎市西部邊緣新資產階級聚集區附近的布洛涅森林（Bois de Boulogne），也為生活在市中心東北部和東南部的工人開發了修蒙山丘公園（Bois des Buttes-Chaumont）和文森樹林（Bois de Vincennes）。

大道建成後，奧斯曼在大道的兩旁興建迎合巴黎新中產階級的住宅，這些市民不太可能把家當扔出窗外去設置街壘。奧斯曼設計的住宅像過去一樣混合在一起，但體現的方式不一致。一樓可能是開設商店與工作坊，為在地的鄰里服務，但樓上突然變成富人的住所──目前為止，這是舊有的模式。奧斯曼系統化地整理建築的上層，所以一個人爬樓梯上樓時，可能遇到一些看起來體面、但不是那麼富有的住戶，僕人是住在頂樓。儘管熱門小說家亨利・穆傑（Henri Murger）虛構了《波希米亞人》（*La Bohème*）的誘人形象，但藝術家很少住在頂樓，他們大多是住在蒙馬特區等周邊地區的棚屋裡。城市裡的大量勞工也是藏匿在大道邊的住房後方，他們是住在沒翻修的衰敗鄰里中。新城市的經濟生態就像舞會禮服下的髒內衣。

儘管如此，從許多方面來看，奧斯曼確實是深受法國各界歡迎的人物，甚至在一些工人階級中也是如此。他揮霍無度，座右銘是「不做小計畫」，明知無法履行承諾仍大舉借債。經過十五年的開發後，他使巴黎破產了。一八六九年，會計師掌握他讓巴黎債臺高築的證據，他因此遭到免職。新大道上的大型咖啡館很快推翻了奧斯曼最初的規劃，那些咖啡館變成所有巴黎人都能

享用的大眾化地方，而不是某些人獨享的地方。[10]

　　湧入那些大道咖啡館的人群，不是資產階級一度擔心的那種威脅性群眾。到了一九〇〇年，大部分的咖啡館空間不是使用老客棧或牛排館那種大桌，而是適合一兩人的小圓桌，或社交晚餐場合可容納三到四人的桌子。前面提過，現代都市生活的一個特色是，公共場所蒙上了一層安靜的面紗，使人不受陌生人的侵擾。小咖啡桌就是提供這種保護的擺設，只有你認識的人才會坐在你的桌邊（誠如和平咖啡館〔Café de la Paix〕為新擺設所做的廣告：「一張適合您或友人的桌子。」）。這種大眾普遍獨處的現象也出現在公共交通上：奧斯曼推廣沿著大道行駛的有軌電車和自由公車，那些交通工具反映了多元擁擠的人群，裡面的人都是獨來獨往，靜默地移動。相反的，在舊政權時代的馬車上，車內乘客的行為跟酒館裡一樣，整路聊天。[11]

　　奧斯曼設計的巴黎普遍受到歡迎，不僅是因為大道網絡讓巴黎運作得比以前更好。那些大道有一種壯觀的特質，吸引很多人前來，雖然每個人都是獨來獨往的觀察者。就像後來艾菲爾鐵塔的興建一樣，這個城市（ville）的設計不僅講究實用性而已，也以外在展示（display）來取代街頭生活的倫理評估。

　　奧斯曼底下的建築師在大道兩旁的建築外觀上，布滿了精緻的裝飾。那些裝飾圍繞著窗戶並標出建築的不同樓層——與十八世紀興建華麗建築的方式迥異。以前，精緻的裝飾是隱藏在結構的內部，外觀空無一物。右岸那些吸引巴爾札克的拿破崙式建築則是介於內部展示與外部展示之間，雕刻的門楣和門框暗示著裡面住著富豪。不過，在奧斯曼的設計下，建築的外觀變成一種各自展現的戲劇活動。

　　網絡化的城市就像垂直的劇院，是一種新商業形式的組合：坐落在大道邊的超大百貨公司。這種商業有部分是依賴一種新創的建築形式：平板玻璃窗。在中世紀的晚期以前，玻璃是一種非常昂貴的建材，鮮少出現在建築中。中世紀的晚期以後，玻璃才逐漸普及，而且是採用小片玻璃的形式，比較容易燒製。一八四〇年代發明了熔化玻璃的重型熱壓機，法國和荷蘭因此率先以工業規模生產大片的平板玻璃。冷卻後的玻璃片是裝在鐵框裡，那比傳統的木質窗扉更能穩固玻璃。

　　巨大的平板玻璃窗嵌入建築的一樓，像舞臺布景一樣在後面與側面加框，創造了百貨公司的 DNA，陳列著店內販售的商品。交通網讓巴黎各區的人都能前來市中心的新百貨公司，大櫥窗吸引了群眾駐足觀看。這種商業劇場裡，不是展示店內販售的五十種鍋子。它只展示一兩件，並混合平凡的商品，以及來自中國的珍貴瓷盤、一箱來自英國殖民地的茶葉，或是一大塊來自義大利的帕馬森乳酪。它的目的是以迷人又充滿驚喜的方式吸引顧客上門，那支鍋子因為與其他意想不到的東西產生關聯而衍生魅力，使它脫離了純實用的領域。馬克思稱這種關聯的混合為「商品拜物教」，百貨公司的大型玻璃櫥窗變成商品拜物教的具體場所。這種商品的展示削弱了人們對其價值的冷靜評估。

　　百貨公司這種劇場陳列與拱廊商店街形成了鮮明的對比。拱廊商店街的形式是一條玻璃屋頂的通道，切入大街的結構中，內部兩側是許多小商店。拿破崙戰爭結束後，巴黎開始開發這種不受天氣影響的商業命脈網。拱廊商店街裡的商店大多是專賣店，櫥窗裡擺滿了精選的商品，以吸引顧客想要擁有的欲望，而不是像商業劇院那樣讓人目眩神迷。建築物之間的牆壁

和小路，隨著時間經過逐漸拆除。如今看來那些建築好像是佇立在大道邊，但那其實是一種懷舊的錯覺。最初，許多拱廊商店街是以鐵框玻璃來銜接既有的建築。大道上規模大又迅速的公共交通工具把人群送進了百貨公司，室內拱廊商店街則是由行人造訪，成長緩慢，規模又小。奧斯曼之所以不喜歡拱廊商店街，正是因為它們是拼湊而成，而不是事先規劃好的。他認為，現代的網絡應該有條有理，清晰易懂──即使交通網把人們連接到一個龐大、複雜、常令人迷失方向的城市。

　　百貨公司與拱廊商店街之間的鮮明對比，是奧斯曼對後人影響最大的遺澤。

❖　❖　❖

　　地方和空間。一般的說法是，人是在一個空間（space）裡移動，但居住在一個地方（place）。奧斯曼設計的城市是把空間看得比地方還重要。他設計的交通網在空間上把人連接起來，但減少了人在地方的體驗。空間與地方的區別，取決於人在城市中穿梭的速度。人類的生理機能為兩者的區別奠定了基礎。你移動得愈快，就愈不了解環境的特質與細節。以時速 60 公里開車時，你的注意力若是被誘人的商店櫥窗或性感的路人吸引了，你就有可能撞車。提高速度會使身體向前傾：你需要直視前方，調整周邊視覺，以便你只考慮那些阻礙你前進或讓你向前衝的東西。一個人走路的時候，比開車或搭車快速前進時，吸收更多閾限的視覺資訊。據估計，步行時大腦對周邊視覺資訊的處理，比開車或搭車時多了 50% 到 55%。[12]

　　所以移動本身不是問題。四處走動時，多數人有類似印象

派畫家艾德加・竇加（Edgar Degas）的愉悅反應。他寫信給友人亨利・胡厄（Henri Rouart）：「在城市裡還不錯……你必須持續看著一切東西，小船和大船，人們在水上和陸上不斷地移動，閒不住。東西與人的活動使人分心，甚至使人放心……」這就是漫遊者（flâneur）的樂趣。四處走動提供我們第一人稱的資訊（那種資訊在曼徹斯特指引了恩格斯）。巴黎人開始意識到，乘坐馬拉的軌道車（速度比個別的馬車快）或通往郊區的蒸汽火車有速度太快的問題。一本一八八〇年代的倫敦旅遊指南寫道：「我們現在是在某某路（如今的路名是 Sébastopol）的什麼地方？車速真快，一切看起來都一樣。」這是後來車流問題的開端。當一個人迅速穿過某地時，地方失去了特色，行動速度消除了環境意識。[13]

　　然而，一種新的焦慮似乎同樣折磨著巴黎人：他們移動的速度沒有他們想要的那麼快。一八七〇年代末期和一八八〇年代初期，巴黎出現了普遍的行車爆怒（roadrage）現象。在都市緩慢流動變成常態的時代，大家對塞車比較不會那麼焦慮。在老城區扭曲的街道上，大家覺得塞車是日常生活的一部分。但現在，交通阻塞就表示有東西出了問題——這座城市無法運轉了。環境的實體變化引發了一種發自內心的反應，塞車的感覺從焦慮升級為憤怒。如今我們認為，「想自由自在地移動」（而不是堵在車流中），是一種再自然不過的感覺。然而，就像在公共場合不希望自己的身體遭到觸碰一樣，那種想法其實是經過好一段時間建構出來的感覺。我們變得非常焦慮，我們的「前現代」祖先比較放鬆，他們認為在城市中緩慢地移動是理所當然的（他們在飲食方面也是採用如今所謂的「慢食」），他們不覺

得城市已經「陷入停頓」。

　　奧斯曼覺得，在大道網絡中，就應該自由輕鬆地移動。他重視這點，所以覺得移動性是定義「好城市」的核心。重視自由移動因此變成二十世紀大城市規劃者的指南，例如紐約公路網的建造者羅伯·摩西斯（Robert Moses）就是這麼想。對他來說，城市規劃的首要關注點是移動性，這似乎是不言而喻的道理。當今的都市爆炸成長也是如此，北京就是一例，城市規劃者受到奧斯曼的影響，傾注大量的資金去興建公路。道路行車速度的體驗，定義了某種現代性：快是自由的，慢是不自由的。隨時隨地儘速移動：這個公式減少了住在一個地方、打從內心去了解一個地方的感覺，你只是路過而已。奧斯曼在這方面留下的遺澤是不合情理的：網絡化的城市（ville）削減了城市感（cité）。

　　結構。塞爾達雖然出身技術背景，卻是比較人本導向的都市規劃者。在他那個時代，巴賽隆納有一群強大的專業階層，受到啟蒙時代理性進步思想的鼓舞。他們與加泰隆尼亞邊界外西班牙哈布斯堡王朝（Habsburg-Spanish）的黑暗形成了鮮明的對比。巴賽隆納像地中海沿岸的其他港市一樣，是個多民族、多宗教的國際大都會。塞爾達把這些因素融合成一種合作的社會主義，那種社會主義在十九世紀中葉的西歐部分地區很盛行，它的目標是像亞里斯多德的舊模式那樣，把城市中的諸多群體融合在一起，而不是像一八四八年那樣引發階級衝突。

　　在塞爾達幼年的記憶裡，巴塞隆納與一八三〇年代瘟疫時期的巴黎一樣，也是不健康的城市。在一八五〇年代以前，

大城市對病人採取隔離的方式，但毫無效果。到了一八五〇年代，大家已經可以明顯看出，唯有對全民推廣衛生設施，才能對付鼠疫。因此，誠如現代的巴賽隆納都市規劃家胡安・布斯克茨（Joan Busquets）所言：「塞爾達的想法是，一個衛生、功能完善的城市，應該為所有的居民創造平等的條件。」對我們來說，這是不言而喻的概念。但是在奧斯曼對巴黎所做的選擇性開發中，這個概念並未體現出來。像巴澤爾傑特那樣的倫敦工程師，也不覺得衛生設施是縮小貧富差距的工具。[14]

　　塞爾達身為都市規劃家，如今大家記得他是「塞爾達網格」的設計者。為了衡量他的成就，我們應該大致說一下城市的「結構」，也就是把城市織成一個整體的平面。為了了解他的計畫，我們需要拆解這個比喻。

　　結構（fabric）、質地（texture）、紋理（grain）、結點（knot）：這四個字是由織布衍生出來的概念，它們描述了平面的特點，同時涵蓋大規模，也涵蓋平面中特定的點與地方。「結構」是指設計中的經線和緯線，把建築、街道、開放空間相互連接起來而形成的樣式。「紋理」是以線條的粗細和顏色，來比喻圖案的複雜性、街道的寬度、內外的關係、天際線的高度。「質地」有時和「紋理」交互使用，但「質地」主要是指平面中用法的混合，以及正式與非正式活動之間的關係。「結點」則是我自創的詞彙，用來指平面上的地點。織布時，打結可以把織物上的線綁在一起，但小結或大結也會弄皺織物平順的表面，產生一種突出的觸感。城市也是如此，結點是由各式各樣的東西組成的，從小巧的公園到放在中央的雕像或噴泉——本身有獨到特質的任何東西都是結點。

　　城市結構有三種形式。第一種是正交網格（orthogonal grid），像古羅馬城市的形狀一樣。羅馬人建立一個新城市時，會在中心建立主要的直角十字路口（東西向的主軸道路稱為 decumanus，南北向的主軸道路稱為 cardo），並把新城市的主要機構設在這裡。接著，他們以同樣的正交方式，對城市的每個象限進行細分，垂直交叉主要幹道以創造出更多的地方中心。接著，再垂直交叉街道，創造出更小的社區。從倫敦到耶路撒冷，都是採用羅馬的新網格計畫。在西方之外，瑪雅人，以及後來的阿茲特克人，也是採用相同的設計。對任何知道如何織布的文化來說，正交網格是很合理的模式。[15]

　　把庭院連接起來，構成一個蜂窩狀的城市時，第二種結構就出現了。這也是世界各地眾所皆知的形式，似乎從都市時代的開端就有了。基本上，建築是建在牆內，內部庭院是發展的重點，外面的街道並非發展重點。蜂窩狀結構在連接過程中通常有較大的變化，北京的南鑼鼓巷或葉門首都沙那（Sana'a）的阿拉伯老城區的網格，把牆內大小和形狀各異的庭院組成一張斑駁的織錦。多數庭院裡有幾戶住宅，但也可以容納更多的公共場所——例如露天市場、市集、教堂、清真寺、猶太教堂——那些公共場所是以隱祕場所的形式存在，而不是直接暴露出來。

　　第三種結構是累加網格（additive grid），這就是塞爾達為巴賽隆納設計的模式。這種結構是由一樣大小的重複街廓（block）組成的，沒有羅馬正交網格那種中央軸線。塞爾達想像那些街廓可以在整個巴賽隆納平原延伸開來，環繞著舊城，往邊緣散開。他想要一個街廓接一個街廓持續地添加下去，這個想法於一八六○年代在地中海沿岸新建的「擴展區」（Eixample）開始實

現。一八五九年塞爾達為巴賽隆納所做的整體規劃，並不是單調的重複，而是有一些關鍵點——綠色空間分布在整個城市中，而不是集中於一地，就像把珍珠縫進本來平坦的織布一樣。[16]

如今，城市人口急速成長，特別適合在大量移民湧入的城市中（比如墨西哥城）建立累加網格，因為那可以迅速提供住房。蜂窩狀網格的編織速度較慢，羅馬的正交網格需要一定程度的總體規劃控制，那是許多城市行政區及其他非正式的居住區所欠缺的。以營造形式來說，摩天大樓是一種垂直的累加網格，每一層跟上下兩層一樣。如今，十八到三十四層是中國城市新建住宅的常態標準，四十到六十層是北方國家和南方國家商用建築的常態標準。不久之後，建造更高的建築物會變得更划算。在垂直網格的建築殼體中，隨著內部的支撐柱愈來愈少，服務棧（亦即樓層的廁所和電梯）就成了每一層的結點。

每一種網格形式都定義了某種權力的空間，或是抵抗權力的空間。可分割的網格顯示出羅馬人的統治，政治權力是從中心往外擴散出去，並在每個細分的空間中複製再生。蜂窩狀網格常被沒有權力的居民當成神祕空間，使當權者難以進入——就像古代耶路撒冷的基督徒，或毛澤東統治初期的上海居民一樣。累加網格在現代被當成資本主義者的權力工具，劉易斯‧孟福（Lewis Mumford）在著作中指出，累加網格「把個別的土地和街區、街道和大道視為買賣的抽象單位，無視過往的用途、地形條件或社會需求」。[17]他指出一八一一年紐約的城市規劃就是如此，當時的規劃是打算在格林威治村以北，設立無止盡的同樣街區。

那三種結構中，有兩種適合城市（cité）的社交生活。庭院

結構在開放的共用空間中進行許多活動，所以顯然有利於社交生活。羅馬式網格把活動集中於十字路口，所以也把焦點放在社交生活上。問題是出在累加網格，你如何促進那種結構的社交？套用結構術語，你如何讓它產生更多的結點？

這是塞爾達想在巴塞隆納解決的問題。建築師安東尼・羅維拉・伊特里亞斯（Antoni Rovira i Trias）的提案失敗後（他的計畫是慢慢擴展城市，從中世紀的市中心向外擴散出一圈又一圈的同心圓），一八六〇年，塞爾達的網格計畫得以實施。塞爾達方案最初雖然只有三十二個街廓，但遠比伊特里亞斯的計畫宏大。規劃者試圖把城市法定邊界外的大量空地納入其中。都市規劃專家艾瑞克・法利（Eric Firley）和卡洛琳・史塔爾（Caroline Stahl）指出：「他希望這種近乎無限量的供應可以持續把土地價值壓在低點，以便為窮人提供平價住房。」[18]

塞爾達根據後來所謂的「荷蘭模式」（Dutch model）設想了混合住宅。在這種住宅中，不同社會階層所住的公寓，共同存在於同一棟建築中，但外觀看不出明顯的差別：你按下 4-C 公寓的門鈴時，不知道裡面的住戶有多富有。那裡沒有類似當今紐約混合住宅常見的「窮人門」（富有的住戶從前門進入建築，貧窮的住戶從側門或後門進入建築）。在他的時代，塞爾達的住房設計理念與奧斯曼設計的建築形成了鮮明的對比。在奧斯曼設計的建築中，你爬得愈高，你知道那裡的住戶愈窮。

塞爾達如何把這些意念轉化到都市（ville）規劃上？網格的每個街廓最初是由兩個鞋盒狀的大型建築所組成，兩大建築彼此面對，中間隔著一個寬敞的開放空間。這些間隔（intervalos）在每個街廓中至少占據 50% 的地面，以便大量的光線和微風可

以在整個街廓裡流通。隨著計畫的演變，兩個相向的鞋盒狀建築在兩側相連，形成中間有個巨大中庭的四面建築──規劃術語稱為「周邊街廓」（perimeter block）。周邊街廓與宮廷不同，周邊街廓是四邊等長，宮廷是一棟主樓搭配兩個側翼，前方圍牆有個入口。塞爾達是被迫從「間隔」改成「周邊式」。他的原始計畫為窮人留下很多開放的空間，卻被視為一種不可能實現的奢望，因為到了一九○○年，巴塞羅內塔（La Barceloneta，巴賽隆納郊外的工人郊區）的土地幾乎全被建築量體（building mass）占用了。相反的，塞爾達最初的計畫是提供住戶大量的空間，確保工人享有空氣、光線、空間的權利。

　　塞爾達密切關注網格街道下方的地下供水設施，好讓都市設計跟上一八五一年倫敦水晶宮（Crystal Palace）舉辦的世界博覽會上所展示的先進衛生設施，尤其是工程師兼發明家喬治・詹寧斯（George Jennings）所發明的高效率沖水馬桶。塞爾達試圖把一些管理廢棄物的原則應用在下水道系統上。[19]

　　至於累加網格的社交問題，最後是靠演變解決的，而不是刻意解決的。最初，「間隔」的設計就是作為社交空間，街道是促進社交的工具。為了方便車輛轉彎，塞爾達在每個街廓的邊緣切下小對角，讓轉角變得圓潤平順。就像木匠斜切桌腳好讓桌子的邊緣變得更柔和一樣，塞爾達也斜切網格以遷就高速行駛的馬車。切去邊角看似微不足道，卻對社會產生了巨大的影響，因為在塞爾達的城市（ville）裡，城市感（cité）就是出現在那裡。

　　一八六○年代，每個街廓的四邊都被封住以後，開始出現變化。現在街廓的四邊有連續的建築量體，把「間隔」包圍了起來。切角的功能跟著這個包圍結構一起改變。「周邊街廓」的切

角現在創造出一個非常友好的新場所，讓大家可以聚在一起。這個八角形的場地與其說是把車輛推出去，不如說是邀請人進來：交通、停車、飲酒、休息都來到角落，混在一起——在當今的巴賽隆納，這個現象依然很明顯。

　　一個空間因此變成了一個地方。這種八角形網格的咖啡館，異於奧斯曼大道邊的咖啡館。兩者之間的差別，部分是出於純粹的規模。巴黎大道上的咖啡館大得多，客群大多不是在地人。另外，速度上的差異與規模上的差異一樣重要：由於街角擠滿了人，那裡變成減速的地方，而不是加速的空間。最重要的是，這些社交空間不是奧斯曼式的景觀空間。它們是街坊鄰里的場景，而不是來自城市各地的陌生人聚集的地方。

　　單一文化。塞爾達留下的遺澤，在多方面都令人欽佩：他想為所有的人建造城市，以網格作為平等及社交的空間。但塞爾達的城市（ville）概念也帶有一種危險：累加網格只有單一文化。這種危險在農業上很明顯，單一作物會耗盡土壤，也容易滋生疾病；生物多樣化的田地比較健康，更強韌。這種生物多樣性的邏輯也適用在都市環境上。由累加網格組成的平面，是在不斷擴大的規模上持續地重複，特別容易受到社會和經濟面的弊病所影響，因為一旦某個街廓開始惡化，其他形式上完全相似的街廓沒有道理不會跟著惡化。

　　塞爾達理念的脆弱性，在商用地產上特別明顯：同樣的建築群集在一起（像倫敦的金絲雀碼頭〔Canary Wharf〕那樣），容易受到盛衰週期的影響，因為一棟建築的貶值也適用在其他類

似的結構上。住房分析師安妮‧鮑爾（Anne Power）指出，單一文化會給社會帶來後果，英國的公共住宅就是一例。從一棟建築開始出現的問題（例如搞破壞的鄰居或兒童吸毒）會「像瘟疫一樣」迅速蔓延，因為同一片住宅區的其他建築沒有理由在社會及實體上有所不同。根據塞爾達模式為窮人建造的周邊街廓，有一個奇怪的問題：庭院可能因內部擴建或儲藏棚而變得擁擠，縮小的空間導致流入的空氣減少。在那種空間裡，黑暗和潮濕也意味著危險。單一形式的環境容易出毛病，從莫斯科到維也納再到倫敦，世界各地的周邊式住宅都是如此。 20

　　塞爾達的傑作充滿了遠見，但這個傑作的悲劇在於，那些缺點的出現都不是他的本意。那個專案的初衷是透過城市（ville）的平衡來平衡城市感（cité）。補救措施似乎很明顯：在建成環境中，單一文化的替代方案是集結不同的建築類型、居民和活動，那在視覺上和社會上可能看起來很混亂，但長遠來看，會比單一物種環境更加強韌。開放系統思維就是建議這種混合，如此一來，整體會變得比各部分加總起來還大。換句話說，這種結構不會那麼容易扯破。那麼，如何打造這種比較堅韌的都市結構呢？第一代城市規劃的第三位巨擘認為，大自然給了我們一個答案。

　　地景（landscape）。一八三一年阿勒克西‧德‧托克維爾（Alexis de Tocqueville）第一次到美國時，外國人前往紐約的路線，通常是從南方搭船進港。那條路線讓乘客突然看見碼頭邊擠滿了船舶的桅杆，後方是辦公室、家庭、教堂和學校。這種

新世界的景象，可說是歐洲熟悉的繁榮貿易場景，有如大雜燴一般，就像比利時的安特衛普（Antwerp）或泰晤士河的倫敦下游。但托克維爾是從北方沿著海岸抵達紐約。一八三一年五月十一日，他第一次看到的曼哈頓是充滿田園風光的上游，未開發的農田上點綴著幾個小村莊。一開始令他興奮的是，一座大都市在一片近乎原始的自然景觀中突然出現。他感受到歐洲人來到新大陸的熱情，想像著自己可以在這片未受破壞的土地上扎根——美國是新鮮單純的，歐洲是陳舊複雜的。

　　然而，那股青春洋溢的熱情退散了以後，紐約開始令他感到不安。似乎沒有人關心自然環境，大家對城市的建築也一樣漠不關心，人們匆匆地走出辦公室、餐館和商店，不太介意、甚至沒注意到它們是如何建成的。在整趟美國之旅中，美國的一切事物都給人一種輕如鴻毛的感覺——沒有什麼東西是為了經久耐用而建造的，沒有什麼東西是永久的——這個特質令托克維爾感到震驚。原因在於初來乍到美國的「新人」太急於安頓下來，但「不斷移動」才是先進的思維。

　　儘管紐約是美國最古老的城市之一，但紐約的規劃者確實把它當成開疆闢土的邊境城市。一八一一年，他們在整個曼哈頓一口氣套用累加網格——從堅尼街（密集住宅的邊緣）到155街。接著，在一八六八年提議進行第二階段，把網格延伸到曼哈頓島的尾端，並在布魯克林從港口向東拓展。這些住在邊境的開拓者或許是出於恐懼或偏見，把印第安人當成陸上的動物，而不是同胞。在邊境上，文明蕩然無存，那是一個需要填補的虛空。儘管採用一些比網狀街道更靈活的布局更能有效地利用山丘，或更適合曼哈頓變幻莫測的地下水位，但規劃者並未配合紐

約既有的景觀調整。網格的發展無情地剷除了在拓展過程中所遇到的每個農場或村莊。

一八五〇年代，第三個都市規劃巨擘是美國人歐姆斯德。他在城市中維護大自然的社交價值，藉此解決了上述的破壞問題。他跟奧斯曼一樣，沒有建築方面的專業技藝。他是新英格蘭的富家子弟，涉足農業研究與文學，成年後擔任記者。年輕的時候，他去了一趟利物浦，並把當地的見聞撰寫成書，那是他的人生轉捩點。他對利物浦的描述，呼應了恩格斯對曼徹斯特的批評。然而，年輕的歐姆斯德只知道應該有所作為，但不知道該做什麼。

利物浦曾是英國的奴隸貿易中心之一，但他造訪時，那種不公平的現象已經消失了。不過，利物浦的歷史使他對美國國內的種族奴隸制更加敏感。返國後（在美國內戰之前），他走了一趟美國的蓄奴州，並寫下至今依然扣人心弦的故事。他認為，美國南方的奴隸制促成了一種可怕的諷刺現象：奴隸主的鞭笞激起了那些奴隸堅毅的耐力，以及奴隸私底下的相互支持，但是對那些只會鞭笞而不工作的白人卻產生令人萎靡不振及退化的效應。

這種種族意識使歐姆斯德把公園視為種族可以交融的地方——離開奴役的種植園，在城市裡社交。我們不清楚為什麼歐姆斯德認為他可以設計公園，突然扮演「景觀園丁」或如今所謂「景觀設計師」的角色。他純粹是像皮科·德拉·米蘭多拉（Pico della Mirandola）那樣自學成才。身為都市公園的創造者，歐姆斯德是依循歐洲幾百年來設計師／園丁的作法。至於實體建築方面，歐姆斯德的公園主要得歸功於美國的前輩安德魯·傑克遜·唐寧（Andrew Jackson Downing）。一九四〇年

代，唐寧為許多城市開闢了墓園，作為生者聚集與死者安息的地方，例如麻州劍橋市的奧本山墓園（Mount Auburn Cemetery）。不過，歐姆斯德對於公園的混合用途有不同的看法。

　　他覺得這些種族混合的公園是「社交聚集」的地方，而不是「敦親睦鄰」的地方。前者是指大空間，匯集了來自城市各地的人，後者是小空間，只服務當地人，身分上比較一致。「社交」公園也應該涵蓋基督徒、猶太人、愛爾蘭人和德國移民——亦即所有的美國人。換句話說，那是一個匯集陌生人、超脫個人圈子的空間，比一個匯集鄰居的親密空間更有可能發揮包容力。歐姆斯德藉此為城市定義了一種社會倫理。彼此相異的人最好是在超脫個人圈子的公共場所交流，而不是在小社群裡交流——也就是說，讓公共空間展現包容力——這個理想非常棘手，所以我們需要詳細地了解，歐姆斯德是如何在紐約中央公園的設計中實現這點的。[21]

　　中央公園的興建始於一八五八年。到了一八七三年，原始形式已大致完工。那是歐姆斯德與合夥人卡爾弗特·沃克斯（Calvert Vaux）共同完成的：業餘設計師歐姆斯德負責總體設計，並處理政治和大眾事務。沃克斯是訓練有素的建築師，他專注於地下排水設施，以及地面上的公園橋梁和建築。公園是一塊占地八百四十三英畝的土地，位於建築物密集的紐約北部，原本那裡是有許多露岩的重黏土區。當時，中央公園的「中央」兩字純屬幻想，因為它離城市很遠。自十九世紀初以來，自由的黑人和愛爾蘭人在那一帶耕種土地，建造小村莊，並建造教堂和墓地。歐姆斯德的計畫是為了一種有遠見的整合式都市生活，而摧毀那些既有的整合式鄉村生活。[22]

　　歐姆斯德是從公園的邊緣開始打造「社交」特質。公園旁邊圍著低矮的柵欄，並設置許多入口。規劃委員會希望公園旁邊有一個正式又氣派的入口，但歐姆斯德反對那種設計。他認為，比較樸素的入口，意味著「不分地位或財富，所有人都歡迎光臨」。這個看似微小的細節，也顯示出歐姆斯德對都市大眾的態度正好與奧斯曼的態度完全相反：巴黎的新公園裝設了厚實牢固的大門，因為奧斯曼特別在乎人群的管制。大型公園一入夜後，難免變得不太安全，但歐姆斯德消除了大眾的安全疑慮，中央公園是隨時開放且方便進入的。一八七三年公園竣工時，許多原本沒在計畫中的獨特空間出現了，例如東北角和西南角的空間可以隨意使用。隨著時間推移，其他空間的設計變得日趨鬆散。[23、24]

　　如今這個公園變得如此熟悉，公園的自然景觀看似渾然天成，彷彿一直都在那裡。無論是土生土長的紐約人，還是遊客，都已經忘了那個公園是人為創造的。在建造的過程中，共有四千名工人搬運了五百萬立方碼的材料，來打造那些我們以為一直存在當地的山丘和開闊的草地。園內設施都是人造的：新種植的森林中間有一個音樂臺；原來的灌木叢中開闢了一個運動場。你可能想像一個沼澤可以直接擴建成湖泊或其他水景。不是這樣的，那些沼澤必須先排乾以後才能改造。公園北端的巨大水庫是由外部供水。

　　對我來說，沃克斯規劃的橋梁是最神奇的設計。那是往下挖開土地，讓人從地表上看不到從東往西穿過公園的車流。沃克斯對交通的看法和奧斯曼不同：奧斯曼把快速移動的車流放在地面上，沃克斯是把車流放在地面下，使上面的橋梁變成行人步

道。這些人行橋的美妙之處,在於入口多元的有趣形式:你來到丹斯茅斯橋(Denesmouth Bridge)時,彷彿快被吸進地獄似的;哥特橋(Gothic Bridge)則是歡迎孩子在車流的上方爬上爬下。

　　但事實證明,歐姆斯德想要融合社會差異的理念,就像巴賽隆納的「擴展區」一樣,都是脆弱的計畫。公園完成後的四十年內,周邊第五大道沿線都是富人的豪宅;與此同時,中央公園西部也開始出現中上階層的公寓樓排。隨著特權階級包圍了公園,公園裡的人變得沒那麼混雜。下層階級與窮人不像歐姆斯德所希望的那樣,經常搭車前來公園享樂,他們只有在少數的特殊場合才去那裡。公園內部的實體開始敗壞,沃克斯設計的基礎設施「骨架」依然完好,但運動場和池塘因疏於管理而不斷惡化。一九六〇年代需要投入大量資金,才能把公園從犯罪與衰敗中拯救出來。[25]

　　儘管如此,那仍是一個發人深省的主張:社會包容是可以透過實體設計來實現的——這與魯道夫斯基的信念正好相反,魯道夫斯基認為城市感(cité)比城市(ville)重要。我認為,這個提案之所以站得住腳,是因為這個地方的人造特質。

　　巧思。古羅馬詩人維吉爾(Virgil)以降的田園作家,時常描寫自然世界可為那些厭惡權力鬥爭或生活負擔的人帶來平靜。某種程度上來說,那種抒解效果似乎顯而易見——暫時拋除煩憂,沉浸在百花盛開的花園世界裡,道路只用來散步,風景總是賞心悅目。在這方面,十八世紀的巴黎市裡,沒有什麼比路易十五廣場(協和廣場)更吸引人了。雖然它就在巴黎的中心,到

處都是噴泉和雕像，但當時的人放任它發展成都市叢林，讓人在裡面漫無目的地閒逛（完全不像今天這樣）。路易十五廣場與城外興建的皇家花園（例如路易十四的凡爾賽宮或腓特烈大帝的聖蘇西宮）形成了鮮明的對比。聖蘇西宮是由成排的樹木組成，筆直地延伸到消失的地方：國王統治著自然。在路易十五廣場裡，自然得以自由地發展。不過，這些城市綠洲一開始只是為精英階層設計的。中央公園的開發者則是希望邀請大眾前來共享。

　　歐姆斯德跟恩格斯一樣，他知道多數人的生活條件艱苦。歐姆斯德設計的公園是為了抒解城市的壓迫感，但他牽強地認為，在那種娛樂導向的空間裡，城市裡的種族緊張是可以避免，或至少是可以減少的。他覺得，民眾會為了在那裡享樂，而聚在一起社交往來；像工廠那種功能性的場所或是商業街並不會促進「社交」衝動。人為設計可使社交活躍起來，現實則有礙社交。這並非不切實際的理想，相較於紐約市的交通工具或職場上，如今在中央公園的運動場或野餐者之間，不同種族的接觸機會更多。歐姆斯德希望他的設計能透過一種特殊的幻覺，來營造社交的氛圍。[26]

　　歐姆斯德把公園想像成一個劇場──這本身不是什麼新鮮事。就像倫敦的沃克斯豪爾花園（Vauxhall Gardens）和拉內拉赫花園（Ranelagh Gardens）一樣，十八世紀的都市花園裡有木偶戲、熊園，以及其他的娛樂活動。在巴爾札克的年代，巴黎市中心皇家宮殿的花園也會上演二十四小時的春宮戲。歐姆斯德比較拘謹，他設計的公園提供比較單純的遊樂：戲劇效果是靠自然的手法來創造生動的幻象，公園就是大自然的劇場。

　　同樣的，歐姆斯德不是第一個把自然和幻象視為同類的景

觀設計師。十八世紀，自由放任生長的園藝稱為「英式」，像是大自然肆無忌憚地發展。羅伯‧哈比森（Robert Harbison）所謂的「無限花園」沒有「明顯的起始或終了……四面八方的界限都很混亂」。這些英國的野生花園其實是精心設計的幻象。雜亂無章是混合世界各地不同的花卉而成的，把不同花期的花卉種在一起，並以對比鮮明的樹葉作為背景。那種種植技巧所表達的渴望，和想要創造一個看似不斷自由成長的環境是一樣的。不過，一個人即使穿著寬大的撐裙，還是可以在那種環境中漫步——剛好大自然也提供一條蜿蜒的碎石小路，讓人在上面行走。

　　英式的園林設計師認為，自然與人工之間並沒有衝突。實際上，巧思可以營造透明的幻象。例如，綿羊可能在遠處吃草，但基於某種原因，牠們從來不會靠過來拉屎弄髒道路，羊被隱籬（挖在地下看不見的溝渠）牽制住了。人們知道這種人工設計，並以此為樂，觀察隱籬也是散步的樂趣之一。同理，可感知的巧思是中央公園內那些橋梁的特色。那些橋梁在地面上看得到，在地面下看不到，這種設計是源自於早期英國的隱籬。總之，社交倫理需要暫停現實，劇場則是負責執行暫停。

　　紐約空中鐵道公園（High Line）是類似中央公園景觀設計的現代景觀。如果你在一九六〇年代無家可歸，你可以爬上曼哈頓西側的廢棄鐵軌，在那裡露宿；如果你是同性戀，你可以去那裡找到匿名性愛；那裡不分晝夜都是毒品交易市場。「每個人」都知道那些廢棄鐵軌必須拆掉，少數幾個人不在「每個人」之列，尤其是建築師伊莉莎白‧迪勒（Elizabeth Diller）。她的想法不同，她注意到鐵軌的縫隙長出有趣的野草。她聯合創新的景

觀設計師詹姆斯・科納（James Corner）和皮耶・奧多夫（Piet Oudolf），想像：鐵軌＋有趣的雜草＝一種新的都市步道。這個建議後來證明非常成功。現在，空中鐵道公園吸引大量的當地人外出散步，許多遊客也受到當地的新奇感所吸引。

空中鐵道公園與歐姆斯德的一個關聯，在於「種植」的技巧：奧多夫在這個不太可能栽種東西的地形上，種植不能共存的物種。景觀結合了雜草類（生長迅速但很快死的植物，亦即大部分的雜草）和一年生的花卉。競爭的植物往往會互相排擠，但它們也會耗盡土壤中的養分，導致自我了斷，所以很多雜草就這樣死了。像歐洲海甘藍那樣的抗壓植物，需要保護才能生長，但是一旦種植成功，它們可以在低營養的環境中生長得很好。空中鐵道公園的種植方案，運用一種托盤狀的圍欄系統，讓這三種植物一起生長，為遊客營造出一種「自然的」生物多樣性錯覺。[27]

在紐約和其他的大城市裡，公園與遊樂場可能是建造在其他出人意料的地方 —— 那也是依循歐姆斯德的作法，在人工與社交空間之間建立聯繫。一九八〇年代，我參與過這種專案 —— 在曼哈頓哈林區（Harlem）的西側，沿著哈德遜河（Hudson River），在汙水處理廠的上方打造一座公園。儘管我們盡了最大的努力，但後續幾年，那裡還是會冒出濃濃的汙水味。然而，社區的孩子需要一個玩耍的地方，他們在我們學會解決臭味之前，適應了那裡的味道。在城市規劃中，一般我們談到「把一種情況『自然化』（naturalize）」時，其實是指大家逐漸把這種任意進行的建築視為天經地義、再自然不過的事。「自然化」意指一種人為巧思被城市感（cité）照單全收了。

歐姆斯德不是以我們今天使用的生態術語來思考，如今我

們把自然和人造之間的無縫連接視為目標。中央公園裡的種植和雕塑世界，與城市基礎設施的街道種植、排水系統或防潮牆之間，並沒有平順的整合。中央公園確實有一個巨大的水庫，但它的生態作用後來證實令人擔憂——髒水需要做大量的淨化，成本高昂，所以十九世紀末就廢棄了。水庫的設計看似實用，但那不是公園的重點所在。與其把歐姆斯德視為失敗的生態學家，不如把他視為一位想用土壤與植物把大家聚在一起的社會學家，以及植物世界的劇場總監，那樣想更有意義。

幻象的支配。歐姆斯德希望種族能夠和諧共處，因此想把人們從勞動中解放出來，讓他們進入一個休閒的空間。那個公園的目的，是為了停止外在世界的敵對行為（不分貧富或膚色黑白，大家都感受到那種敵意）。然而，這個願景在現代城市中已經變調了。如今享樂／消費經濟愈來愈依賴旅遊業，已經成為都市規劃的焦點，卻未產生社交融合的結果。

把中央公園的設立和紐約時代廣場的整頓相提並論，似乎有些荒謬。但事實上，它們在營造戲劇效果方面是相連的。一個世紀以來，時代廣場的街頭巷尾，毒品文化猖獗，那裡的廉價旅館也是紐約市色情產業的溫床。直到最近兩個世代，時代廣場才成為紐約的劇院之家。那裡原本充斥著扒手以及到商店裡順手牽羊的竊賊（但沒有嚴重的暴力行為，紐約就像美國的其他地方一樣，家庭暴力比街頭暴力更普遍）。

時代廣場的整頓工作，需要拆除十八個方形街區的許多破舊建築。這些建築中藏匿著性工作者與吸毒者，但建築內的骯

髒走道邊，也有許多小型的工作室。例如，為劇院製作戲服或為時代廣場以南的服裝區裁剪布樣的裁縫師。在這些建築物的走道上，大麻的氣味可能和新伐木材的氣味混在一起，因為時代廣場也有生意興隆的特製家具事業，低廉的租金使都市工作室得以在此生存。在整頓之前，數百家小餐館和酒吧為這些勞工提供服務。希臘人和義大利人經營著這些餐館與酒館，有些小店看起來像走進冰箱一樣，有些看起來像「祖國」的廉價翻版，積滿了灰塵。那些餐館與酒館不可能吸引遊客，《紐約時報》也不可能對它們進行評價，儘管《紐約時報》在時代廣場印刷的年代，很多《紐約時報》的工作人員常在裡面閒晃。

整頓期間，那些通道狹小密集的建築都拆除了。隨後，高檔的辦公大樓與公寓大樓拔地而起，工作室隨之消失。服裝製造業者搬去紐澤西，紐扣製造業者改採郵購方式經營，一些年紀較大的樂器製造者決定退休，年紀較輕的則轉往鄉下的倉房。如今的時代廣場是遊客的樂園，提供大眾旅遊所需的服務：套裝式的娛樂、連鎖餐廳、標準化的旅館。這沒什麼好驕傲的，很少紐約人會主動前來紐約的市中心。與倫敦的特拉法加廣場（Trafalgar Square）一樣，這裡看起來生氣蓬勃，但是對當地居民來說，這裡是個黑洞。遊客與當地人互不相融，很少套裝旅行團一起同樂，他們的快樂都是經過特殊安排的，各玩各的。

沒有人能為他們死後發生的事情負責。然而，歐姆斯德的抱負雖然令人欽佩、甚至崇高，但他在規劃紐約市的社交空間方面，開始刻意刪除勞工的象徵與地方，把社交視同一種城市規劃的巧思看待，使城市本身變成一種劇院——在商業上轉變成旅遊業，這對市中心可能產生削弱的效果。

這些偉大的城市規劃家都試圖塑造城市（ville）以喚起城市的活力，雖然他們的方法迥異：奧斯曼想讓城市變得平易近人，塞爾達想讓城市變得更為平等，歐姆斯德想讓城市變得更適合社交。每種規劃都有其侷限性。奧斯曼在巴黎設計的網絡切割，把空間看得比地方還重要。塞爾達為巴賽隆納設計的結構促成了單一文化。歐姆斯德為了促進社會融合，而以人造娛樂為重，但沒有成功。批評他們沒有從一開始就解決現代城市所帶來的巨大問題，似乎很荒謬。儘管如此，他們的城市（ville）規劃中缺少了一個元素，那也是土木工程師的工作中所欠缺的。這個欠缺的元素反映了構成城市（cité）的獨特素材：群眾。這種密集的人類實體與都市的形式之間有什麼關係？

4. 群眾

十九世紀末，兩位作家試圖了解密度的意義。他們都對大眾心理學很感興趣，但採用的方式恰恰相反。其中一人探索了一種典型的人群：不守規矩、恣意宣洩熱情的暴民。另一人則是探究令人感到侷促緊繃而使人變得內斂孤僻的擁擠感。

暴民。古斯塔夫・勒龐（Gustave Le Bon）是理直氣壯的保皇派，他想了解暴民血液裡流竄的激動情緒。例如，第一次法國大革命時，那些上街找保皇派攻擊的民眾。在勒龐之前，反動作

家把暴民視為一種不言而喻的恐怖，一群烏合之眾及下層社會的人。然而，勒龐認為事情沒那麼單純。不同背景的人融合成群體時，可能產生深遠的變化，導致他們像狼一樣，成群地追捕獵物。

對他來說，關鍵在於暴徒是如何形成的。他的洞見是，一大批人聚在一起時，就可能「集體幹出他們絕不會獨自犯下的罪行」。部分原因在於一個簡單的事實：在大眾中，每個人變得匿名──不再被單獨挑出來，尤其無法辨識個別的身分；密集的群體確保個體無法被追究責任。心理上來說，一個群體的規模膨脹時，會產生一種「我們」的振奮感，一種解脫感，一種可以為所欲為的自由感。勒龐指出，人們發現一種新的共同能量時，「浮誇」取代了更冷靜的理智。「咱們去擒王吧，沒有什麼能阻擋我們。」這種群眾能量的動用與驚人場面的營造密不可分，例如把國王斬首，或是以亂石攻擊正好上街的貴族。戲劇性的場面取代了理性。[28]

這種對群眾心理學的分析，使勒龐成為社會心理學的創始者，因為他認為，群體的感覺與行為異於組成群體的個體。從一九二一年起，佛洛伊德在有關群體心理學的著作中，採用了勒龐對邪惡暴民的論點。一九三〇年代法西斯與納粹興盛的時期，暴民改造個人的力量（亦即導致集體沉淪的力量）成為亟待解決的主題。伊利亞斯・卡內提（Elias Canetti）試圖理解這種轉變是如何影響「良善的德國人」；奧德嘉・賈塞特（Ortega y Gasset）則是思考那對一般愛好和平的西班牙人有什麼影響。[29、30、31] 群眾暫時阻斷了道德判斷。

勒龐是 cité 陰暗面的分析者。不過，儘管城市有龐大的人

群，似乎是醞釀暴民的溫床，但他沒有興趣談論城市。他認為，幾乎任何大型空間都可以變成醞釀暴民的溫床。例如，第一次法國大革命期間的凡爾賽宮入口，第二次法國大革命的盧浮宮前院，巴黎公社時期的巴黎市政廳（Hotel de Ville）。與勒龐同時代的格奧爾格‧齊美爾（Georg Simmel）做了一項比較攸關空間的分析，他從感覺擁擠、受到他人的擠壓與壓迫的體驗中，推導出一種全然不同的心理學。

感覺擁擠。一九〇三年，亦即勒龐的著作《烏合之眾》（*The Crowd*）出版八年後，齊美爾為德勒斯登（Dresden）舉行的某次展覽寫了一篇短文〈Die Großstädte und das Geistesleben〉，那篇文章常譯成〈大都會與精神生活〉。德語的單字 Geist，近似法國人所說的「精神」，在這裡是指一種地方的精神。齊美爾所想的大都會（Großstädte）是柏林，所以他拿一九〇三年的德勒斯登來當研究地點很奇怪。因為表面上看來，德勒斯登是個沉睡的小鎮。可想而知，德勒斯登的重要人物對齊美爾那篇文章有所不滿。[32]

　　每次一大群人擠在一起時，齊美爾就覺得感官負荷超載。他寫道，大城市的基本特質 cité，是「內部和外部刺激迅速又連續的改變所造成的神經刺激強化」——亦即街頭的液態現代性。他描述的是柏林的波茨坦廣場（Potsdamer Platz），那裡是德國首都的繁忙十字路口。更具體地說，他是描述人行道上的人群，那是混合著購物者與通勤者的移動人群。那裡是柏林的正中心，在這個巨大的空間裡，大型的百貨公司與咖啡館林立，充滿

了步行的人流、公共馬車和私人馬車。公共交通工具為柏林帶來愈來愈多通曉多種語言的年輕鄉下人、流離失所的外國人，以及愈來愈多駐紮在城市裡的士兵。在人行道上，就像在波茨坦廣場一樣，「過馬路」也會讓人覺得感官負荷超載，因為這裡的「經濟、職業、社會生活的步調與多樣性」加快了。[33]

奧斯曼與歐姆斯德試圖以不同的方式來增加都市生活的強度，齊美爾則是擔心這種強化，因為過多的刺激會導致焦慮：汽車喇叭響起，你的眼睛轉動，害你差點撞上一個踉蹌前進的老人。過了一會兒，一個蹲著乞討的流浪漢又吸引了你的目光，他注意到你在看他而站了起來。這些感官刺激令你感到擁擠，你為了保護自己而壓抑反應。「都會型的人發展出一種防禦機制，以防外在的威脅性潮流與矛盾……他是以理性反應，而不是感情用事。」汽車喇叭響起時，你不會愣住；乞丐站起來時，你不動聲色，繼續前進，避免目光接觸。你吸收感官刺激，但不會展現出脆弱，而是表現出無動於衷的樣子。[34]

這就是齊美爾的面具。這句話是我說的，不是他說的，他的說法是展現「漠不關心的態度」（blasé attitude），但那樣說無法充分表達他的概念，因為人們不是真的對周圍的環境漠不關心，他們只是假裝漠不關心。漠不關心的態度導致冷漠的行為：你看到事情發生了，但依然繼續前進，不會介入。當然，這種漠然的態度可能會變成一幅漫畫，就像一個（虛構的）著名故事描述一名遊客心臟病發躺在時代廣場，但路人漠然地跨過他的身體。此外，軍人可能會質疑，漠不關心有哪些特色是都市獨有的？畢竟，在槍林彈雨中，即使同志垂死或痛苦地叫喊，稱職的戰士不管內心有何感受，都必須展現出沉著冷靜的態度，不能

在別人面前崩潰，以維持團隊的秩序。

　　「漠不關心」（blasé）這個字眼也不太符合齊美爾的想法，因為他是指一個大架構中的焦慮。一個人為了自保而戴上面具，那是一種理性的展現。他是退一步估量局勢，而不是衝動地做出反應。「對都市現象的反應，轉移到最不敏感的器官……大家覺得理智可以保護主觀生活不受外界壓倒性力量的影響。」大城市把這些入侵的力量集中在人群中，人群對我們的精神生活構成了威脅，它的密度使人封閉自我：雖然受到過度的刺激，但表面上看來，他們幾乎不動聲色。[35]

　　齊美爾的傳記對他描述的那種漠然心態影響很大。他只是名義上的猶太人，因為他的父親改信天主教，母親是路德教徒。在猶太律法中，由於他的母親是基督徒，他「不屬於猶太教」。但在德皇威廉的德國不是這樣，他還是猶太人。儘管馬克斯・韋伯（Max Weber）幫他引介學術機會，但反猶太風潮仍把他拒於門外，他有在很長一段時間找不到正式的教職。然而，他並未因此自怨自艾，他也主張其他的德國猶太人不該如此。他認為猶太人需要一個面具：保持冷靜，保持距離，不要對痛苦的刺激做出明顯的反應。表面依然疼痛，因為傷口受到壓抑。在齊美爾看來，猶太人的困境是現代男女的象徵。他寫道：「現代生活最深層的問題，源自於個人在面對外部文化與生活的技術時，要求保有個人的自主性與個體性。面對遭到定型的危險時，個人需要一個自保的面具，以免自己覺得被『社會─技術機制』吞噬了。」不帶個人色彩可以保護自我。[36]

　　這種對都市生活心態的看法很冷靜，甚至是悲觀的，但沒有明確地與城市（ville）相連，沒有和那個讓人感到擁擠的營造

形式相連。為了解釋這種關聯，我們需要暫時撇開齊美爾的宏大願景，先描述一種特定的城市形式——人行道——給人的感覺。

人行道。擁擠的感覺可以用兩種方式來衡量。一種是「人流密度」（footfall density），那是計算經過一個固定地點的人數。以我自己的規劃實務為例，一個團隊會記錄每五分鐘有多少人通過商店的入口。另一種測量方法是「固定密度」（sessile density），亦即在一段較長的期間內，侷限於某地或選擇留在某地的人數，例如足球場或咖啡館的人群。人流密度不是穩定的數字，例如，慶典遊行的專用大道只有斷斷續續的人群，莫斯科的戈爾基街（Gorki Street）就是很好的例子。十九世紀，那裡是一條雜亂的混合大道。一九三七年起，蘇聯的城市規劃者開始把它改造成一個史達林式的景觀空間。建築物的正面裝飾著獨裁者喜愛的威權主題，每年只有幾次擠滿人群，其餘的時間是空盪的。齊美爾把這種顛峰時刻的用法和平常用途混為一談。[37]

他把過度刺激與人行道連結在一起時，比較合理。街道把人口密度侷限在人行道上，是比較現代的情況。比路面高的寬敞人行道是奧斯曼都市設計的特色，這種人行道允許密集的行人走在街道上，同時避免超速車輛的傷害。在工業切石鋪路或柏油碎石路面出現以前，這種行人通道很少，街道是由建築之間的空間所構成的。直到現代，高起的人行道才成為歐美城市結構的普遍特徵。這有一部分可能要歸功於一八二○年代穿孔鐵管的工業製造。那種鐵管可以幫街道排水，因此人行道稍稍傾斜，以便把水排到街上。[38]

　　人行道的效能取決於它底下是什麼。早期的人行道建造者是把排水管直接埋在地下，但巴澤爾傑特那個世代意識到，排水管的周圍需要挖排水洞，這種「地道內埋管」（pipe-within-tunnel）的形式沿用至今。雖然人行道必須比路基高，但也不能太高，否則老人和兒童難以使用。我自己的經驗法則是，把人行道的高度設為一般家庭台階的 75%，亦即約 16 公分高。

　　從「密集」變成「擁擠」，是源自於人行道的實體壓縮效應，那是相較於在比較老舊、無組織的街道空間上鬆散移動的感覺。怪的是，人行道的狹窄度其實與壓縮感沒有多大的關聯，因為寬闊的人行道上通常有更多的人，更容易容納固定的密度。在人行道上感到擁擠，也因文化而異。正午時分，紐約市中心第六大道的人行道密度，比倫敦皮卡迪利（Piccadilly）的密度高了80% 左右。造訪倫敦的紐約人可能會覺得倫敦街道並不擁擠，但是對土生土長的倫敦人來說，卻擠得難受。[39]

　　決定街道擁擠度的另一個城市（ville）因素，是街道線與建築線的對齊。如果建築是從人行道的邊緣向後縮（所謂的建築退臺），圍阻的壓力會減輕。不同的結構有不同的退縮尺度時，這種減壓效果更明顯。相反的，如果像曼哈頓大部分的地區那樣，有連續的街道牆，遏制的壓力就會增加，整條街看起來密不透風。在建築物之間留一些橫向空間時，就可以改進這種感覺，但建築的邊緣仍與人行道或道路整齊地排在一起──套用另一種比喻：街道的牙齒整齊有序。像牙齒一樣整齊排列，其實是城市設計長久以來的渴望。早在一二五八年，羅馬法就規定，拉爾加路（Via Larga，現稱加富爾路〔Via Cavour〕）和其他新街道上的所有房屋必須沿著街道整齊地排列。[40]

　　讓街道感覺擁擠的第三個因素，與居住比較有關，而不是建造的問題。那是因為人通常會想要聚在一起。兩個世代以前，都市規劃家威廉・懷特（William H. Whyte）研究西格拉姆大廈（Seagram Building，位於紐約市中心由建築師密斯・凡德羅〔Mies van der Rohe〕設計的摩天大樓）周圍的空間，結果發現，人們會選擇靠近別人，而不是盡可能地遠離。有一門科學名叫「人際距離學」（proxemics），它專門記錄人們如何選擇聚在一起。人際距離學並未訂定通則，而是強調文化的細節。例如，一項研究發現，義大利人下班散步時，比挪威人下班閒逛時，更喜歡站得離彼此更近。人際距離的差異是一個常識問題：無論是義大利人、還是挪威人，當你去酒吧尋找性愛對象時，你會想要比在百貨公司購物時，更接近陌生人。[41]

　　立意良善的城市規劃者會想要滿足（實際上是鼓勵）人們聚在一起的渴望。例如，提供長椅和其他成群的街道家具，而不是沿著街道以一種比較平均但孤立的方式來分布那些家具。同樣的，長椅的設置應該靠近公車站的候車亭，不要離太遠。以前我做紐約的公園專案時，我的經驗法則是，提供足夠的長椅，讓六個義大利家庭可以聚在一處。都市規劃者往往事先沒料到社交群組的形成。在巴賽隆納熙來攘往的蘭布拉大道（Las Ramblas，由幾條街道圍起來的超長廣場）上，大家三五成群地聚在一起，而不是分散開來，儘管那裡原本是為了分散群眾而設計的。

　　齊美爾想解釋人行道另一個非社交的黑暗面。美國小說家德萊塞（Theodore Dreiser）用「視而不見的大眾」來形容都市的群眾，以及他們的冷淡與漠然。齊美爾並沒有認同這種陳腔濫

調。人多會讓人產生擁擠、壓迫的負面感覺，人行道是進行壓縮的實體形式。所以，人們戴上漠不關心的面具，以避免感到擁擠——然而，即便如此，他們依然在生悶氣。[42]

關於一個城市的人類 DNA，城市的人群似乎構成一個三角形：一邊是暴民行為，另一邊是漠不關心的行為，第三邊是比較社交友好的感覺。奧斯曼設計的巴黎把人群視為暴民，他以軍事邏輯，設計了又長又寬的街道，大炮可以沿著街道移動。諷刺的是，那些大道反而變成人們聚集的地方。塞爾達和歐姆斯德認為人是喜歡社交的，他們相信群眾會聚集在街角，或聚在遠離街道的公園裡。然而，這個三角形的圖像並未傳達出齊美爾所說的那種「人群的複雜性」：街上的擁擠感使人內斂退縮，掩蓋了他們的主觀性。[43]

5. 現代但不自由——韋伯不開心

前面提過，當人們相信自己可以在城市中自由地塑造自我時，中世紀那句格言「城市空氣帶來自由」依然響亮。十九世紀末，韋伯認為現代的城市其實沒有提供那種自由——既沒有提供給個人，也沒有提供給城市的全體居民。韋伯對城市的論述，是出現在他的代表作《經濟與社會》（*Economy and Society*）中。那整部作品不只談狹隘的經濟學而已。那本書有如社會學領域的華格納作品《尼貝龍根指環》（*Ring*）。然而，據我所知，韋伯從未寫過有關塞爾達、奧斯曼、或其他現代的城市設計師。即便如此，韋伯對他生活的地方還是很敏感。在長期飽受憂鬱症煎熬的空檔，他會在街上遊走，熱切地關注居

民的命運。

　　韋伯所住的柏林，是建在倫敦與巴黎之後，但同樣面臨髒汙的問題。德國社會民主黨的領袖奧古斯特‧倍倍爾（August Bebel）還記得：「路旁的排水溝匯集了住家排放的廢水，沿著路緣流動，發出可怕的惡臭。沒有公廁……柏林作為一個大都會，直到一八七〇年才脫離野蠻狀態，邁向文明。」俾斯麥下令以柏林為首都後，這種狀況就不能、也不再出現了：一八七〇年代末期，柏林裝設了廣泛的下水道系統。一八九〇年代，一個同樣擴散開來的公共交通系統開始鋪設。巨大的磚房與石屋在之前點綴著棚屋與菜園的土地上拔地而起，而且轉變的速度極快。作家史蒂芬‧褚威格（Stefan Zweig）回憶道：「一九〇五年的柏林，和一九〇一年我熟悉的柏林大不相同……它已經變成一座國際大都會。它再與一九一〇年的柏林相比時，又顯得黯然失色。」儘管如此，那些不朽的公共空間還是有裝飾作用，掩蓋了這個城市的大部分地區依然貧窮的事實。[44、45]

　　對韋伯來說，儘管這個首都變得如此巨大、華麗，但它其實不算真正的城市。柏林不過是一個國家的鏡子：大道和公園、紀念碑、建築的華麗外觀等宏偉的表象，突顯出這個新國家的存在。但這座城市沒有自己獨特的生命，因為它無法掌控自己的命運。對韋伯來說，相較之下，一個真正的城市似乎「具備以下的特徵①防禦工事；②市場；③自己的法院，而且至少有一定程度的獨立司法權；④不同群體之間的關聯結構；⑤至少有部分的自主性或自治權……公民可以參與其中」。換句話說，一個真正的城市，就像古代的雅典或中世紀的西恩納一樣，是一個城邦。[46]

　　讓韋伯的枯燥定義變得更具體的一種方法，是思考中世紀圍著城市的城牆。那些城牆是厚實的石牆，只有寥寥幾個入口，就像西恩納市一樣。軍隊包圍一座城市時，城內的居民和城外的農民都躲在牆後。城牆的大門是城市的收稅點，城牆的守衛決定誰可以在城內交易。在城內，自治的城市不是自由的市場，而是由城方規定麵包、香料、磚塊、毛皮的價格。因為這個原因，韋伯認為市場通常位於城邦的中心，以便城方監管交易者。最重要的是，這個城邦可以制訂、修改、再修改城內的法律，以因應牆外不斷變化的環境，以及牆內的人事變化。根據西恩納和佛羅倫斯的關係，去年來自佛羅倫斯的流亡者，可能今年變成西恩納的公民，隔年又變成沒有權利的流亡者。在城邦中，「城市空氣帶來自由」這句話是合理的，因為城市可以讓人自由──或不自由。

　　對韋伯來說，公民身分不是一個放諸四海皆準的條件，權利和權力是看地方而定。你不住在某地，就無權對當地發生的事情置喙（套用今天的說法，外國投資者的權力應該受到嚴格的限制）。相反的，所有的公民都應該享有某些基本的權利，因為他們生活在同一個地方──這種城邦邏輯催生了國家護照和身分證的模式。

　　從這種過去的觀點去推想現在的城市觀並不難。根據韋伯的理想城市類型，他會批評現代的城市缺乏自治。最明顯的例子是，當初沒有一個市民投票贊成巴黎建造大道網絡、贊成巴賽隆納建造街廓結構，或贊成在現有的紐約之外建造一個中央公園。這些計畫都是當權者獨斷的主張，巴黎的大道網絡是皇帝決定的，巴賽隆納的街廓結構是非選舉產生的名人委員會決定

的，紐約的中央公園是由規劃委員會決定的，他們並未把興建中央公園的可能性公之於眾，讓大家討論。更廣義地說，根據韋伯的理念，現代城市不是自治的，因為它受到國家、國際企業、無處不在的官僚所統治。韋伯欣賞的城邦是民主的，裡面的公民整體而言可以投票決定塑造城市（ville）的計畫。

　　韋伯對城邦的描述，遭到一些史學家的批評。你比較西元一五〇〇年的威尼斯和西恩納的話，威尼斯是完全自治的，但它是寡頭政治；西恩納則是一個失敗的民主自治實驗，到了西元一五〇〇年，它已經變成靠隔壁佛羅倫斯吃軟飯的小白臉。即使韋伯對城邦的描述過於理想化，那種描述依然有重要的意義。韋伯的方法是為了創造他所謂的社會結構（比如城市）的「理想類型」，然後再探索為什麼現實會偏離理想的模型。韋伯和韋伯主義者會反駁：沒錯，現實是不一樣，但你之所以會注意到，是因為你對城市、或自由市場、或基督教有一個清晰完整的理想概念，可以用來衡量偏差的程度。在這種理想的城邦類型中，ville 和 cité 之間是無縫相連的（雖然韋伯沒有使用那兩個字眼），因為城邦創造出像城牆一樣的實體形式，完全符合人民想居住的方式。

　　韋伯把他的城市五要素描述為一個自治地方的合理、功能性結構。至於城市（cité）作為一種主觀的體驗，充滿情緒上的焦慮——如齊美爾所想的那樣——並不存在韋伯的設想中。韋伯的宏大想法如此輕忽主觀性，因此他和齊美爾形同兩派。他們原本對經驗的定性理解（Verstehen）有共同的興趣，韋伯終其一生都很欣賞身為作家的齊美爾。但韋伯的《經濟與社會》開篇就宣稱：「當前的研究偏離了齊美爾的方法……在主觀意圖與客觀有

效的『意義』之間做了清楚的區分。」我認為，韋伯這樣做反而幫自己一個倒忙。[47]

官僚坐在辦公桌前，透過枯燥、抽象的規則，乏味地管理日常生活。這讓韋伯心生反感，他覺得官僚本身缺乏影響力，似乎把其他人也侷限在一個「鐵籠」中。雖然韋伯不太認同尼采頌揚的恣意狂歡，但他擔心現代性的真正特色是官僚那種一成不變的生活——他害怕太多的井然有序會使他遠離恩格斯和馬克思所勾勒的現代形象（「一切堅實的東西化為雲煙」）。他對自治的強調，不是出於對固定程序的渴望。他欣賞西恩納市不斷地修訂法律，並隨著群體需要的改變，不斷地改變麵包與磚塊的價格。對他來說，自治是一種未完成的工程，而不是一套固定的規範。

或許這種態度也解釋了，為什麼這個精神上的雜食者對他周圍正在進行的城市規劃毫無興趣——這些規劃宣告了德國這個國家的堅實、穩定、官僚持久性，但廣義來講，這是在規劃現代城市的形式。我們無法請韋伯闡述這個評論，因為他只寫遙遠的過去。我們可以看到他列舉的那些城邦要素是開放性的，而且那種開放性已經消失了。韋伯對現代城市的暗中批評是，現代城市的條件難以讓城市變成一個自我修正、自治的地方。那有利於官僚的發展，但不利於民主進程。

回顧現代都市規劃的誕生，這種批評似乎有些離譜。那群偉大的城市規劃家試圖塑造的城市根本不是穩定的地方，不像官僚牢籠裡的那種生活。偉大的城市規劃家試圖把不同形式的秩序套在城市上，但每種形式都不足以解決它想要處理的問題。奧斯曼的網絡化城市無法控制人群，塞爾達的都市結構無法實現社會主義的貧富均等目標，歐姆斯德的公園也無法獨自促進城市的社

交。這群偉大的城市規劃家拿城市做實驗,他們的規劃就像任何開放的實驗一樣,遇到種種的僵局與成敗。在他們之後,時序進入二十世紀,都市規劃不再像以前那樣一心只想把生活與建築連起來,所以失敗的刺痛也減輕了。

第三章

Cité 與 Ville 的分離

偉大的城市規劃家難以把 cité 與 ville 連結起來。他們的傳人放棄了努力，就像婚姻出了問題一樣，放任有害的沉默主導一切，不再面對難題。到了一九三〇年代，那兩大領域開始分道揚鑣。在家庭離婚中，家長無法面對的問題會遺留給孩子。在都市規劃方面，這種情況是發生在二次大戰後，那也導致如何開放城市的辯論黯然失色。

1. 人與地方的分離——芝加哥與巴黎相互忽視

芝加哥。就在韋伯頌揚中世紀的城邦之後，一群美國人想要更充分、正面地欣賞現代城市的居住生活。芝加哥大學是很適合做這件事情的地方。該校自一八九〇年創校以來，就一直採用德國大學的模式，走研究中心的路線，而不是採用英國模

式（年輕雅士的俱樂部）。雖然該校坐落在芝加哥市綠蔭盎然的南邊，外型像中世紀的機構，但該校的社會學家幾乎都走出了學術象牙塔。在芝加哥大學的北邊與西邊，芝加哥已發展成一個繁榮、多元、現代化的城市。那裡是整個美國的鐵路樞紐，比十九世紀的曼徹斯特包含更多的產業。一九二〇年代以前，歐洲工人在這裡找到歸宿。一九二〇年代開始，歐洲移民人數萎縮。在一戰結束後的十年，美國黑人開始從種族癱瘓的南部邦聯州遷移過來。芝加哥學派想知道住在如此複雜的地方是什麼樣子。

該學派的創始人羅伯·帕克（Robert E. Park）當了十二年的正義記者，接著到哈佛大學師從哲學家兼心理學家威廉·詹姆斯（William James），並於一八九九年取得碩士學位。接著，他前往柏林師從齊美爾，試圖把齊美爾對心態的觀點與實證研究連結起來。帕克是了不起的人物，回國後在完全招收黑人學生的塔斯基吉技術學院（Tuskegee Institute）任教七年。一九一四年，他深受芝加哥的能量所吸引，搬回了芝加哥。

帕克不喜歡新聞業快速又華而不實的風格。他的芝加哥學派是採用人類學的實地研究方法，長期生活在社區裡，有系統地採訪居民的想法。研究人員是借鑑美國社會學家 W. I. 湯瑪斯（W. I. Thomas）和弗洛里安·茲納尼茨基（Florian Znaniecki）的研究成果（他們研究波蘭移民如何比較以前務農的生活與現在當工人的生活），深入採訪一貧如洗的移民，並認真看待他們的想法。二次大戰開始時，芝加哥學派已做了數百項這樣的研究。可惜的是，其中有許多研究至今仍遭到遺忘，留在檔案中，無人聞問。[1]

哈維·華倫·佐布（Harvey Warren Zorbaugh）的著作《黃

金海岸與貧民窟》（*The Gold Coast and the Slum*）具體呈現了這個學派的研究方式，其研究背景是芝加哥北部附近富人與窮人之間的緊張關係。佐布關注的是生活在芝加哥摩天大樓陰影下的窮人，他們是住在分租的房子或狹窄的公寓裡。受訪者的心聲構成了研究文本的一大部分。例如，他們討論他們向當鋪求助以維持生計，以及貧窮的家庭可以典當什麼。佐布認真地聆聽他們的說法。相較於一個世紀前的恩格斯，佐布是比較有系統的漫遊者，他挨家挨戶地採訪，並逐一訪問每條街上的當鋪。相較於恩格斯，他在書中的定位也比較中立，直到書末才指控當地的政客與制度令窮人失望。[2]

　　社區。芝加哥學派是社區的專業分析者，但他們對此感到矛盾不安。他們感到不安的一個原因在於「社區」概念的歷史。那個概念可追溯到十七世紀的湯瑪斯・霍布斯（Thomas Hobbes）。霍布斯把人類在自然狀態下的存在，描述成「所有人對所有人的戰爭」（bellum omnium contra omnes），如今他仍以此著稱，所以他似乎不太可能是頌揚社區的創始者。然而，他擔任貴族卡文迪什家族（Cavendish）的家庭教師時，觀察那個家族內孩童的行為，並得出結論：那些孩子非常渴望「和諧」，即使在爭吵或打架時，也樂見彼此相伴。他把這種樂趣比喻成「聯合」狀態，那是一種比較冷靜、契約式的政治關係，可以約束暴力。

　　霍布斯把「和諧的社交動力」比喻成「政治的聯合需求」，這種比喻直接影響了十九世紀的社會學家斐迪南・滕尼斯（Ferdinand

Tönnies）。 他把 Gemeinschaft 與 Gesellschaft 區分開來，那通常翻譯成「社區」與「社會」。社區是指面對面、個人化的接觸；社會是非個人、工具性的安排。「鄰里」這個詞表達了「社區」（Gemeinschaft）給人的感受──那是與非直系親屬的日常關係，可能是友好或敵對的。在「社會」（Gesellschaft）中，人們戴著齊美爾的面具。他們對彼此很冷淡，漠不關心。這種劃分充滿了政治意味。滕尼斯認為，「睦鄰」（neighbourliness）不談工作上的「和諧」（如果你是勞工組織者，這不是好消息），也不在無人情味的公共場所進行社交活動（這會讓歐姆斯德那樣的公園設計師感到失望）。滕尼斯縮小了 cité 的範圍：生活是在地的（local）。

　　芝加哥學派對這種論述感到不滿有兩個原因。第一，滕尼斯把社區與工作分開來看，他認為工作圈體現了現代資本主義的一切冷酷無情，人只有在離開工廠或辦公室的大門後，情感才會活躍起來。但芝加哥學派發現，事實證明，與鄰居和睦相處，往往不如與工廠或屠宰場的同仁和諧共事那麼融洽。由於職場上有這種休戚與共的關係，湯瑪斯認為左派政治應該把焦點放在組織勞工上，而不是組織社區上。一九二〇年代，湯瑪斯因其城市導向的政治理念，再加上他是美國最早研究「性社會規範」的人之一，而被逐出芝加哥市。他投奔紐約的社會研究新學院（New School for Social Research），在那裡，他的研究仍是帕克那些芝加哥老同事那一套。芝加哥學派持續鬥爭，並未保護他。[3]

　　芝加哥學派不認同滕尼斯的第二個原因是性別。他理直氣壯地認為 Gemeinschaft 是女性空間，Gesellschaft 是男性空間──這也是他的論點吸引希特勒的一個原因。Kinder、

Kuche、Kirche（兒童、烹飪、教堂）對社會學家與獨裁者來說是女性的領域。誠然，滕尼斯只是反映他那個時代的價值觀。即使是曼徹斯特那種城市，工業無產階級的男女都必須工作。但人們的願望是，只要家計有所改善，女性就應該停止工作。同樣的，我在研究十九世紀芝加哥家庭的報告中發現，無產階級向上流動的第一個跡象，是女性脫離有償的勞動。[4]

芝加哥學派反對滕尼斯的觀點，主要是因為經濟大蕭條改變了人們的態度。二次大戰前的十年，許多婦女在芝加哥的軍工廠工作，經濟大蕭條改變了勞動狀況。男性從事的工業工作，比女性從事的服務工作（如護士、服務生、打字員、嬰兒保母、小學教師等）更容易失業。芝加哥學派的社工夏洛特・托爾（Charlotte Towle）發現，在經濟大蕭條期間，女性若需要煩惱如何防止失業或未充分就業的男性飲酒，她們在思維上很自然會轉向批評資本主義的掠奪（雖然她們不會使用這些詞彙）。如果說滕尼斯的性別劃分縮小了 cité 的倫理範圍，芝加哥學派的研究人員發現，大蕭條時期的女性研究對象其實提高了她們的自覺意識。[5]

基於勞動與性別這兩個原因，芝加哥學派反對滕尼斯把地方社區浪漫化，變成遠離社會的避難所，彷彿鄰里是寒冷大海中的熱帶島嶼似的。然而，身為研究人員，他們關注的是在地社區，為什麼？

約翰・杜威（John Dewey）對經驗知識的信念影響了芝加哥學派，芝加哥學派因此從敘述個人經驗中開發出一種方法：巴爾札克那種無所不知的敘事者已不復存在（那種敘事者直接告訴讀者發生了什麼，不管他筆下的人物怎麼想）。一九二○年代與三

〇年代，以克勞德・李維史陀（Claude Levi-Strauss）為代表的人類學家，探索以個人經驗的敘述作為思考社會的方式。這種方式挑戰了一種社會學的處理方式：把人們講述個人生活的歷史當成盲目的敘述，當成需要專業的社會學家來詮釋的單純故事。芝加哥學派採用的方法是：先讓研究對象專注在具體、看似次要的經驗上，然後隨著詮釋的擴展而循線前進。如果一種情況後來證實難以理解，研究人員會把「難以理解」視為客觀的評價，而不是覺得「難以理解」是因為研究對象的意識錯誤或愚蠢。然而，芝加哥學派對於如何把他們聽到的內容與他們自己的政治理念連在一起，感到不安。

佐布在研究貧民窟居民生活的報告中，最後爆發了作者的憤怒。那顯示，該學派並不認為他們的角色完全是被動的。芝加哥學派就是因為這點，而不知道如何與他們的研究對象建立聯繫。如果他們採訪的對象受到世界的傷害，當事人所詮釋的經驗，往往不像採訪者的政治理念那麼有意識形態。芝加哥學派的成員（包括我母親）試圖為那些從南方農村搬來芝加哥的黑人婦女，組織共產主義小組。他們認為，因為這些婦女在經濟上受到壓迫，把她們組織起來的時機已經成熟了。帕克、托爾、路易・沃思（Louis Wirth），以及芝加哥學派的其他長老擔心這種從學術到政治的轉變，他們怕這種轉變會讓研究本身黯然失色。這種恐懼不單只是出於謹慎，而是實地研究者可能把窮人變成兩種老套的刻板人物：不幸的受害者或英勇的抵抗者。茲納尼茨基打從一開始（一次大戰之前）就主張，研究人員應該想辦法去了解受壓迫者如何在創傷中倖存下來，而不是老是繞著「社會造成創傷」這個事實打轉。

　　如果芝加哥學派與政治的專業關係依然有問題，他們留下的遺澤在於他們如何加深「經驗」與「在地」這兩個詞的含義。他們覺得找鋼鐵工人來分析個人經驗非常恰當，因為在了解自我的過程中，他們居住的地方並沒有誘發孤島心態。這些都是芝加哥學派對人與地方的倫理信念。

　　芝加哥學派在強調複雜的知識方面，看似接納了整個城市，包括它的實體形式與居民，但實際上他們並沒有。他們的研究強調 cité，但忽略了 ville。他們是以原始的二維形式（2D）來想像城市的形狀，完全不考慮三維（3D）的營造形式。對芝加哥學派來說，文字比眼睛所見的更重要。

　　例如，帕克與同事歐內斯特・伯吉斯（Ernest Burgess）創造了一個奇特的二維城市形象。他們使用靶心來繪製城市地圖，把財富、族裔、種族（或是把中心商業區、製造區、住宅區等功能）劃分成不同的環狀地帶。他們之所以選用靶心來繪圖，是因為他們相信，社會與經濟差異是從一個核心向外輻射，形成同心圓。這種圖像容易令人誤解。圓形是一種緊湊的極簡形式，然而就差異來說，大城市是由雜亂的小點及奇怪的菱形構成的，是一幅由貧窮和富裕、功能或社會群體一起組成的拼貼畫。

　　帕克—伯吉斯的作法，與查爾斯・布思（Charles Booth）幾十年前在倫敦東部貧困地區所繪製的地圖形成了對比。布思是從下往上畫，逐街、逐戶地勾勒居民的財富。布思的畫法顯示出政治經濟的地圖有多麼複雜，他不是畫簡單的圓圈，而是畫一幅拼貼的集錦。布思接著自問，這只是一團亂嗎？如果不是，這個複雜圖像中的元素是如何互動的？布思的拼貼畫激發了人們對

這幅畫的思考，派克—伯吉斯的同心圓則沒有。布思的圖是反映實況，而不是象徵性的。

第一代都市規劃家所創造的三種結構中，有兩種像同心圓那樣簡化：正交網格與累加網格。他們下一代的都市規劃家開始質疑這種簡單性並改造結構。一九〇〇年，都市規劃家試圖重新平衡街道與大道之間的失衡比重，例如改變巴黎左岸，改變聖日耳曼大道（Boulevard St-Germain）的馬車流量，以支持更多的行人流量。在巴賽隆納，隨著周邊街廓往城市的四面八方延伸，都市規劃者擔心原始的塞爾達形式太單調，他們開始把焦點放在轉變周邊街廓的外觀上。

相反的，芝加哥學派並未多想同心圓在何時何地可能以何種方式糊成一團。他們的「同心圓理論」（concentric zone theory）把形式與功能緊密地連在一起，想像城市中的每個地方都有特定的用途——住房、工業、商業或文化。在他們看來，福特汽車工廠的嚴格分工也象徵著都市空間。這種對 ville 的機械觀，竟然是來自那些對 cité 毫無機械觀的人。

芝加哥學派對三維的營造形式缺乏興趣，這點著實令人驚訝。二十世紀的最初幾十年，芝加哥成為全球的現代建築之都，那裡是路易斯・蘇利文（Louis Sullivan）[1]和法蘭克・洛伊・萊特（Frank Lloyd Wright）的家，也是歐姆斯德在景觀設計方面的傳人丹尼爾・伯恩罕（Daniel Burnham）的家。一九〇九年伯恩罕的「芝加哥計畫」，指引芝加哥的城市規劃元老，保護城市邊緣大湖沿岸的開放空間。十九世紀末期芝加哥的建築

---

① 譯注：路易斯・蘇利文（Louis Sullivan）是美國現代建築，特別是摩天樓設計美學的奠基人。

師，不像奧斯曼那樣關注建築的外觀，他們比較在乎的是如何把室內與室外連在一起。芝加哥學派明明有各種理由去關注建成環境，但他們並未注意。他們無法把建築視為獨立的研究物件，也無法把他們對 cité 的豐富觀感與 ville 的複雜性連起來。帕克說：「城市不僅僅是一個實體機制與人工建設而已，它涉及了城中居民的重要流程，它是自然的產物，尤其是人性的產物。」「僅僅」（merely）這個字眼為這份人文宣言透露了端倪。誠如俗話所言，城市是由人組成的。[6]

　　人與地方的分離，滲入了芝加哥學派的政治中。沃思是芝加哥學派中最有理論思維的人，他在〈都市規劃作為一種生活方式〉一文中寫道，城市是「一種民族與文化的混雜。城市混雜了截然不同的生活方式。那些生活方式之間往往只有最微弱的交流、最大的冷漠、最廣的包容，偶爾發生激烈的衝突……」。與實體城市脫節，對實體城市的冷漠，只會使社會分離（social disconnection）的問題看起來更嚴重。[7]

　　規劃與建築通常是採用提議型思維（propositional thinking）。韋伯的「自治城邦」理想就是採用這種思維。在城邦裡，公民把城邦的規則視為可改變或演變的提案，而不是由外力強加的固定形式。提議型思維就像是設計者的自治。學校該怎麼興建呢？在研討會或工作室裡，不同的提議被提出來分析、辯論與挑選。外力可能推翻結果，但那個過程本質上是一種實踐，是藉由思考如何改變現實來參與現實。

　　芝加哥學派的政治並未促成這種實用的提議型思維。他們是以口頭分析為重，那就好像把一隻手綁在背後一樣：他們無法為一些地方提出具體的提案，以加強「溝通」，或是套用沃思的

說法，反擊「冷漠」；政治變得空洞。他們不知道怎麼設計好學校，因為他們對設計沒興趣。

❖　❖　❖

　　巴黎。芝加哥對城市實體的漠不關心，象徵著「建築」與「居住」之間的婚姻出了一半問題。當婚姻中的另一個伴侶也展現出同樣的冷漠時，cité 與 ville 就分道揚鑣了。

　　這種對「居住」不感興趣的態度看似荒謬，但在帕克那個世代，年輕的柯比意（Le Corbusier）為改造巴黎部分地區所提出的提案，正是這種態度的典型例子。一九二五年，柯比意發表一項重建巴黎市中心的計畫，把瑪黑區（Marais）的中世紀街區夷為平地。那裡平整後，柯比意建議在棋盤狀的網格上豎立巨大的 X 形大樓，每座大樓各自獨立在自己的空間裡。

　　此時的瑪黑區確實是個陰冷、不太健康的地方，混雜著貧窮的猶太商人、剛從法國中央高原移居巴黎的農民、在當地存在已久的胡格諾派（Huguenot）手工藝人。他們都在老舊、破敗、文藝復興時期的邸第裡避難，例如十八世紀初被貴族遺棄的塞爾殿（Hôtel Salé），那些貴族跨過塞納河，搬到現在的第七區。廢墟中的生活很複雜，農民不喜歡在當地定居較久的猶太人和新教徒，猶太人和新教徒也不喜歡彼此，但他們不得不一起擠在散發著惡臭的狹小住處。就像當初促成塞爾達網格建築的瘟疫一樣，瓦贊計畫（Plan Voisin）讓每棟大樓的周邊都可以透入光線和空氣，以解決那些健康問題。

　　不過，與塞爾達的原始計畫不同的是，人們生活與工作的空間將完全提升到地面之上，地面的街道和公路是為車速很快的

汽車與火車興建的，人們實際上不會在街上行走。柯比意以飛機製造商安德烈・瓦贊（André Voisin）的名字為這個計畫命名。科比意很欽佩瓦贊的技術前衛性，還為他設計了一款流線型的汽車。瓦贊計畫裡的所有大樓，高度都一樣，可以無限地複製，遍及整個瑪黑區、整個右岸，或像柯比意盤算的那樣，遍及整個巴黎更好。這個提案可說是累加網格的誇大版。

　　原則上，瓦贊計畫似乎是一個很精明的方案，解決了讓光線與空氣透入大規模住宅的經典都市問題。X 形的大樓在空氣循環方面也比周邊街廓更有效。在周邊街廓裡，空氣可能困在中庭，出不來。柯比意知道，為了讓那些大樓發揮作用，窗戶必須打開，讓空氣流通。但是在十樓，開窗很危險。從預備素描圖可以明顯看出，他把打開窗戶的設計視為一個重要的細節。當時有空調的密封大樓才剛出現，但他不喜歡那種大樓，他是「被動式建築」（passive building）技術的先驅。

　　瓦贊計畫的大膽之處，主要在於大樓使用的材質，因為那些大樓是採用澆置混凝土（poured concrete），並以前所未有的方式建造而成。混凝土基本上是碎石與石粉的混合物，加上石灰水泥粘合劑。加水後，那泥狀物可以澆灌成任何形狀，接著硬化成形。羅馬人的水泥是使用火山灰，那有助於硬化。他們是天才工匠，他們建造的結構，從溝渠到神殿，都非常堅固，許多結構至今仍未裂開。羅馬建造者的工藝在中世紀就消失了，尤其製作優質石灰粘合劑的知識早已失傳。十七世紀，隨著混凝土再次流行，裂縫與缺口變成問題。低矮的混凝土建築證實比橫梁與樓板大樓安全。橫梁與樓板大樓仍用灰泥砌石打造，灰泥比羅馬的混凝土軟。

　　這個缺點最終是以兩種方式解決：更深入了解石灰的化學成分；使用鋼筋（在混凝土內植入鋼棒）。十九世紀，法國工程師弗朗索瓦‧凱依涅（François Coignet）嘗試用鋼筋來強化混凝土，他的同胞約瑟夫‧莫尼耶（Joseph Monier）於一八七七年為此作法申請了專利。但五十年後，人們仍不知道一根細長的鋼筋混凝土立柱能承受多大的重量。卡斯‧吉爾伯特（Cass Gilbert）於一九一三年在紐約建造的伍爾沃斯大樓（Woolworth Building），高 800 百呎（約 328 公尺），在工程設計上是一座嚴謹的大廈，以大量的支撐柱一層層堆疊上去。柯比意的瓦贊計畫則是提議，盡可能拆除柱子，每層樓都是浮在空中的空間，暢通無阻。他把柱子和樓板的鋼筋混凝土都撐到了結構的極限。

　　如果柯比意對周圍環境的感覺也那麼投入就好了。他極端地運用透視法來呈現那些大樓。那個專案的透視圖，是一個人搭機從 1000 公尺左右的高空鳥瞰地面的圖。向下看一個巨大的建築物體以便綜觀全貌，是很常見的建築慣例，但柯比意過度誇大了那個慣例。他把視角放在高空上，所以不可能看到建築的太多細節。大家比較注意到 X 型大樓的單調複製。那片大樓從空中鳥瞰時，宛如一片森林。

　　怪的是，瓦贊計畫闡明了「液態現代性」的一個面向：它抹去了過去的時間。柯比意想像這個新社區是由中性或白色的澆置混凝土構成的。那個顏色是為了挑戰時間在實體材料上常見的顯露方式。老舊建築的外觀或破損的鋪路石，會顯現出實體環境的使用磨損；居住代表形式。白色的澆置混凝土之所以吸引柯比意，是因為它不會傳達實體環境使用磨損的訊息；建築總是可以修復得跟新的一樣，彷彿沒人住過。以這種方式使用材料有某種

誘人的邏輯：為了過自己的生活，你得與過去決裂。如果時間留在材料上的印記會讓人回想起過往的記憶、習慣、信念，而你想活在當下，就應該刷除那些印記。你應該把城市（ville）漆成白色，白色意味「嶄新」，白色意味「現在」。

宣言。柯比意在職業生涯的這個階段，痛恨城市（cité）的混亂，尤其是街道的混亂。一九二九年，他宣稱：「街道令人疲憊，當一切塵埃落定後，我們不得不承認街道令人厭惡。」瓦贊計畫發表幾年後，柯比意的助手、也是城市規劃家希格弗里德·吉迪恩（Sigfried Giedion）表示：「首先要做的是廢除街廊（rue corridor），街廊的建築線條僵硬，又把交通、行人、房屋混雜在一起。」隨著奧斯曼大道的演變，他們兩人都想改造那些大道。約莫這個時候，柯比意自創了「住房是居住的機器」這個說法。他試圖為大家找出最有效率的生活方式，並在人搬進去住以前就把房子打造好。即使追求「現在與嶄新」需要對生活經驗做那麼多的破壞，那也無關緊要，他談到瓦贊計畫時宣稱：「主要目標是宣言。」[8]

瓦贊計畫作為一項宣言，是為了 ville 而否認 cité。cité 的消失帶來一種解脫感，這個理念於一九三五年科比意造訪紐約時達到顛峰，他也在《教堂若是白的》（*When The Cathedrals Were White*）一書中頌揚這點。他對紐約人的生活方式與風俗習慣沒有多大的興趣，畢竟，他們是美國人。他環顧四周，但幾乎沒跟任何人說話。不過，紐約的累加網格似乎實現了瓦贊計畫的意圖，那時他把它命名為「笛卡爾」空間：「街道以直角交會，思

想獲得了解放。」[9]

　　以過去的都市規劃來說，瓦贊計畫把功能性城市與「戲劇性」這個詞所涵蓋的所有刺激（奧斯曼的大道或歐姆斯德的公園所喚起的刺激）分離開來。齊美爾主張，功能性、理性、冷漠的行為可以保護人們不受街頭戲劇性事件的影響。而柯比意創造出一種建築，那種建築真的可以鈍化那些刺激。那是一種麻木的建築，為機械的實體蛻去內在的情感。

　　儘管柯比意的宣言反對脈動的 cité，他本人其實比他的宣言給人的印象還要複雜。他先是受到俄羅斯共產主義的吸引，後來又對那種共產主義感到厭惡，所以他試圖打造一個更社會民主的瓦贊計畫，並於一九三〇年代召集了一群同業來做這件事。儘管如此，他們依然拘泥於瓦贊計畫的本質：一個城市可以像一臺有效率的機器那樣運轉──城市（cité）的曲木是可以截彎取直的。這群人的努力最終促成了《雅典憲章》（Charter of Athens），那或許是當時影響最大的城市規劃文件。

2. 分離擴大──雅典憲章

　　一九三三年七月，國際現代建築協會（CIAM）的成員在雅典舉辦了一場展覽，以展示他們從全球三十三個城市的研究中所產生的城市規劃理念。那些理念可按四大功能歸類：生活、工作、娛樂、交通。他們的目的是創造一種功能性的合成物。CIAM 的重要人物隨後登上一艘名為「帕特里斯號」（SS Patris）的船，他們一邊巡遊地中海，一邊為那樣的城市開發設計原則。

　　據傳當時海面風平浪靜，但歐陸並不平靜。華特‧格羅佩

斯（Walter Gropius）是充滿遠見的工廠與學校建築師，也是包浩斯（Bauhaus）綜合設計學校的創辦人。一九三三年，他遭到納粹驅逐，建築史學家吉迪翁也被逐出德國。此時，柯比意是歐洲舉足輕重的建築師，史達林統治下的蘇聯現實撼動了他激進的同情心。

　　他們一行人之所以出航到海外，是因為他們想更緊密地合作，他們認為城市設計應該是一個集合不同專業知識的集體專案：例如，對他們來說，平面設計與立體建模一樣重要。他們的目的是使城市合理化，使那四種功能各有一個與它相關的獨特空間或建築。形式應該實實在在地代表功能；也就是說，光看一個結構，就能夠立即理解它為什麼在那裡，並把那個結構視為一個整體，一眼看出城市是如何運作的。這是柯比意在著作《光輝城市》（*The Radiant City*）中普遍強調的主題。他和他的追隨者認為，以這些方式來簡化城市可使城市變得更好（雖然他們沒有講得那麼明確，因為他們是世故的人，可能每個人對尼采都有自己的看法）。[10]

　　CIAM 相信，一旦形式真的追隨功能，就會有一套明確的工具是都市規劃者可以使用的。在住房方面，《雅典憲章》依循柯比意在瓦贊計畫中提議的模式：「公寓大樓相距較遠時，可為大型的開放空間騰出土地。」娛樂的構思是正式的，而不是非正式的：「新的開放空間應該用於目的明確的活動，例如青年俱樂部」，而不是讓人閒晃。在工作方面，《雅典憲章》的重點是放在「盡量縮短工作場所與居住場所之間的距離」，而不是人們的工作類型或特質。《雅典憲章》預示了混合大道將會拆除，以及如今廣泛使用的單一用途公路將會大舉興建。《雅典憲章》建

議：「行人路線與汽車路線應分成不同的路徑」,「繁忙的交通路線應以綠帶隔絕」。[11]

《雅典憲章》為功能性城市提供的許多指導方針,其實是很好的常識,例如縮短通勤時間。儘管柯比意的白色混凝土現代主義鄙視那些經過歷史洗禮(亦即人類經驗)而老舊髒汙的建築,但它有一點是正確的:一座城市不可能成為形式的博物館,它不會為了保存歷史而去保留舊有的形式。但《雅典憲章》的大問題在於,它有視覺上的好點子,但社會想像力貧乏——瓦贊計畫就預示了這個落差。那艘船上的多數人都逃離了極權主義政權,但他們在船上卻因為頌揚功能性的城市,而屈服於一種極其簡化的體驗形式。

戰後,這種極簡建築的最戲劇性個案,出現在巴西的新首都巴西利亞(Brasília)。一九五〇年代末期,盧西奧·科斯塔(Lúcio Costa)協助規劃那座城市。科斯塔身為柯比意的門徒,把「形式—功能一目了然」的原則應用在這個以政治為目的的城市上。因此,每種形式都必須代表政治進程的一個特定部分。很快的,大家清楚看到,巴西利亞的建築形狀對於促進城內的民主幾乎毫無助益。更重要的是,一個更大的城市幾乎立即在那個規劃的城市周圍發展開來——一個由窮人組成的城市,社會與經濟上非常密集,但也很混亂。面對這個現實狀況,科斯塔仍堅持《雅典憲章》的理想:「那裡有一種全新的建設專門知識,其基本要素已經完美地發展出來了,卻還在等待它所屬的社會出現。」後面那句話彷彿是出自「瓦贊計畫」似的,聲稱現代的cité 趕不上現代化 ville 的步伐。[12]

古代的城市規劃家希波達莫斯(Hippodamus)深受亞里斯

多德（Aristotle）的推崇。從希波達莫斯的年代開始，就有一種都市規劃是忽視自然地形的。他們在繪製城市地圖時，彷彿城市裡毫無山丘、河流或森林土墩阻擋著。例如，在芝加哥的建造過程中，最初的規劃者認為，密西根湖吹來的寒風與繪製芝加哥的幾何網格圖毫無關係。但比較完善的規劃應該要有彎曲的街道，以發揮禦寒的屏障效果。

　　CIAM 也是如此。他們在雅典舉辦的展覽中，展示三十三個城市現有計畫與營造形式的實際多元性；但是他們的船上提案並未反映出那些多元性，只針對功能性城市尋找通用的規劃方案。事實上，他們主張，城市規劃家不該關注現代巴黎、伊斯坦堡或北京的不同特色。《雅典憲章》最現代主義的觀點是宣稱：「以美學為藉口，把過去的建築風格重新套用在歷史街區的新建築上，會衍生災難性的後果。這種習慣的延續或導入，無論是以什麼形式進行，都不該包容。」他們這樣做是想要撼動浪漫主義的溫和感受：未來，巴黎、伊斯坦堡、北京看起來應該愈來愈像，它們在形式上會逐漸趨同。如今這些城市確實是如此，事實證明，《雅典憲章》有先見之明。[13]

　　那艘船一靠岸後，一如郵輪常見的狀況，船上的朋友就分道揚鑣了。約瑟夫・魯伊斯・塞特（Josep Lluís Sert）在著作《我們的城市能長存嗎？》（*Can our Cities Survive?*）中，強調《雅典憲章》的務實面。一度受到柯比意影響的年輕建築師擺脫了他的形式主義；荷蘭建築師奧爾多・范艾克（Aldo Van Eyck）在一九四〇年代這樣做了，他為阿姆斯特丹設計了一系列美好的公園，那些公園是把焦點放在當地的特色與背景上。正如其他不急於解釋自我的藝術家一樣，柯比意晚年的藝術家性格，

超越了以前那個喜歡發表宣言的性格。例如，印度城市昌迪加爾（Chandigarh）是一九五〇年代柯比意發表的後期作品，那是相當卓越的都市規劃：在昌迪加爾，柯比意對小細節、意想不到的遠景、複雜空間之間的不穩定移動格外關注，這些關注使那個城市變成一個地方，而不是一臺生活的機器。柯比意後期的其他作品，例如廊香教堂（church of Ronchamp），更是令人難以忘懷的建築，它們的形式很難用簡單、功能性的描述來解釋。[14]

　　然而，後來真正融入日常都市規劃的東西，是柯比意早期那些缺乏經驗的信念。《雅典憲章》在整個二十世紀變成都市規劃的指南：從芝加哥戰後的泰勒國宅（Robert Taylor Homes）到如今上海高樓林立的地區，那些大型住宅專案都受到瓦贊計畫和《雅典憲章》的影響。柯比意對室外街道生活的破壞，預示了室內購物中心的出現。瓦贊計畫和《雅典憲章》都是採用「智慧城市」的一個版本。在那種版本中，高科技試圖減少在複雜地方生活的困惑。

　　一九五六年，哈佛大學舉行一場會議。會中，許多當初在那艘船上參與規劃《雅典憲章》的人，把功能學派的倫理傳給了美國年輕一代的工程師、建築師、決策者。在那場會議上，功能性的簡化結果變得非常明顯。塞特是逃離法西斯主義的移民，這時他已經成為哈佛大學設計學院的院長。吉迪恩也在哈佛任教。柯比意雖然不在場，但幾年後，他打造了哈佛大學最卓越的現代建築——卡本特視覺藝術中心（Carpenter Center for the Visual Arts）。那些規劃《雅典憲章》的前輩與美國的年輕一輩——例如購物中心之父維克多‧格魯恩（Victor Gruen）、波士頓的規劃大師艾德蒙‧培根（Edmund Bacon）、大衛‧勞倫

斯（David L. Lawrence，他在匹茲堡落實平房建設發展）等政治人物——在那場會議上相互切磋。自由主義的善意為那場會議奠定了基調，那是美國世紀的巔峰，充滿了新世界的理想主義、信心、肯做（can-do）的務實思想。

那場會議把都市規劃歸納成塞特所說的「城市規劃的形式，專門處理城市的實體形式」。事後城市規劃家亞歷克斯・克里格（Alex Krieger）回顧時，把它重新表述為「計畫與專案之間的調解」。於是，在講專業術語的人之間，功能主義淪為專業主義（「跨學科交流」）。在哈佛的支持下，技術學科的協調與結合變成正式的都市規劃，其重點是使 ville 成為一個獨立的問題。[15,16]

這時出現兩個聲音，反對這種主流觀點。當時為建築雜誌撰稿的年輕作家珍・雅各也參加了那場活動，她覺得現場貴賓的自信令人失望。孟福是那場活動中的人文主義者，他是卓越的城市史學家，也是堅定的進步主義者。他振振有聲地表示：「為了建造一個實體結構，而不惜破壞社區生活的親密社會結構，是非常愚蠢的。」那正是格魯恩、培根、勞倫斯那三位開發者當時大舉投入的事情。[17]

雅各與孟福為正式的都市規劃尋找替代方案，他們想把城市生活的複雜性融入營造形式中。然而，那場哈佛會議結束後，不到幾年的光景，雅各與孟福對於如何達成那個目標，已經出現意見分歧。兩人因此不歡而散，分道揚鑣。

3. 那該如何開放城市呢？──孟福與雅各的辯論

　　雅各因發起反對摩西斯的運動而出名。摩西斯是二十世紀紐約多數地區的獨裁規劃者，他想把第五大道變成貫穿華盛頓廣場公園（紐約市最受喜愛的公園之一）的公路。雅各說服民眾把這項提案視為犯罪，後來紐約的政客終於態度軟化下來。當時有一本卓越的書籍解釋她為什麼如此有說服力。在《偉大城市的誕生與衰亡》（*The Death and Life of Great American Cities*，1961）中，雅各把城市想像成一個純功能性的系統。她認為，大型的總體規劃無可避免將扼殺社區的發展。她為混合型社區、非正式的街頭生活、地方自主發聲。她的著作──她寫了多本書，不只這本，晚年她在理念上有所轉變──使她完全符合芝加哥學派的民族誌傳統。在後來的著作中，她對於鄰居之間的互動方式、他們說什麼與不說什麼等等事情的複雜性很感興趣。她像芝加哥學派一樣，開始同情大家不參與政治的原因，儘管她一直敦促大家參與。她成了我們這個時代的英雄。

　　她也支持孟福。孟福以社會主義的名義攻擊雅各，聲稱要對抗資本主義由上而下的權力，你需要一種勢均力敵又徹底的力量。更重要的是，孟福認為，為了對抗，人們需要看到城市的另類景象可能是什麼樣子；他們需要一個形象顯示，他們是為了什麼而奮鬥。他相信設計。雖然雅各與孟福在政治上都是左傾的，但孟福偏向強調決策的費邊社會主義（Fabian socialism）。雅各則是特立獨行，有強烈的無政府主義傾向。他們之間的辯論主要是跟建築與生活之間、ville 與 cité 之間的相對平衡有關。與雅各不同的是，孟福認為，都市規劃家身為中央規劃者，有較

多的政治影響力。

　　雅各體現了她所代表的城市規劃理念，至少根據我對她的了解，她確實是如此。（我們是由共同的編輯傑森·愛波斯坦〔Jason Epstein〕介紹認識的。她住紐約期間，我們偶爾有一些往來。怪的是，她搬到多倫多以後，我們反而見面的機會更多。）在紐約，她在格林威治村的白馬酒吧（White Horse Tavern）高談闊論時，我常撞見她。白馬酒吧是一九五〇年代和六〇年代的波西米亞風聚會場所，當時還不受遊客的影響，是個嘈雜、煙霧繚繞的地方，客層多元，有藝術家、碼頭工人、肉類加工者、同性戀者、來自附近醫院的護士。那裡的食物令人難以下嚥，但氛圍很適合社交。在那裡，雅各針對一些我從未聽過的建築師發表意見，或詳細地描述當地政客的一些勁爆八卦，尤其是摩西斯那些密友。不過，與典型自我陶醉的紐約人不同的是，雅各的觀察力敏銳，對其他人的身分與所作所為充滿了好奇心——包括出現在這家酒吧及她每週常去的那幾家咖啡館裡的人物。雅各的寫作也傳達出同樣的好奇心，就像她對人們的所作所為感到好奇那樣。在她的文章中，瑣碎的公共事件，商販微不足道的猜忌，或對陌生人的細膩觀察等等——她所謂的「街道之眼」（eyes on the street）躍然紙上——使社區的生活活躍了起來。在這方面，她是芝加哥學派的直系傳人：她的目的是從下而上去開放一座城市。

　　孟福（我當時跟他比較熟）不是一個深受好奇心驅使的自在都市人。事實上，他認為我們的城市在政治上太腐敗了，實體上太墮落了，所以他從紐約逃到紐約州北部的小鎮阿米尼亞（Amenia）。孟福對紐約的印象變差，也堅信他沒得到應有的

認可,儘管一九五〇年代他已經是知名的作家。雅各成了他的眼中釘,他先是試圖阻止她的書出版,接著又在《紐約客》上發表了一篇輕蔑的書評,標題是〈雅各大媽的居家療法〉(Mother Jacobs' Home Remedies)。他的惡毒評論產生了自毀效應,使多數讀者對他產生反感,也導致讀者不顧其觀點的優劣,就直接評斷他是否說得有理。

　　儘管我個人不太喜歡孟福(他也不太喜歡我),但如今他的意見確實值得一聽,因為他試圖根據某種社會主義的計畫來打造城市(ville),藉此開放城市。他的理想是「田園城市」(garden city),他的精神導師在英國、美國、北歐打造了多種田園城市。在那些地方,自然與建築在精心設計的平衡中共存,住家、工廠、學校、商店之間取得了平衡。田園城市彌合了 ville 和 cité 之間的裂痕,為所有的人開創美好的生活。

　　雅各。一些評論家認為,雅各強調街頭非正式的隨性交談,或都市發展不受管制的流程,是液態現代性的例子。其實不然,她提倡的非正式關係是緩慢成長的,那是一種街坊鄰居的慣例,是從自助洗衣店裡的聊天,或年復一年送孩子上下學的過程中發展出來的。緩慢的時間很大程度上影響了她對政治經濟的看法。她所謂的「災難性資金」,是投機者和開發商與摩西斯那種建築師和規劃師聯手進行的那種投資。他們透過突如其來的大型變革專案,對社區造成嚴重的破壞。相反的,雅各主張「漸進的資金」,那種投資的金額較小,是用來因應一些日常需求,例如打造遊樂場所、採購街頭家具或樹木,放款讓當地的雜貨店整修

門面。在這些方面，她的都市規劃理念與巴黎分道揚鑣——從奧斯曼到柯比意都與她的想法迥異。她頌揚開發的不規則、非線性、開放式路徑。緩慢的時間也反過來決定了都市規模。緩慢的開發是發生在小地方。

她似乎像滕尼斯那樣，強調只有在街上、在當地社區的面對面關係，可能讓人對他居住的地方產生依戀。她理想中的鄰里在充滿波希米亞風的西村（West Village）具體化了。那裡不是一個好地方，至少以我自己的經驗來看是如此。我曾在髒迪克水手艙酒吧（Dirty Dick's Foc'sle Bar）的樓上住過一段時間，那家酒吧位於白馬酒吧附近，白天接待搬運工人，晚上接待異裝癖者。傍晚或早上，搬運工人與異裝癖者相遇時還會起衝突。黑手黨控制了酒吧老闆吉米，吉米會交保護費給黑手黨及西村的警察。每次他拖欠保護費時，黑白兩道中，總會有人出來痛扁他一頓。在雅各的年代，西村破敗不堪，街上老鼠隨處可見，水管破裂，人行道裂開——有關當局對這一切幾乎都沒有採取什麼行動。這種粗陋的環境一點也不浪漫。

雅各也知道這點。與滕尼斯不同的是，她不是浪漫派，不喜歡訴諸「我們」這種溫情的說法。儘管西村問題重重，她觀察到人們想要住在西村，並問他們為什麼西村有吸引力。某種程度上來說，「城市空氣帶來自由」適用於西村，因為那裡是一個包容外來者的地方。但這句俗諺也適合套用在非局外人身上。鄰居會給予彼此自由，儘管他們在街上認識彼此，或在店裡談論價格，或談論房東最近的暴行，但大家會保持距離，很少深入了解彼此。她認為那樣的關係很好，她更喜歡那種不親密的鄰里關係。

　　芝加哥學派不太重視建成環境的品質，雅各也呼應了他們
的觀點。她宣稱「城市不是一件藝術品」。根據她的想法，西
村的設計工作稱不上大膽，最引人注目的是聯排別墅所組成的
街區，那些建築很普通，在我看來也很沉悶單調。但是對她來
說，那不重要，因為大家會在那裡安頓下來，逐漸根據自己的
生活方式來調整那些結構。形式會從人們居住的方式中浮現出
來。她的理念也偏向「形式應追隨功能」，其中的「功能」一詞
代表面對面發生的許多非正式、自由、隨性的活動。

　　政治上，雅各認為，地方（以美國的社區居民大會為基礎）
是最適合某種民主實踐的規模。在古代，亞里斯多德認為，理
想的城市大小，應該是一個人在城市的一端喊叫時，城市的另
一端可以聽到（以現代的標準來看，其實那相當於一個村莊的大
小）。亞里斯多德也認為，民主空間是每個人都可以看到及聽到
其他人對演講或討論的反應。這種古老標準遺留下來的想法，
是講究面對面的直接民主，而不是在更大的範圍內實踐的代議制
民主。雅各認為，直接民主可以由小單位建立起來，每個小單位
是一個鄰里。在那個鄰里中，大家都是聽得見彼此叫喊的點頭之
交。在三種都市結構中，她的觀點最適合庭院類型。[18]

　　雅各的城市規劃理念中，最發人深省的想法，就是出自這
種民主形式的衡量標準：涉及秩序與無序。緩慢的成長與日常
的鄰里互動慣例，似乎會讓社區穩定下來，但雅各覺得不會。
在《城市經濟》（*The Economy of Cities*，1969）中，她探索使一
個複雜的城市運轉起來的交易及其他的交換結構：一定要有高
密度，而且這個密度在功能與人口上必須多元化。兩者結合起
來，會發生意想不到的事情，時光之箭會停止直射。誠如她在

《偉大城市的誕生與衰亡》一書中所寫的：「如果密度和多元性可以創造生命，它們孕育的生命是混亂無序的。」她與亞里斯多德一樣，考慮到商業關係。把許多競爭對手放在一起，他們會相互競爭、共謀利益、蓬勃發展——這就是現今「創新中心」的邏輯。她也考慮到政治：當辯論公開、難以駕馭，而且又有事情發生的時候，政治最為活躍。一個城市非正式地運轉時，這些效益才會出現。《雅典憲章》預先規劃的四項功能，不會給城市帶來這種意外湧現的收穫。[19]

　　《偉大城市的誕生與衰亡》的書名也讓人產生共鳴。精神分析學覺得「誕生」與「衰亡」這兩個詞不只是修辭手法。佛洛伊德從一九二〇年代以來的書寫就是在描述生與死、生存本能（Eros）與死亡本能（Thanatos）之間的掙扎。在希臘神話的桑納托斯家族（Thanatos，亦即死神）中，死亡有多種形式。克蕾絲（Keres）是桑納托斯的暴力姐妹，掌管屠殺與疾病。桑納托斯的攣生兄弟修普諾斯（Hypnos）是睡眠精靈，他讓人從焦慮中解脫，暫時拋除煩憂，是無夢的睡神。雅各想把城市從沉睡中喚醒。

　　關於雅各的意圖，另一種傳達方式，是把西村想像成一種改造成都市空間的媒體實驗室（Media Lab），亦即一種開放環境的極致。那種主張可能引來什麼反駁呢？

　　孟福。孟福反駁了「雅各主義」的每個重點，他希望打造 ville 的某些正式方法可以開放城市。雅各強調以緩慢的小流程作為政治策略，但孟福覺得那種策略不夠強大，不足以對抗

大型的開發商與建設公司。不受工會控制的勞工自行發起的罷工（所謂的「野貓罷工」）是一種抗議姿態，[2]可以宣洩怒火，但鮮少帶來持久的改變；同樣的，野貓式的都市規劃也是如此。這種批評對雅各並不公平，她由下而上的抗議確實阻止了摩西斯把紐約的市中心變成公路。儘管如此，對於雅各頌揚混亂無序，孟福依然展開嚴詞批評。

孟福認為，雅各自相矛盾，因為她對街頭犯罪極感興趣，尤其是搶劫。每個人都有自己的故事，在雅各寫作的年代，西村有很多這類犯罪。雅各對於搶劫所提出的解方，體現在「街上的守望相助」（eyes on the street）這個片語上，那是指住在低層住宅的人負責監視，因為他們可以看到外面發生的事情，與外面的人接觸，必要時還可以呼救。然而，「街上的守望相助」這個準則的實際問題在於，你實際上能看到多少東西：你看不見拐角處，也看不見下一條街道。

更重要的是，雅各頌揚的非線性、新興動態城市也有賴於一種持續的自發性。孟福就像許多的老左派一樣，面對新左派無政府主義的喧囂，認為那是不可能成立的，他覺得那種想法不過是自戀的自我放縱罷了。此外，孟福更尖銳的批評是：持續的自發性無濟於事，那不能解決種族、階級、族裔或宗教議題：社會需要穩定的行為準則，在人們參與激進的政治行動、遇到失敗與僵局時給予支持。孟福厭惡雅各頌揚的鬆散無序，這使他產生一種無法動搖的信念——當城市依靠緩慢的時間，依賴任何偶然的機會，欠缺指引的形象時，城市生活是無法改善的。城市若要變

---

② 譯注：野貓罷工 (wildcat strikes)，即未經工會同意的罷工。這種罷工行動通常不為法律所資支持。

得更公正，它們的基礎必須透過設計以產生秩序，也就是說，ville 必須領導 cité。

孟福認為，他年輕時去英格蘭與費邊社會主義者派屈克・格迪斯（Patrick Geddes）共事時，首次看到那種 ville 設計。格迪斯的背後是埃比尼澤・霍華德（Ebenezer Howard）、亨利・喬治（Henry George）那樣的思想家。喬治於一八七九年出版的烏托邦作品《進步與貧窮》（*Progress and Poverty*）體現了一種非馬克思主義的社會主義。在這種社會主義中，勞動與資本是透過總體規劃來協調。霍華德和格迪斯認為，好的建築應該在社會改革中發揮主導作用，解決工業貧民窟的無政府狀態與荒廢無人管的問題──這番理念激勵了霍華德和格迪斯的追隨者。

喬治的烏托邦願景在霍華德的田園城市中體現了。田園城市的基本理念是，把工作、教育、居家、休閒空間緊密地連在一起，並以一條保護性的綠帶把這些空間包圍起來。這裡的「城市」其實是複數，一旦田園城市達到最佳規模，就應該把衛星社區分拆出去，讓那些比較小的空間成長到最佳規模，從而產生更多的衛星社區。在每個衛星社區內，相關活動之間的交通時間長短決定了城市將變多大。這些城市以行人及公共交通為重。商業、休閒、學校都離住家很近，但工業工作是隔開的，尤其是有汙染的產業。cité 的生活是連貫的──工作、家庭、公民生活總是在空間上相連，社交上也是如此。

田園城市理念已在全世界實現了。第一個、也是最著名的田園城市，是倫敦附近的萊奇沃思（Letchworth）：一九〇四年雷蒙・烏溫（Raymond Unwin）和貝瑞・帕克（Barry Parker）在此實現了霍華德的理念。一九一九年，霍華德的合夥人弗雷德

里克・奧斯本（Frederic Osborn）在倫敦郊外的韋林（Welwyn）
打造了第二個田園城市。隨後出現的美國著名例子包括紐
約─紐澤西地區的陽邊區（Sunnyside）、皇后區（Queens）、雷特
朋（Radburn）；威斯康辛州的格林代爾（Greendale）；馬里蘭州的
綠帶城（Greenbelt）；俄亥俄州的格林希爾（Greenhills）。在英國
和美國之外，霍華德的影響也出現在斯洛伐克的斯維特（Svit）、
秘魯利馬的聖非利佩住宅區（Residential San Felipe）、巴西聖保羅
的上拉帕（Alto da Lapa）與松高區（Alto de Pinheiros），以及世
界的另一端，澳洲墨爾本的陽光區（Sunshine）和不丹的首都廷
布（Thimphu）。

　　田園城市中的「田園」在這方面很重要。在綠帶的巨大菜
圃中，自然獲得了運用──田園城市的規劃者是率先想像城市農
作的人。更重要的是，他們認為透過正確的設計，自然與建成環
境可以和諧共處。在現代的早期，景觀設計師對於如何創造平衡
的環境，分成兩大陣營。一個陣營主張採用幾何原則。十七世紀
末，寬犁和滾筒播種機讓作物可以均勻地長排栽種，以配合凡
爾賽宮庭園景觀設計師勒諾特（Le Nôtre）所設計的花園直線。
另一個陣營反對這種幾何原則，主張輪作與盡量種植，他們創造
出看起來不穩定或雜亂的田地，但輪作受到細心的控制，就像
十八世紀的遊樂場園丁所設計的英式花園一樣──我們在歐姆斯
德的設計作品中見過這種花園，大自然看似不受拘束，盡情地生
長，但那其實是一個精心設計的環境。田園城市的規劃者想以法
國幾何農夫的方式來約束自然，田園城市中的田園反映了他們的
信念：為了使城市永續發展，城市必須井然有序，城裡的農作就
像建築一樣，必須事先仔細考量。永續性是由上而下發生的，而

不是由下而上。

　　與韋伯一樣，孟福也意識到現代性對城市構成巨大的挑戰，但孟福的分析比韋伯深入。孟福認為，地方主義是一種剝奪權力的形式。當權者樂於讓人民享受鄰里的樂趣，同時持續掌控整個城市。孟福希望市民提出激進的要求，說出整個城市（ville）應該是什麼樣子，而不是退縮到地方生活中，藉此維護自己的權力。這種對形式的要求，是理想田園城市的社會主義面。不過，田園城市的公民身分並未體現韋伯為城邦想像的那種自由。西恩納市的社區居民可以塑造城市的形狀，萊奇沃思的居民無法這樣做，因為計畫已經確定了。

　　霍華德和格迪斯創造的地方特別吸引孟福，孟福覺得那是「永續城市」（sustainable city）的藍圖──如果我沒記錯的話，「永續城市」一詞是孟福自創的。雖然孟福沒預見當前的氣候危機，但他確實預見了氣候帶來的城市問題：氣候變遷能否在 cité 層面解決，例如盡可能不要開車，盡可能多騎單車？還是真正有效的解決方案只存在 ville 層面，例如把發電廠遷離城市的水域邊緣？當然，兩者都很重要，但何者較為重要？孟福對此毫無疑慮。他認為，重大的生態或技術挑戰必須先在 ville 層級解決；地方性的解決方案，尤其是自願性的地方方案，實在太小了。[20]

　　孟福既是城市分析師，也是技術分析師。事實上，他是「智慧城市」運動某個分支的始祖。一九三四年，孟福出版了他最卓越的著作《技術與文明》（*Technics and Civilization*），他不只思考如何規劃社會主義的田園城市，他也思考，從十七世紀技術革命開始出現，大家努力從不斷變化中取得形式，那對二十世紀的機器文化有何影響。孟福認為，在牛頓的時代，技術的力量

擴大了對城市的控制；但如今技術已經變成一種自給自足的力量，取代了人。孟福對諾伯特‧維納（Norbert Wiener）略知一二，他欣賞維納對模控學（cybernetics）的最新批評。他曾告訴我，每個城市規劃家都應該把赫胥黎的《美麗新世界》奉為聖經。晚年，孟福對這個說法感到悲觀，認為高科技無法與社會主義的政治不相容。

儘管如此，孟福對技術的興趣促使他批評雅各的地方規模概念。他認為，你不能以由下而上的蜂窩架構來思考基礎設施的興建，你需要把系統視為一個整體。以現今的個案為例：中國的土木工程師處理上海郊外一個新城市的塞車問題時，是從規模上思考：他們計算，對四萬居民來說，他們需要兩條高速公路，每條長 10 公里、寬 36 公尺，車道沒有中間帶，但有邊緣。這些大型道路需要長 2 公里、寬 13 公尺的支線（這是四線車道雙向道路的尺寸）。支線需要長半公里、寬兩車道的細線。工程師必須由上而下規劃，以因應在新城市內及周圍流通的數百萬車流。[21]

這種計算是雅各的致命弱點。她不知道如何從地方擴展到都市。像她那樣把城市稱為「社區的集合」是行不通的；基礎設施的打造（如道路、水電等等）需要從整體擴展到局部。當然，縮減交通流量可能嚴重破壞現代城市，而且這種現象已經發生了。但是，面對糟糕的大擴展，補救辦法在於以更好的方式把城市視為一個整體，而不是試圖一點一滴地解決。孟福的城市規劃理念是尋找一種民主社會主義的方式來做大規模的思考。在政治術語中，規模議題完全與價值等級有關，它決定哪些東西比較重要：不先建立價值等級的話，如何對稀缺的資源進行分類？混亂之下，如何區分城市中什麼才是重要的？

　　孟福與雅各的辯論是關於開放城市的兩種不同版本。對孟福來說,「開放」是指全面的——像田園城市一樣的全面願景,涉及人們生活的各個方面。雅各的「開放」則是偏向現代的開放體系,她喜歡城市中的小地方有秩序,喜歡城市以開放、非線性的方式成長。孟福對於 cité 的看法比較封閉,因為他比較喜歡井然有序、可預測的行為,但他又一反自己的主張,開放地思考技術,想像一個不斷演進及自我修正的智慧城市。雅各對 cité 的看法屬於芝加哥學派,她關注的是日常的面對面接觸,但她也討厭小鎮那種過度親近的人際關係,這方面她是純粹的紐約人。我覺得,她的政治思想比孟福開放,因為她強調討論、辯論、反抗的流程,孟福則是為公民提供社會主義生活的計畫。

　　分裂的都市規劃。在第一部過於簡略的概述中,我提到都市規劃的一個特殊面向——它已經變成一門分裂的學科,建築與居住的知識之間出現了分裂。有些知識學派可能是循著漸進的路徑發展,隨著時間推移,持續累積事實與想法,但都市規劃並非如此。因此,關於如何開放城市,如今並沒有一個大家普遍接受、又令人信服的提案。

　　現代的都市規劃剛出現時,確實想把建築與居住結合起來——例如,在工程師的實驗中(主要是在地下工作),以及一八五○年那個世代的計畫中(在地面上工作)。或許建築與居住之間的扭曲關係太深、太結構化了,以致於兩者無法結合起來。巴澤爾傑特的下水道讓城市變得更健康,這位維多利亞時代的進步信徒原本希望大家會因此更理性地看待結核病或鼠疫,

但大家並沒有那樣想。塞爾達是社會主義者，他相信城市的網格結構有助於實現平等的目標——為所有人提供一個良好的環境——但平等卻淪為一種單一文化。歐姆斯德在他的時代真的很激進，他相信種族友好可以靠設計實現——但只在一個與日常社區及工作情境隔絕的地方。奧斯曼男爵是偉大都市規劃世代的反動分子，他反而創造出在社交上運作良好的街道和公共空間，但這種成功正好與他的意圖背道而馳，這實在很諷刺。cité 的理論家覺得我們能做的極其有限：齊美爾認為，公共場所的感官超載，會驅使個人退縮到內在；韋伯認為，公民已經集體失去自主權。

　　十九世紀大家努力把生活與建築結合在一起，但二十世紀並沒有繼續這樣做。芝加哥學派研究 cité 的生活世界，他們確實很講究，但他們只是口頭上講究，不是視覺上講究。那些夢想打造現代建築的人很勇敢，卻對生活在其夢想中的人民心聲漠不關心。柯比意的《雅典憲章》是一個在船上孕育出來的理性、功能性城市，是**為**人民創造的，而不是**由**人民創造的。把芝加哥和巴黎分隔開來的裂痕，在紐約人之間是以爭論的形式顯露出來。他們爭論的是，一個城市是否能透過設計讓它開放起來。

　　我剛開始釐清 cité 和 ville 之間的關係時，曾對雅各說，她的 cité 見解比孟福好，但孟福的 ville 見解比她好。我這樣講時，不是在他們兩人即將在紐約吵起來的時候，而是後來越戰結束後，雅各和家人遷居到多倫多的時候。雅各在她寧靜的加拿大家中，即使後來行動不便，言談依然嗆辣。我們的友好方式是紐

約客式的友好，也就是說，每次我去多倫多，我們都會爭吵。也許我們的爭論讓她的精神為之一振，使她想起以前每週到各地滔滔不絕的談話。我記得這次她聽我這麼說時，只稍稍轉過身來問我：「那你會怎麼做呢？」

第二部

居住的困難

第四章

克利的天使離開歐洲

　　我無法回答雅各的問題。沒錯，我和她爭論過，但她似乎充滿了我的想像力，講出了我的想法，就像許多年輕的都市規劃家一樣。一九八〇年代，我得到了展開人生新扉頁所需的震撼。當時，開發中國家的城市正開始爆炸性地成長，我對那些地方所知甚少。我先後在聯合國教科文組織和聯合國開發計畫署工作。後來，拜倫敦政經學院所賜，我開始前往上海、孟買、德里度過一些時光。我發現，我的新同事就像那些跟我背景相同的人一樣，他們也很難把 ville 和 cité 連在一起，但他們遇到的困難與我們不同。

1. 非正式的居住方式——德里的蘇迪爾先生

　　尼赫魯廣場。在德里的東南部，一個巨大的 T 型市場出現

在地下停車場的頂部。尼赫魯廣場之所以會出現，是因為一九七
〇年代新德里沒有足夠的商業地產來容納蓬勃發展的小事業。因
此，政府的規劃單位允許大家開發廢棄的地區（亦即尼赫魯廣
場原來的地方）。最初的計畫顯示，停車場上方的廣場是空的，
旁邊是低矮的四層樓建築，原本是作為新創企業的辦公室，而
不是用來開店。如今，仍看得到那個意圖的遺跡。尼赫魯廣場旁
邊的方形建築構成低端版的矽谷。在這裡，科技新創企業占據著
電腦修理店與廉價旅行社旁邊的狹小空間。不過，露天的高臺上
都是零售攤位。這裡有人販售智慧型手機、筆記型電腦、二手主
機板，也有人販售紗麗和寶萊塢的 CD，有時是在同一個攤位販
售。人群中洋溢著購物者的活力，他們混雜在一起。多廳的電影
院裡，同一部寶萊塢電影有三種不同語言的版本，每一版以不同
的方式剪輯。附近有一座大寺廟，也有一些比較高檔乾淨的辦公
大樓。[1]

　　白天，大家在高臺上隨意地交流。在美國矽谷，每個人的
穿著打扮都很隨性。但在這裡，新興的科技創業者穿著名牌牛
仔褲與昂貴的樂福鞋，但他們並沒有遠離喧囂的市場。例如，
一家剛成功上市的公司，辦公室的入口外面擺了一個美味的食品
攤。那些打扮俐落的年輕人沒有到高級餐廳用餐，依然在那個攤
位附近逗留，拿紙盤吃飯，並與經營那個攤位的半盲大媽輕鬆地
閒聊。

　　晚上，印度的遊民像鬼魂似的，以人行道上的居民形式出
現。他們占據了樓梯間，或分散在幾棵能遮風擋雨的樹下。某
晚，我看到警察試圖掃蕩這些夜間居民。但維持治安的警察往前
移動以後，那些人行道上的居民再度躺下來睡覺，警察也很清楚

他們會那樣做。

這種混合的場景不會讓人聯想到雅各的西村，雖然尼赫魯廣場的日常特質是鬆散且小規模的，但這個廣場的出現是拜大規模的精心規劃所賜。規劃者花了大筆資金為尼赫魯廣場建設有效率的專屬地鐵站，以及一個同樣有效率的簡單公車站。地下停車場的屋頂略高於地面，略微傾斜，以便擋雨及排水——儘管它不太可能贏得任何建築獎項，但在城市規劃方面卻是傑作。而且，在那個屋頂上，一個非正式的 cité 已經成功地移植到規劃好的 ville 上了。

在這方面，以為窮人只占用未建設的土地是一種誤解。窮人占據的許多地方，以前是為了某種目的而建造的——卡車倉庫、工廠等等。這些空間因為某種原因而失去價值、廢棄了，後來遭到挪用。尼赫魯廣場就是一種挪用，原本要用來停車的建築，如今增添了始料未及的屋頂活動。

這裡有四個明顯的非正式面向，代表快速成長城市（聯合國所謂「新興」城市）的特色。經濟上，這些創業者不是過著官僚化的生活，他們脫離了受到沉悶的官僚體制所壓抑的合法經濟。那四層樓建築裡的新創企業充滿活力，但容易倒閉。法律上，如今大家把高臺上交易的商品稱為「水貨」，意指那些東西有幾種可能：最糟的情況是贓物，即使不是贓物也是非法的，是從工廠或倉庫直接取出，未課稅。政治上，尼赫魯廣場就像睡在人行道上的遊民與驅逐那些人的警察一樣，是非正式的，因為沒受到嚴格的管制。社會上，尼赫魯廣場也是非正式的，因為它是短暫的。商家和購物者，辦公室和勞工來來去去，上個月你看到的攤位已經消失了。那個賣烤肉串的半盲大媽，至少在我的經驗

中，似乎是那裡唯一固定不變的角色。非正式的時間是開放無限的。

　　類似尼赫魯廣場的場所，可以在中東的露天市場或奈及利亞拉哥斯（Lagos）的停車場看到。以前，義大利小鎮的廣場上幾乎都可以看到這種地方。在這些地方，賣家和買家以討價還價的方式交易沒有固定價格的商品。不確定性促成了一種經濟性的戲碼：賣家宣稱：「這是我的底價了！」買家回應：「我真的不想買紅色的，你沒有賣白色的嗎？」於是賣家拋棄了剛剛宣稱的「底價」，機靈地回應：「但你可以用批發價買紅的。」巴黎的百貨公司結束了這場經濟性的戲碼，他們在櫥窗中把商品戲劇化了，但價格是固定的。水貨恢復了城市中某種面對面交流的強度。[2]

　　我在尼赫魯付出了代價才知道這點。我第一次來這裡是二〇〇七年，我是來玩的，不是來出差（那年倫敦政經學院在孟買舉行一場會議，我想更了解印度，而不只是坐在會議廳裡）。我造訪印度的前一天，iPhone 壞了，有人建議我去找一位修理天才，他在尼赫魯廣場西南角附近的露天推車修理手機。我找到那個地點，卻找不到人。附近一名年輕女子說，他「已經不做了」。我在當地的同事把那句奇怪的說法解讀成「他拒付必要的保護費」。既然手機無法修理，我得找一支替代品才行。在這裡，手機不是多昂貴的消費，許多商品都很便宜。一位小販對我的翻譯朋友說，一支新 iPhone，全紅的，「碰巧落入我們手中」。他主動提議給我們「批發價」，我們就買了。那個攤販是以翻轉過來的紙箱擺攤。

　　結果，那是一支故障機。兩天後，我回到那裡，找到那個

攤販，要求他退錢。陪我去的印度朋友講了一長串聽起來很嚇人的印度話，接著把那支新手機還給他。賣家露出微笑，彷彿那只是做生意的日常。他不是油滑的年輕人，而是一個大腹便便的禿頭男人，身上散發著某種香水味，也許那香水也是「碰巧落入我們手中」。令我感動的是，他把兩個青春期孩子的照片裝在相框裡，擺在一個翻轉過來的紙箱上。

　　天氣熱得難受，我汗流浹背。手機賣家安撫了我以後，端了一杯茶給我，那杯熱騰騰的茶水不知怎的反而舒緩了熱度。我們坐在紙箱的兩邊，紙箱上還有之前留下的杯印。顯然，為息怒的客人提供茶水是一般的生意慣例。我們坐下來以後，我透過站在我身後的口譯員告訴他，我是研究員，他回我：「我是蘇迪爾先生。」蘇迪爾是名，不是姓，這個老闆似乎以為美國人遇到陌生人時都會直呼名字，所以他報上自己的名，再加上「先生」（Mr.），或許是要我尊重他。

　　蘇迪爾先生把另一支紅色的 iPhone 賣給一位荷蘭的女性遊客後，又回頭來跟我們聊天，但他小心翼翼地避開我的目光。我們已經聊過孫子了。說到孫子，那永遠有很多話題可聊，現在他開始講自己的故事：蘇迪爾先生在 80 公里外的村莊受過幾年教育，那已經比一般村民求學的時間長了。也許這促使他在青少年時期前往德里尋求財富。懂門路的人把他帶進了尼赫魯廣場，最初他是在停車場內的惡臭攤位工作，服務一些微不足道的生意人：「停車場內簡直跟地獄一樣。」蘇迪爾說：「我必須時時刻刻保持警覺。」不過，後來他搬到地面上，占據了一個固定的攤位，也成為外面幾個重要門路熟知的對象。

　　我們聊天時，我聽到其他的聲音。一九八〇年代，我和攝

影師安傑洛・霍那克（Angelo Hornak）一起研究紐約的第 14 街。在那個尚未仕紳化的遙遠年代，那條大街某種程度上有點像尼赫魯廣場：第 14 街販售毛巾、衛生紙、行李箱，以及其他「碰巧落入我們手中」的日常用品。商家告訴我們，那些商品之所以會出現在那裡，是因為紐約甘迺迪國際機場的貨運業務「有漏洞」。14 街的水貨市場成了紐約勞工階級聚集的公共場所，因為幾乎所有的地下交通路線都匯集在那裡。店家前面的人行道上，也擺著翻轉過來的紙箱，類似蘇迪爾先生的攤位那樣。

那時我與一群非洲移民特別熟，他們在第六大道和第七大道之間的第 14 街擺攤。他們只是一群勉強為生的人，每天掙幾塊錢，睡在地下室的角落或外面，但無比地自豪。我以勉強還能溝通的法語當敲門磚，因此聽了許多他們從西非長途漂泊過來的故事，以及政治或部落衝突導致失業、兒子入獄、女兒賣淫的故事。那些逃來美國的人對於自己遺棄家園充滿了內疚，卻依然無法改善命運。他們的人生旅程一波三折，不斷地走下坡，令他們相當沮喪。

投機取巧的交易把蘇迪爾先生引導到另一個方向。對他來說，在尼赫魯廣場的停車場內賣贓物是落魄的事，所以他在停車場上方的開放空間找到一個位子，往上移──做生意的地點上移了，社會地位也上移了。他販售來歷不明的商品，但這件事並未損及他身為一家之主的光環。在常客的光顧下，這個市場讓他有機會建立「穩固的基石」，好讓兩個兒子以後可以繼承他的事業。

我也從談話中得知，他的房子也是如此。在二十世紀期間，隨著城市革命的發展，大量窮人湧入城市，並違法占用

空地。據估計，二〇〇〇年，40%的新都市居民非法占住那些用煤渣磚或硬紙板搭成的棚屋。地主現在想把那些地產追討回來，政府認為那些蓋滿棚屋的土地久而久之會變成城市的禍根。但非法占用土地十四年的蘇迪爾先生不這麼想，他年復一年地改善房子，他想讓租約合法以保住那些裝修。他自豪地告訴我：「我和兒子最近才為房子添了一個新房間。」他們每晚堆砌煤渣磚，一塊塊地堆疊。分析師泰瑞沙・卡代拉（Teresa Caldeira）對這些住宅做了深入的分析，她指出，這些長期進行的家庭專案變成這些家庭多年來的消費紀律原則。此外，集體的努力也變成家庭自豪感與自尊的來源。蘇迪爾先生需要養家糊口，也需要維持尊嚴。[3、4]

　　他的情況在道德上令人不安，但在社會學上很常見：合乎倫理的家庭價值觀與可議的行為連在一起。艱苦的生存條件可能使窮人陷入這種情況。我們可以在馬里奧・普佐（Mario Puzo）的《教父》（*The Godfather*）中看到比較暴力極端的例子。我不能說，因為我同情蘇迪爾先生是一家之主，就接受他做這種不老實的生意，讓他誆騙我。不過，我對於受騙並不是很生氣。他是在貧困的驅使下這麼做，而不是因為貪婪，他也不是自以為正直的騙子。

　　我們一起喝茶本來應該只是純粹閒聊，是一個老人與另一個老人分享他奮鬥的成果。但他環顧尼赫魯廣場後，以下面這句話結束了那次閒聊：「我知道我會被趕走。」我想強調，這是倖存者、而非受害者的談話。他告訴我：「到了我們這個年紀，重新開始並不容易，但我想到幾個地方……」他講了幾個他可能去重新開店的地方，那些地方也是非法的。

是什麼力量試圖趕走這個精神可佳的騙子呢？

❖　❖　❖

正式的成長。赤裸的權力需要衣裝才能生存，它需要把自己合法化。提出「成長」的承諾，是實現這個目標的一種方式。成長涵蓋了經濟、政治與技術的進步。那些十九世紀的英雄人物（土木工程師）堅信，掌控城市是一種道德上的成就。在印度，殖民主義打著「進步」的名義，作為征服印度人的理由。殖民者秉持著一貫的邏輯，認為印度人是落後的。在城市的爆炸性成長中，進步的概念仍潛伏其中，但現在是以一種微妙的形式呈現：大家相信，像德里這種地方應該成為「世界級的城市」。二〇一〇年德里舉辦大英國協運動（Commonwealth Games）時，有關當局聲稱這是實現現代化、迎頭趕上的時候，並以此作為重大改革的理由。城市規劃者誇下海口：「德里將會看起來像巴黎那樣！」巴黎領先，德里落後，「迎頭趕上」成了新興城市發展政治與經濟實力的理由。[5]

成長最基本的表現形式，是數量的絕對增加。這種成長是我們最熟悉的，因為這是我們計算利潤的方式，每年年底手頭上有更多的現金是好事，但人口成長不能以這種方式來合理化。在墨西哥城、聖保羅、拉哥斯、上海、德里，人口像突如其來的洪水一般湧入城市，而不是像雅各所想的那樣緩慢成長。這些湧入大量人口的城市，與歐洲和北美城市最明顯的差異，在於那龐大的人口規模。例如，聯合國的人口統計學家估計，德里目前約有兩千四百萬人。世界上最大的城市是東京，約有三千七百萬人。相較之下，一九五〇年，世界上人口超過八百萬的城市屈指

可數，如今倫敦和紐約的人口還不到九百萬人。不過，北方國家與南方國家之間的明顯差異並未展現在都市成長的速度上。德里每年成長約 3%；十九世紀時，紐約和倫敦也是以類似的速度成長。不同的是，西方的都市成長動力正在冷卻，到了二〇五〇年，紐約和倫敦的人口可能再成長 18%，但德里的人口至少會成長 100%。[6]

　　另一個相似之處是，為什麼人口會大量湧入城市。對有些人來說，大都會確實是光彩奪目，令他們神往，但多數人是被迫遷移到都市。一八四六年愛爾蘭出現馬鈴薯饑荒後，愛爾蘭人別無選擇，只能離開家園，移居美國的城市；十九世紀末逃離大屠殺的猶太人也是如此。有一組統計資料顯示，分隔印度與巴基斯坦的印巴分治（Partition）所造成的創痛緩和下來以後，[①]印度年輕世代的都市人中，有 65％是從農村地區「非自願移民」到人口超過一百萬的城市。另一項統計資料顯示，巴西目前農業和礦業的土地搶占風潮，在十年內把 70％以上的農村人口推進了城市。此外，經濟合作暨發展組織（OECD）預測，未來二十年，多數的鄉下年輕人不得不搬到人口超過兩百萬的城市找工作，小城鎮再也無法支持他們的生計了。[7]

　　一個差異處在於，人口大量湧入一個地方後會發生什麼事。以前的移民是離開鄉村或村莊，在城裡打造一個灘頭堡，然後留在那裡。如今窮人移居的模式是，他們城市化以後仍會繼續搬家。現代的移民（尤其是來自中東和亞洲次大陸的移民）把錢

----

① 譯注：1947 年 8 月 14 日和 15 日，由於人數較多的印度教徒和人數較少的伊斯蘭教徒之間的宗教對立日益激化，大英帝國統治下的英屬印度解體，誕生印度聯邦和巴基斯坦自治領這兩個新國家。

匯回家鄉,把他們移民的地方視為工作五年或十年的地點,而不
是永遠融入的目的地。

一個城市的絕對規模似乎與它的密度密不可分,密度是
衡量某個空間裡聚集了多少人。德里每平方公里約有兩萬五千
人,是全球人口密度第十五大的城市,但這裡值得停下來思考一
下這個數字意味著什麼。人口少也可能密度很高,例如法國佩
聖熱爾維(Le Pré-Saint-Gervais)的每平方公尺人口密度高於德
里。事實上,如今許多大城市的人口密度正在下降。例如,墨西
哥城的居民數量龐大,但不密集。有一次我離開墨西哥城的市中
心,去週邊參加社區會議時發現了這點。我們從市中心出發六小
時後,仍在開車,尚未抵達目的地。低密度隨意向外擴展是許多
非洲城市的特色——也就是說,一般而言,最好把規模和密度視
為獨立變數。[8]

城市為什麼會變大?十八世紀的經濟學家讓—巴蒂斯特·賽
伊(Jean-Baptiste Say)在著作《市場法則》(*loi des débouchés*)
中回答了這個問題。他的理論假設「增加供給會創造需求」,例
如,牛奶供應增加會刺激消費,因為牛奶充足又便宜。對德里這
種城市來說,賽伊法則(Say's law)不太適用:迅速成長的人口
創造出對服務的大量需求,但市政府無法提供那麼多服務來因應
需求。

關於「城市為什麼會變大?」,更好的答案是出現在亞當·斯
密(Adam Smith)的著作中。《國富論》(*The Wealth of Nations*,
1776 年)裡提到,更大的市場會促進生產的分工。一個現代的例
子是,一次大戰以前,民眾對廉價汽車的巨大需求取代了對手工
訂製汽車的需求,並在整個一九二〇年代促成裝配線上愈來愈精

密的分工。把亞當・斯密的觀點套用到都市上：如果把一萬人搬到以前只住兩千人的地區，當地的房屋就要按照分工原則來興建。公寓會有不同的大小與形狀，還有一些特別用途的空間，例如，花園下面興建停車場。換句話說，規模會帶來複雜性。

「巨型都會」（megalopolis）是源自於這種成長模式。在這種模式中，隨著城市的擴張，勞動分工、功能、形式都會增強。大家通常把擴張描述成一種地理或區域現象。例如，現在北京把都市區域往方圓數百公里外延伸，試圖打造一個超大都會圈，並以高效率的交通來連接子城市。不同於墨西哥城的雜亂延伸，中國的想法是，這些子城市自己也變成一個城市，並在更大的北京大都會裡發揮特有的功能。美國的巨型都會模式，是從華盛頓延伸到波士頓的特大都市，那是二十世紀沿著美國東海岸發展起來的。地理學家讓・戈特曼（Jean Gottmann）在二戰後對那個城市地區做了分析。戈特曼拒絕使用芝加哥學派所使用的同心圓，他改用複雜的文氏圖，以交叉的功能來分析綿延 400 英里的地區。此外，他認為，一個地區的交通、製造、社會服務相連時，就能實現規模經濟。[9,10]

「巨型都會」並不能完全描述莎士奇亞・薩森（Saskia Sassen）所謂的「全球城市」（global city）。在全球城市中，大都會區內的城市之間，距離長短並不重要。全球經濟必須執行一套金融、法律，以及其他的專業服務任務。這些「全球功能」是分配給那個網絡中的不同城市負責，每個城市在網絡中扮演特定的角色，無論那些城市相距很遠。例如，你即將購買一千噸的銅，這使你成為全球銅業公司。每噸銅價可能是在芝加哥協商，那裡有一個專門的大宗商品市場。融資將來自東京的銀

行，那些銀行坐擁堆積如山的資金。你需要的法律建議可能來自倫敦，由於它的帝國歷史，那裡的專家對不同國家的法律制度有豐富的經驗。關於挖取銅礦，你可能會在美國的達拉斯尋求建議，因為那裡有石油業，專家對大型設備瞭若指掌。最後，你可能會收買玻利維亞拉巴斯（La Paz）和南非約翰尼斯堡的官員，因為銅礦蘊藏在當地，正等著你去開採。芝加哥、東京、倫敦、達拉斯、拉巴斯、約翰尼斯堡是以一個全球城市的分子身分，共同發揮效用。[11]

全球城市之間有一個巨大的實體連結：運送銅礦的貨櫃船。貨櫃船需要的卸貨和運輸設施規模，超過利物浦、紐約、上海等城市於工業時代興建的碼頭和倉庫規模——它們的規模較小，而且融入周圍城市的結構中，如今已經變成功能性的遺跡。例如，紐約的哈德遜河碼頭距離那些把埃及布料轉變成美國服飾的小製造商很近，步行或使用手推車就能抵達。如今，這些服飾已經在中國或泰國製造完成，運到幾乎沒有服裝業的紐澤西州卸貨。巨型港口的新基礎設施使港口融入全球經濟，卻使港口與城市的其他部分脫節。

全球化導致思考政治結構的老方式變得有些過時。以前的老方式就像俄羅斯套娃的結構，把不同大小的娃娃套在一起：國家內有地區，地區內有城市，城市內有社區。相對的，全球城市不再是層層相套，而是脫離包含它們的民族國家（nation-state）。倫敦最大的金融交易夥伴是法蘭克福和紐約，而不是英國的其他地區。全球城市也沒有成為韋伯模式的城邦。全球城市代表一個由金錢和權力組成的國際網絡，難以用在地（locally）的方式處理：今天，雅各可能不得不向卡達的一個投資委員會發送

抗議電郵，而不是面對實際住在紐約的具體人物摩西斯。

這些力量合起來一起威脅著蘇迪爾先生。非正式的在地地方（local place）變成全球制度鎖定的目標，它們的吸引力來自兩方面。

假設你是一家全球銅業公司，打算轉向房地產投資，你將採用兩種模式中的一種。第一種是「投機」。投機型的投資者是尋找異常的交易。即使你不住在那個城市裡，你也能發現當地的好生意：因為你和高度專業化的偵察與服務公司合作，你乘虛而入，對行動緩慢的在地人採取先發制人的行動，或把握當地人因太熟悉而未察覺的機會。最重要的是，你的財力比當地人雄厚。這就是加拿大的國際房地產開發商當初在英國取得大片土地，並在倫敦建造金絲雀碼頭商業中心的方式。外來者從英國以外的銀行與投資者募集資金，再把那些資金投入廢棄的碼頭。此外，在地的專家——他們是加拿大人雇用的狡猾人物，打扮得光鮮亮麗，擅長用不正當的手段攫取利益——負責尋找那些太晚才意識到自己的地產價值不菲的地主。

投機者希望從開放系統的某個方面賺錢。在那個方面中，一個規模不大的事件就可以引發整體的巨大變化。這個觸發點就是我們日常所謂的「引爆點」。在封閉系統中，小事件會累積，但不會爆發，而是以平穩的方式逐步累積。對投機者來說，引爆點的經濟意義在於它會放大突然暴漲的價值。以紐約的空中鐵道公園為例，為步道栽種植物，安裝街道家具、平臺支撐和樓梯的投資不多，但是對周圍的土地、翻修、新建築卻產生了極大的價值。誠如創投業者威廉・詹韋（William Janeway）所言，在開放型的投機中，投資者關注的是一筆交易能否觸發其他交易，而不

是那個交易本身是否有利可圖。[12]

在都市改革的早期階段，啟動大幅成長的特殊交易比較容易成交。一個世代以前，大家還看不出來南方的城市會發展那麼迅速，也看不出來北方的城市會復興壯大。如今，很少人像英國那些短視近利的地主那樣，把土地賤賣給加拿大人去創造金絲雀碼頭。另一種更複雜的發展模式已經脫穎而出。

那是「核心投資」（core investing）。吉隆坡的富豪可能無法知道德里的某棟新建築是不是引爆點，吉隆坡對該建築與周圍建築、當地社區或整個城市的關係知之甚少。那個富豪不必在意這些（我對吉隆坡沒意見，我只是舉個例子）。本質上，核心投資是把資金投入一組參數、一組規格。一旦決定了規格，就找一個地方來建造。這個程序很適合全球化，因為你可以從遠處決定這個建築的平方公尺數、建材數量、勞動時間，然後評估價格。核心投資者對待地方的方式，就像對待金錢一樣。事實上，在許多複雜的房地產交易中，是建築物的規格、而不是實際的建築物，決定交易的價值。[13]

在上個世代，核心投資往往會擠掉投機城市的機會，就像在華爾街，標準化交易才是主流，而不是像巴菲特那種「價值」投資者。核心投資比投機更容易，風險較小，而且是以容易量化的方式交易。此外，核心投資特別適合進行「翻轉」——亦即投資於一棟建築的興建，並在完工前轉售。投機者可能會發現一個遭到低估的建築或地點，核心投資者則是透過大規模的干預來賺錢——這對地方政府來說很有吸引力，因為政府可能因此獲得很多稅收。

核心投資是把焦點放在專案上，而不是整個城市規劃上。

奧斯曼和塞爾達都是在官方出資下規劃城市的結構，他們不是專注在單一建築、街道、街區或公共場所上。《雅典憲章》或「田園城市」出現的時候，都市規劃者是主張計畫優先於專案，那個主張是他們用來對付私人開發商的主要武器。如今的情況正好相反，規劃者變成專案的僕人——回想一下，哈佛大學官方城市規劃的信條是「協調」計畫與專案之間的關係。然而，如今現實的狀況是，兩者並非勢力均衡，而是呈現一種非常失衡的狀態。

聯合國人居署的署長華安·克洛斯（Joan Clos）自創了「章魚城」（octopus city）一詞，用來形容這種發展的後果。新的道路像觸角一樣延伸，把城市的某些部分連到新資金源源不斷湧入的地方，例如把購物中心、辦公大樓、新住宅連接起來；這些連結會穿過城市中遭到忽視的部分，或繞過貧民窟、郊區、棚戶區。「章魚城」是個外來的概念，它源自於奧斯曼的大道網絡，那些大道穿過巴黎未改造的貧民窟。但章魚城也代表某種新的東西。奧斯曼的網絡不是由個別的專案零散拼湊起來的，他有一個想要實現的總體計畫，並為那個計畫添加了街道和建築物。克洛斯的「都市章魚」概念則是一種怪獸，牠先長出頭部，接著才長出觸鬚，以連接頭部、結點或發展中心。都市規劃家劉太格（Liu Thai Ker）指出，這種不平衡的發展在全球各地已經被一些專業術語掩蓋了，例如「星群城市概念」（constellation city concept）或「多元中心」（policentric）的城市概念模型——這些概念抹煞了整個城市的集體需求。[14]

尼赫魯廣場最近變成章魚城中核心投資者的目標——他們是受到規格的吸引，而不是受到地方的吸引。這些規格的一個技術面解釋了為什麼它特別誘人。容積率（floor area ratio，簡稱

FAR）顯示一塊土地上有多少建築架構。通常，容積率愈大，建築物愈高。若要在現有的結構中增加樓層，一般通常會設法更改現有的容積率法規。在德里，有關當局自己修改了法律，把一片土地的容積率從 150% 提高至 200%。因此，尼赫魯廣場周圍那些低矮的建築可能消失，因為有關當局正考慮取消長久以來 17.5 公尺的高度限制。如果實體的 ville 能夠以這種方式增加價值，停車場屋頂上的市集很可能遭到驅逐，建築的歷史也將不復存在。[15]

基於這些原因，ville 的正式發展成了蘇迪爾先生的敵人。他也知道這點，但為什麼他不像紐約聯合廣場（Union Square）上的那些人那麼沮喪呢？全球化這個大鯨魚看起來極有可能吞噬這個年邁沉著的小蝦米。

傳統的印度受到種姓制度的束縛，我們很難想像一個比印度更不平等的社會，但經濟發展正在改造當地的不平等地圖。新的地圖比經濟學家托瑪‧皮凱提（Thomas Piketty）提出的成長與貧富差異的相關性更微妙。印度的精英階層就像其他國家的精英一樣，拿走該國新財富的一大塊。皮凱提把焦點放在精英拿走的那一塊特別大，但那種貪婪也掩蓋了另一個故事：為數不少的少數族群也比以前過得好，他們已經從貧困狀態提升到「過得去」的狀態，那可能意味著每人的居住面積超過聯合國設定的 3 平方公尺低標，或擁有一張信用卡。

在中國，約有三億中國人在上個世代搬到城市後達到那個狀態。在印度，二〇一五年世界銀行的報告顯示，在過去十年間，該國約 9% 的人口朝那個方向移動；婦女與兒童從都市發展中獲得的效益特別多。令人驚訝的是，印度這方面的向上流動率

與美國相當。至於缺點方面，世界銀行的另一項研究顯示，長期維持在「脫離貧困線不遠」的狀態是有風險的，尤其對那些在公共部門以外工作的人來說更是如此——在這方面，印度的不穩定性也與美國類似。只要經濟狀況稍有下滑，這個階層的人就很容易陷入失業。在印度與美國的城市，這個階層把太多的收入拿去支付住宿費用，或者他們每個月連支付卡債的利息都很困難。因此，蘇迪爾先生那個階級的命運是不確定的，而不是註定的。他的價值觀就是基於這種差異形成的。[16、17]

蘇迪爾先生的處境是今天衡量皮科・德拉・米蘭多拉的主張的一種方式。本書開篇引用了他的主張：人是自己的創造者，「他選擇想要什麼以及他想成為什麼，都能如願以償」。如今都市政治經濟背後的力量確實有威脅性，但是對蘇迪爾先生這種底層階級來說，那不至於使他陷入無能為力。他可能很清楚，富有的開發商和他們的政治黨羽對他的命運漠不關心，但他不太在意那個事實。他想存活下去的話，就不能陷入那種令人喪志的抑鬱。他別無選擇，只能相信人是自己的創造者。事實上，在他居住的新興城市中，許多像他那樣的人正脫離赤貧，邁向比較不明確的狀態。套用克洛斯的比喻，這是都市章魚周圍的水域造成的。在非正統的經濟中，蘇迪爾先生被排除在由上而下的大專案規劃之外，他和其他像他那樣的人在幾乎沒有高層的協助下，自己闖出了一番事業。

只要他的處境維持這種不明確的狀態，他就相信自己有能力處理這些問題。他對家庭價值觀的信念，可以變成**他的價值觀**。不明確的狀態為他奠定了個人倫理。這對處境並非那麼不穩的人來說（無論位於北方國家或南方國家）也適用嗎？

　　為了找到答案，我們可能需要從另一個新興城市由上往下看。上海比巴黎更接近德里，是亞洲城市現代化的典範。在上海，我們可以透過一個規劃者的視角來觀看。她對於自己掌握的權力，沒有任何得意之情。相反的，在上海轉型為世界級城市的過程中，她為自己摧毀的一切感到遺憾。

2.「他們占有，但不居住」──上海 Q 女士

　　Q 女士（我隱藏了她的真名）對我說：「蒙古沒有口紅。」當時我們看著一位年輕的建築師（二十幾歲的時髦上海人）精心地上妝。Q 女士的母親是英語譯者，那個身分使她淪為文化大革命鎖定的目標。一九六〇年代中期，官方把所有的專業知識視為資產階級的東西，不接地氣，所以必須從人民身上剔除那些專業知識，她的母親因此被送到北方做碎石的苦役，後來未能挺過那場浩劫。Q 女士因此淪為孤兒，被一對膝下無子的夫婦收養，後來成為土木工程師，擁有建材方面的專業知識。

　　上海在文革時期衰敗了，尤其是住房方面。一九七〇年代末期，鄧小平給予人民更多自主發展的空間。當時 Q 女士和那個世代的許多人想為這座城市翻開新的扉頁，把它建設成一個又新、又大、又快速的城市。Q 女士因為熟悉澆置混凝土，而得以進入市政的較低階層。

　　我第一次見到 Q 女士是在二〇〇三年的一次宴會上。她和我一起出現在亞歷山大・克魯格（Alexander Kluge）的電影系列《城市的文明》（*The Civilization of the City*）第三部中。銀幕上已經可以看出她罹癌的跡象，幾年後她就過世後。對我來說，她的

一生是悲慘的，青春時期因失去雙親而黯淡，中年時期因罹癌而縮短，但她從不自憐。她確實覺得她的職業生涯是由一個大錯誤塑造出來的。我第一次見到她時，她正開始懷疑她和同仁所做的一切。後來，她設法盡量保留剩下的古城。[18]

　　政府變成核心投資者。上海曾是中國與西方國家貿易往來的重要地點，英法租界是外國人聚集的地方，那裡使外灘呈現出歐化的一面。在這個帝國外殼的背後，是一座純中國的巨大城市。二十世紀初，工業在此發展。後來毛澤東阻礙了工業發展，繼任者鄧小平再次對外開放時，上海最初是基礎工業中心，接著迅速轉型，提供更高階的製造、金融服務、「創意產業」──亦即「現在與嶄新」的科技與藝術交易。[19]

　　復興需要新的建築，尤其是新的住房。一九九二年，上海共產黨發布「365計畫」（365 Plan），目的是拆除約365萬平方公尺的老屋。二〇〇〇年已拆除270萬平方公尺，並建造了10億平方公尺的新房，以及數百公里的新路，把它們連接起來。浦東金融區幾乎是從無到有，拔地而起。在二〇一〇年世博會以前，上海花了四百五十億美元來清理市容，使這場建設的熱潮達到了顛峰。因此，在本世紀的最初幾年，中國的城市建設整體而言消耗了全球混凝土總產量的55%，以及全球鋼鐵總產量的36%。[20、21]

　　瓦贊計畫以摩天大樓的形式進入了上海，每個大樓的周圍都有一點綠色空間。一九九〇年，上海八層樓以上的建築有748座。二〇一五年，這個數字已達36,050座，大部分的高樓都是

以開放空間與鄰居相隔開來。如今這種「巴黎—上海」風土建築的一個高檔例子是浦東區濱江的仁恆濱江園。較便宜的大樓也是依循同樣的模式，每座建築都是完整、獨立的，像一座「公園裡的高樓」。中國獨有的特色在於，每座大樓的方位是看風水而定。[22]

　　這些變化背後的推動者（亦即上海的核心投資者）是上海的共產黨。只要黨點頭，銀行貸款或建築許可就會自然到位。黨沒有點頭，就沒有行動。但毛澤東時代那種一人獨裁、全憑個人一時興起而發布決策及行動的時代已經結束了。取而代之的是委員會與會議，他們的決策不帶個人色彩，一切都在幕後進行，他們彼此之間都有心照不宣的默契。他們有個精心設計的防禦措施，那就是是由私營企業負責實際的拆遷行動——如此一來，萬一居民抗議，他們可以把過錯全推給私營企業，不必由黨負責。事實證明，如此結合共產黨的幕後權力與私營企業的行動非常有效率。一旦建築的牆上寫了「拆」這個字眼，那棟建築在一兩週內就會消失，有時甚至隔天就拆得一乾二淨。[23]

　　突然的都市破壞是一項中國傳統，其歷史可遠溯及十二世紀，當時的朝代常拆毀上個政權留下來的宮殿與典型建築，並興建新建築以示政權的更迭。現代的拆除工程與古代唯一不同的是，現代的拆除是發生在比較尋常的建築上。

　　城市部分地區的投機熱潮已超越了居住的需求。很多個別的建築或成群的新建築仍是空樓，或只有部分的屋主入住。事實上，上海有些地方看起來氣氛有點陰森可怕：你晚上去那些空樓之間漫步數小時，會看到大樓毫無燈光，似乎無人進出。空屋太多只是迅速建造太多建築所衍生的諸多問題之一。Q女士曾得意

地誇讚新建的高速公路：「我們去我辦公室的時間，比你去你倫敦辦公室的時間還快。」新的高速公路雖然擁擠，但運行平順。不過，有一次，我們開上一條非常現代的高速公路，前往上海北郊的一家工廠。那條高速公路也是建得很漂亮，邊緣和中間的分隔線都經過精心規劃，但它後來變成一條無處可去的公路；原本那條路的目的地是一家工廠，但後來工廠搬到工資更便宜的越南。上海現在有不少這種無處可去的氣派公路，這證明了形式和功能之間存在著固定關係的危險。

　　雖然上海是個建設過於僵化的城市，但這座新城市依然令人驚歎。有一次我和Q女士一起穿越一片新的住宅開發案，她對我說：「你有沒有注意到，這裡沒有糞便味。」儘管上海的空氣因煤力發電廠的運行而汙染嚴重，現代的衛生設施已消除了上海以往承受的霍亂威脅。我原以為大片興建的新建築品質很差，但我錯了。Q女士和她的同事在基本建材上投入了大量資金，建築師傅的技藝也好。這種用心也顯現在建築外栽種的樹木上，那些樹木的栽種與排水都設計得很恰當。[24]

　　「創造性破壞」（creative destruction）常用來描述上海這種地方所發生的事情。這個詞是出自經濟學家約瑟夫‧熊彼得（Joseph Schumpeter）。核心投資正好說明了他在《資本主義、社會主義與民主》（*Capitalism, Socialism and Democracy*）中提出的想法：尼赫魯廣場那樣的房產被買下來以後，或許會夷為平地，然後重新打造新建築，或者都市仕紳化可能趕走那裡的居民；那裡會創造出更有利可圖的新東西。熊彼得宣稱：「創造性破壞是資本主義的根本事實。那是資本主義的本質，也是每個資本主義事業必須生存的環境。」在熊彼得看來，諷刺的是，共

產黨會成為啟動這個資本主義根本事實的工具。我對 Q 女士提起這點時，她認為那個論點太粗糙了。上海以前就衰敗了，所以那些建築不是任意拆除的。（以熊彼得的立場來說，他很反對破壞東西只是為了以新的東西加以取代；他指出，許多「創新」既不創新，也無利可圖。[25]）

　　事實上，Q 女士很懷疑西方的思維能否理解中國的城市。有一次，我送她一本雅各寫的《偉大城市的誕生與衰亡》，我以為她會認同那本書，但她沒有。她覺得雅各提倡的小社區、緩慢成長、由下而上的政治太「美國化」了。只有富裕的國家才有緩慢成長。此外，Q 女士也認為雅各對自發行動的看法太天真了。對她來說，那就像文革期間四處掃蕩的紅衛兵。

　　她覺得孟福的論點比較有理。她跟孟福一樣，認為城市應該以一種井然有序的正式方法，把城市的功能整合在一起。但田園城市的規模無法如此輕易地輸出。按照霍華德最初的構想，田園城市應該容納約六萬個居民。這樣一個人口稀少的地方，在上海大都會中只是一小點，或只是上海新開發的衛星城市（這種衛星城市通常有三、四百萬人）：你需要把一千個田園城市串連起來，而且功能上還要相關，才能構成二〇五〇年的上海大都會區。同樣的，據我的粗略計算，柯比意原始的瓦贊計畫頂多只能容納四萬到四萬五千人。中國式的都市成長暴露出這兩種計畫難以為超大城市創造一貫性。[26]

　　在西方那三位都市規劃的創始人中，Q 女士覺得，歐姆斯德以及他認為「綠色空間是社交凝聚力」的信念最令她注目，因為那個構想最令人不安。新上海的景觀工程並未把人們凝聚在一起，事實上，那一大片高樓（瓦贊計畫的大規模實現）還引發了

社交危機。國家資助的核心投資所衍生的社交後果，已經以一種
建築形式顯現出來了。為了騰出空間蓋那一大片高樓，上海的
規劃者在這個城市的非正式聚居地「石庫門」上草草寫下可怕的
「拆」字。

目標。石庫門是由前後庭院圍組而成，中間有一棟建築隔
開這兩個空間。把這些雙庭院聚集在一起，就創造出一個蜂窩狀
結構。「石庫門」是指前院前方的大門，那是由石頭框成半拱狀
或環狀（「石箍」的字面意思）。把石庫門並排在一起，就可以
構成一條小巷或胡同，稱為里弄或弄堂。每條小巷的盡頭都有另
一扇門。把幾條弄堂平行組在一起，它們的盡頭就構成一條街道
的兩邊。從整體上想像都市形式的一種方法，是把街道想像成動
脈，把弄堂想像成微血管，把圍牆圍住的庭院想像成血球的細胞
膜，把實際的建築想像成血球內的固態物質。

雖然蜂窩狀結構是很古老的形式，世界各地隨處可見，但
石庫門其實是屬於上海的近代史。十九世紀中期的太平天國之
亂，製造了一批財產遭到剝奪的難民，他們前來上海避難，當
地的建商因此察覺到這個商機。石庫門最初是作為單一家庭的
住宅，是為了安置那些流離失所的地主或商人。一九〇〇年以
後，這類庭院開始進駐比第一波居民更貧窮的人。窮人的大部分
生活是在院子裡進行，而不是在擁擠的房間內——例如，他們經
常在戶外做飯。

貧窮與壓迫促成了庭院內的即興創造與臨時湊合。在極
度匱乏的時期，居民共享食物和燃料，使當地的饑餓率低於農

村。儘管毛澤東時代的共產黨在鄰里內設立間諜監視系統以監控大門（類似以前法國門房向警方通報可疑現象一樣），但那個系統無法在石庫門正常運作，因為在文化大革命以前，石庫門的居民通常不會告發鄰居。

石庫門的非正式形式，意味著集體湊合的心態——那是面對官方共產主義時，所採用的生存共有制。石庫門典型的集體生活，確實可以在其他的營造形式中找到。更早之前，有人為某些國有企業建造高大的泥板住宅，作為大眾住房。租戶是住在一種垂直的企業城裡，裡面有公共廁所與公共廚房。不過，一九九〇年代，個人私有住宅已成常態，公共廁所與公共廚房都消失了。所謂的「住宅」，逐漸是指個人公寓，而不是集體建築。後鄧小平時代鎖定的目標，是城市的集體在地生活——主要仍體現在石庫門，但現在也體現在那些垂直的企業城上。[27]

人們關在自己的公寓裡，開始感到與世隔絕的痛苦。與社會脫節的明顯跡象開始出現，例如老人受到忽視。這種祖父母遭到忽視的情況變得非常嚴重，以至於政府最近宣布這是一種可能受罰的罪行。青少年犯罪增加了，尤其是那些在國家教育競賽中失敗的孩子。那些青少年競爭失利後，處於不穩定的狀態，並在建築周邊的開放空間裡閒晃。人們生活的隔絕環境導致憂鬱症的罹患率增加，甚至導致乾淨新大樓區的自殺率上升——最近大家終於開始公開討論這些禁忌話題。在上海，世代間的脫節、青少年犯罪增加、成人脫序等現象，最常出現在上海的本地家庭中，他們已經被剝奪了存在已久的鄰里。Q 女士以一句話道盡了這個問題：「他們占有，但不居住。」一個世界級的城市（ville）似乎已經摧毀了它的城市感（cité）。[28、29、30]

❖　❖　❖

「**是生活的寫照，而不是生活本身。**」Q女士接受最後一次
化療以前，跟我一起坐在一家濃縮咖啡館內，啜飲著咖啡，那杯
咖啡應該可以讓義大利的那不勒斯人深感自豪。我們當時是在新
天地一個翻新的里弄裡，那個地方是共產黨的聖地，因為毛澤東
在當地一棟邊角建築中召開中國共產黨的第一次代表大會。Q女
士最初講「這不是我想要的」時，我誤解了她的意思。我以為她
在講她被迫接受的療法既無尊嚴可言，也毫無效果，但她其實是
指上海。

　　二〇〇四年左右開始，居民與都市規劃者開始認真思考，
白色高樓所體現的現代主義還有什麼替代方案。在某種程度
上，這種動機促成了石庫門的翻新，我們所在的那家咖啡館就是
一個美好的翻新個案。靈巧的工匠切割木材，鍛造鋼鐵裝置，讓
這棟老建築看起來像恢復了原始樣貌，儘管咖啡館裡有無線網
路。該區的其他修復工程把昂貴的閣樓或公寓隱藏在改造過的傳
統磚砌外牆後面。許多修復後的石庫門仍保留著傳統的鐵門，那
些鐵門成了賣點，但入口的大門其實是電子掌控的。就像其他地
方一樣，修復工程把功能物件轉變成純粹的象徵性存在。

　　石庫門的翻新，意味著驅逐那些曾經讓當地變成活躍 cité 的
人。二十幾歲的仕紳化年輕人急切地前來石庫門，他們把這裡視
為酷炫的地方，希望能生活在象徵性的光環中，而不是與以前
在石庫門艱苦生活的「真實」居民同住。大家把「仕紳化」與
「驅逐」這兩個耳熟能詳的罪過歸咎於城市規劃家理查・佛羅里
達（Richard Florida），二十年前左右，他那本談創意階級的著作

變成一種城市新理念的聖經。他主張，充滿活力的城市應該由年輕、進取、有生態意識的人來主導，年老、疲憊、墨守陳規的人應該消失。創意經濟的特質應該是集體、非正式的，是大家共用桌子，而不是關在封閉的辦公室裡——這在都市規劃上轉化為「創新區」，套用佛羅里達的說法是「創意中心」（creative hub）。在上海，這定義了石庫門庭院那個貝殼狀公共結構的吸引力。[31、32]

尼赫魯廣場也是一個創意中心，坐落在市場開放空間周圍的破舊房間裡。它不太仕紳化，所以大家尚未把創意階級的湧入與其他人遭到驅逐連在一起。事實上，這裡對二十幾歲的時髦年輕人來說，刺激大多是來自於跟不時髦的外在世界相處。尼赫魯廣場上那個大媽經營的印度薄餅店周圍大排長龍，這與修復後的石庫門形成了鮮明的對比。在如今的石庫門室內，燈光明亮，磚牆裸露，裡面只坐著一種人。

現在的石庫門是一種仿真，是模仿曾經在那裡的東西；另一種仿真是從別處進口建築。當然，不是只有中國人這麼做。例如，美國的海邊開發案把新英格蘭的殖民建築搬到了佛羅里達的沼澤；英國的龐德伯里（Poundbury）在威爾斯親王的雄厚財力贊助下，重建了一個傳統的英國村莊；中世紀、伊莉莎白時代、喬治王朝時期的塗料被套用在建築上，但建築內是採用最新的管線。事實上，值得注意的是，監督新天地修復的建築公司，早些時候因忠實地重建波士頓的費紐爾廳市場（Faneuil Hall Marketplace）而享負盛名。那裡原本是波士頓市的民生食品市場，現在是購買原種蕃茄或手工麵包的地方。

但是在上海，購買這種仿真建築，而且是模仿別人在別處

住過的地方，還是有其特殊之處。你可以在泰晤士小鎮買一間公寓（維多利亞時代的英格蘭，加上紅色電話亭，彷彿歷史大雜燴，但沒關係）；②或是在荷蘭村（風車和狹窄的磚房）、或鄰近的安亭德國鎮（家用的包浩斯建築）買一間公寓。上海一位開發商最近談到他和其他開發商所做的建案時說：「就像迪士尼世界一樣。」中國電影《世界》（*The World*）是描寫一個致力模仿世界各地城市的主題樂園，那裡有一群不快樂的勞工，他們為不斷地強化及維持這些幻象而感到沮喪。33

　　就像湧入城市的大量國際商品一樣，這些仿真的環境都是大家耳熟能詳的品牌。它們喚起大家生活在某個老地方的感覺，並藉由聯想，賦予當地一種落地生根的氣氛。也許大家需要這些耳熟能詳的品牌，因為在這些城市裡，當地人和我這種遊客一樣，覺得一切事情發生的步調與規模已經變得難以理解。也許有一個通用的規律正在運作：政治經濟向前衝的時候，建築品味反而追求復古。不僅中國人藉由模仿大家耳熟能詳的品牌來尋求慰藉，威爾斯親王贊助的龐德伯里建案如今也是熱門的地產景點，因為很多人就像迷上虛構的《唐頓莊園》（*Downton Abbey*）一樣，深受這種浪漫版的「真實」英格蘭所吸引。不過，中國與眾不同的是，那裡有一股持續不斷的動力向前推進，那是英國所沒有的。

　　在上海，基於對「中國使命」的民族情感，Q女士厭惡商業上擅自挪用歷史的作法。儘管她在中國政權的統治下吃盡了苦頭，她仍是某種理想主義者——就像那些關押在俄羅斯勞改營

---

② 譯注：泰晤士小鎮為中國上海市松江區的一座新市鎮。

裡的囚犯一樣，堅信「只要史達林知道」，他們就會獲釋。隨著
「繁榮中國」的理想在經濟上實現後，Q女士對「中國使命」的
信念變得更加堅定。有鑑於中國歷史的實際狀況，她不喜歡美化
它，但她也相信中國是領導者。

　　諷刺的是，她的最後一項工作（由於癌症日益惡化，她只
能偶爾參與）是為外灘的修復提供意見。一九四九年共產革命以
前，上海是中國與外界聯繫的主要航運與商業樞紐，外灘是上海
的核心地帶：濱海區高樓林立，後街比較髒亂，隨處可見住在廉
價旅館的水手。這裡也有一大群逃亡的外國人，主要是逃離布爾
什維克的白俄羅斯人。後街有俱樂部，供應廉價的性服務與鴉
片。外灘附近的豪宅裡住著富有的歐洲人，他們鮮少與他們掌控
的中國人打交道。這段豐富的歷史如何傳達呢？

　　Q女士曾想過在外灘的各種建築物上掛著解說牌匾，以傳達
外灘的歷史。這些牌匾上可能寫著「某某家族三代在這個房子裡
罹患肺結核」或「英國公司在這個房間裡監督鴉片進口到上海的
業務」。然而，當大家想記住這個地方的真實面貌時，你才能用
這種方式來展現一個保存完好的環境。結果她的計畫失敗了，這
裡成群的遊客並不想記得那些苦難。

　　作家詹姆斯‧索特（James Salter）在小說《光年》（Light
Year）中，評論一個理想化的美國家庭，說它是「生活的寫照，
而不是生活本身」。上海所呈現的寫照，是這座城市對於失去
cité 所做的回應。在新天地與外灘這種地方，美化與簡化的形象
主導了一切。這些形象並未激起大家對某種生活方式的好奇，而
是阻止大家進一步探索的意願。然而，美化的仿真場景帶有一些
悲傷的成分。歐姆斯德之所以會觸動Q女士，或許是因為他想

在公園裡營造社交的幻象。在新天地發生的一切，也是一種幻象——它喚起了一種一度社交熱絡、但如今已不復存在的生活方式。這裡存在一個都市規劃普遍面臨的巨大困境：有些過往的消逝令人遺憾，我們如何與那種過往相連，又不至於把一個城市變成博物館呢？[34]

❖　　❖　　❖

仿真 vs. 風土建築。[③]「真實」在建築中是一個難以捉摸的概念。在西方的都市規劃中，想把一座新建築打造成看似屬於另一時代或另一地方的動機，與古典復興有關。例如，十二世紀中葉聖托菲姆教堂（St Trophime）的正面看起來像羅馬神殿。那種視覺上的復古比言語上的復古更突兀。現代詩人採用文藝復興時期的六節詩形式（sestina），頂多只會讓最有學識的讀者感覺這是一種非常古老的詩歌類型而已，其他人不會有什麼感覺。

在文物保存方面，追求「真實性」的問題在於，還原物件時，要還原到什麼程度。那個物件最早出現時，就是它最真實的形式嗎？你可能會為了挑選哪個時刻來復原而舉棋不定。例如，在外灘的修復工程中，大家爭論的焦點是：究竟要以一九二〇年代為基準，還是要以一九四九年為基準呢？一九二〇年代，難民大量湧進外灘，一九四九年是中國共產黨建國的時候。但是真的需要一個決定性的時刻嗎？當你賦予一個地方一個「真實的」身分，你就否認了時代的變遷——就像美國的殖民

---

③ 譯注：風土建築為民間自發的傳統鄉土建築，具有民間濃厚的鄉土氣息。

地威廉斯堡（Colonial Williamsburg），④或英國當代古典建築師昆蘭・特里（Quinlan Terry）所打造的喬治王時代建築一樣，講究特定的精確。

　　現在很少文物保存者想做那種固定的仿真。相反的，他們逐層地挖掘一個地方持續演進的歷史，或是拆除裹在建築物外面的繃帶（例如假的天花板或掩飾的塗層），以揭露其過往的樣貌。保存的目的是為了揭示原貌的轉變。在柏林新博物館（Neues Museum）的裝修中，建築師大衛・基帕菲特（David Chipperfield）就是依循著這個邏輯，保留博物館牆壁上的彈孔，毫不掩飾，以傳達博物館歷經二戰洗禮的歷史。新天地若是以這種方式「保存」下來，貧困所造成的破壞就不會從這些建築中消失了，規劃者可能會努力地展現：這個原本為富有的難民在上海打造的建築，是如何淪為窮人的貧民窟——雖然揭露這種敘事可能會降低這些建築對二十幾歲有錢年輕的吸引力，他們可能不會那麼想要把這裡當成生活的地方。同樣的，外灘也可以保留它從帝國時代到妓院鴉片時代、再到文革破壞時代的演變，以展露這些歷史的傷痕。

　　這就是風土都市規劃（vernacular urbanism）。它把敘事保存的邏輯拉向未來，尋找從舊形式中創造出新形式的方式，但仍與舊形式有關。展望未來，規劃者可能試圖保留建築物早期的高度，但允許外牆設計完全異於原貌。固定的仿真確實遠比風土建築的呈現更受歡迎。事實上，歷史保存可能演變成誇張的戲劇性發展，使保護文化遺產的小蝦米和想要拆除歷史、強行打造那

---

④ 譯注：殖民地威廉斯堡是美國維吉尼亞州威廉斯堡市的一個歷史保護區域，保存了美國早期歷史。

些毫無靈魂的鋼筋與玻璃大樓的大鯨魚相互對決。小蝦米沒有要求：「給我們打造更美的建築！創新！」相反的，當一切毫無改變時，小蝦米才是贏家。在這個鮮明對比下，存在一個更大的倫理問題。

3. 克利的天使離開歐洲——莫斯科的班雅明

　　如今德里與上海之間的對比，或許可以用一篇近一個世紀前撰寫的文章來釐清，雖然那篇文章既不是講德里，也不是講上海。那篇文章是華特·班雅明（Walter Benjamin）所寫的，標題是〈歷史哲學論綱〉（Theses on the Philosophy of History），是作家針對成長的混亂、創造性破壞所促成的懷舊形式、非正式活動所激發的能量等主題表達看法。那些主題的靈感源自於一九二〇年代班雅明前往莫斯科旅行的經驗，以及他對一幅畫的沉思。

　　一九二〇年，保羅·克利（Paul Klee）創作了《新天使》（Angelus Novus）的形象——那是一個饑餓、痛苦的人像，張開著雙臂。那年，作家格肖姆·舒勒姆（Gershom Scholem）看到那幅作品，買了下來，把它掛在慕尼黑的自家公寓裡。班雅明造訪舒勒姆的公寓時，看到那幅畫，買下了它，一直保留到一九四〇年自殺以前。班雅明確信納粹一定會來逮捕他，因此打算前往西班牙（庇里牛斯山的波爾特沃）自殺。行前，他把那幅畫交給法國作家喬治·巴塔耶（George Bataille）保管。巴塔耶把那幅畫藏在國家圖書館內一個滿是灰塵的角落。二戰結束幾年後，那幅畫落入狄奧多·阿多諾（Theodor Adorno）的手中，他設法把畫送回當時住在耶路撒冷的舒勒姆。舒勒姆的遺孀於一九八七年把那

幅畫捐給以色列博物館。[35]

　　所以那幅畫有一波三折的歷史。班雅明擁有那幅畫時，認為那幅圖像是在描述歷史的混亂。當然，畫家可能很怕被貼上標籤，但克利的畫作標題顯示，他也是如此看待他描繪的圖像。那個備受折磨的身影，猶豫地望著成堆的碎石瓦礫與破碎的物體，一團橘黃色的黯淡東西像雲朵般飄過他的身體，滲進了天空。班雅明說明克利的圖像時，先引用了朋友舒勒姆的一首詩（我的翻譯）：

　　　我的雙翅以振作欲飛
　　　心卻徘徊不前
　　　但我若繼續停留凡間
　　　好運幾希矣

　　接著，班雅明寫道（由於我寫作時盡量不直接引用，這裡姑且放縱我這麼做吧）：

　　歷史的天使肯定是這個模樣。那個天使的臉朝向過去。在我們看來是一連串事件發生的地方，他只看到一場災難。那場災難不斷地堆積碎石瓦礫，把那些廢墟拋在他的腳下。天使本來想暫停片刻，喚醒死者，彌合破碎的世界。然而，天堂吹來一陣風暴，猛烈地吹擊著他的翅膀，使他無法把翅膀收攏。天使背對著未來，但風暴勢不可擋，把他吹進了未來。他面前的殘垣斷壁愈堆愈高，直逼天際。這場風暴就是我們所謂的進步。[36]

　　克利的天使被改變吹向前的時候，他是往後看。我認為，這是班雅明根據自己一九二六到一九二七年冬天在莫斯科的經歷所塑造的一個圖像。在給舒勒姆的信中，班雅明寫道，革命是「一種難以控制的自然力量」。然而，在他看來，俄羅斯人似乎對革命前的白銀時代（Silver Age）感到遺憾。⑤他們珍藏著舊家具，收藏著聖像，仍然對沙皇與遭到謀殺的皇室戀戀不已。那年冬天，人人饑寒交迫，回首過去既不能填飽肚子，也無法獲得溫暖。[37]

　　共產主義的城市應該是什麼模樣？當時，莫斯科出現了仿真建築，就像今天的北京一樣。史達林時代的莫斯科愈來愈像奧斯曼時代的巴黎，寬闊的大道兩旁排列著精心裝飾的建築，彷彿婚禮蛋糕一樣精緻，地鐵也掛起了水晶燈，照得通亮──共產主義推著人們前進，但身為都市建設者的天使則是向後看。然而，無論是意識形態，還是掛著水晶燈的地鐵，都無法掩蓋莫斯科人在斯摩棱斯克市集（Smolensk bazaar）之類的露天市場上賴以為生的非正式經濟。那就像尼赫魯廣場一樣，是有關當局容忍的黑市。耶誕節即將來臨時，班雅明覺得那裡「堆滿了裝著珍饈佳餚、聖誕裝飾、玩具的籃子，使人幾乎無法從街道走到人行道上」。然而，國營商店的貨架上卻空空如也。一九二七年一月三日，班雅明參觀一家生產麻繩和橡皮筋的模型工廠，工廠的工人大多是中年婦女。在現代的機器旁邊，工人用手編著麻繩。機器因缺少零件而停擺，編織麻繩就像一個世紀以前那樣，手

---

⑤ 譯注：19世紀末20世紀初的俄國文壇，以象徵主義為先導的現代主義文學（主要是詩歌）異軍突起，獲得了短暫的繁榮，但不若19世紀的黃金時代輝煌，因此史稱「白銀時代」。

工進行著。然而，這個工廠比以前編織麻繩的手作坊大了一百倍——工廠是一個現代化的大盒子，但「現代」一詞卻是空洞的。[38]

在史達林統治的莫斯科裡，班雅明發現現實正在模仿藝術：歷史正向前發展，但同時也往後看。如今，克利的天使代表著另一種劃時代的轉變，「全球」取代了「共產主義」。在德里，進步風暴下的「碎石瓦礫」是那些邊緣人，他們像蘇迪爾先生一樣，努力在沒有歸屬感的地方安身立命。權力與他們作對，但他們利用自己的邊緣地位，創造出一些東西。在上海，受到進步風暴打擊的天使，代表著某些都市規劃者與市民對城市轉型的反應。他們不滿意上海現在的模樣，轉身往後看，追尋過去，以賦予現在更多的意義。

第五章

他者的壓力

　　克利的天使是時光流逝所醞釀出來的一個模糊、困惑形象。我們可以用另一種方式——以城市因應文化差異的方式——來描述城市中的倫理。封閉的城市對那些宗教、種族、民族或性取向異於多數人的人抱著敵意，開放的城市則接納他們。這種非黑即白的形象清楚地區別好壞，讓人可以做出果斷的判斷。然而，現實中，事情並非如此明確。差異壓迫著城市，混淆了其營造形式與生活方式。

1. 住所——外人，同胞，鄰居

　　他者的壓力。二〇一五年一月五日晚上，一個名為 PEGIDA 的組織，在齊美爾研究的德勒斯登號召了一場抗議遊行。PEGIDA 的全名是「愛國歐洲人反對西方伊斯蘭化」。他們舉的

標語寫著「為了保護我們的文化」或「伊斯蘭教滾出德國」，而「我們就是人民」則是挪用德國共產政權末期的古老口號。[①]PEGIDA 不是把矛頭指向恐怖分子，而是希望阻止穆斯林進入歐洲，因為他們覺得穆斯林的生活方式與西方的價值觀格格不入。不過，PEGIDA 以及丹麥、瑞典、法國的類似組織都否認他們的反移民運動與納粹黨突擊隊員（storm-trooper）的回歸有任何關係。一位上了年紀、穿著講究的市民高舉著一個印刷精美的標語牌，上面寫著「反對狂熱」。這些團體只是覺得，人與人之間如此迥異時，無法生活在一起，因為差異度太大了。[1]

　　PEGIDA 代表一種最純粹的封閉心態，覺得他者（Other）都是外人，但這種不容異己的心態在當時遭到質疑。一萬八千人參加了德勒斯登的遊行，但科隆的遊行只有兩百五十人參加。柏林則是出現一場主張寬容的反示威活動，有數千人參加。不到一年後，德國向逃離敘利亞內戰的大批穆斯林敞開了大門。在慕尼黑火車站，可以看到一些令人驚歎的場景：衣衫襤褸的難民家庭貼在從東歐開來的火車車窗玻璃上，難以置信地望著外面微笑的人群拿著一包包的食物和衣服。很多裝著食物與衣物的大袋子就直接放在月臺上，讓人自行取用——這是純粹的慷慨行為，毫無慈善施捨難免給人的芥蒂感（「要心存感激，感謝我」）。在火車站裡，他者成了同胞，那是相親相愛的時刻，那一刻是開放的。

　　然而，一年之後，鐘擺又擺回來了——不是直接擺到 PEGIDA 那個極端的立場，而是擺到一種擔憂的心態，擔心這一大群困苦的陌生人無法融入社會。外國報紙對 PEGIDA 和慕尼

黑火車站的報導，強調了德國人這兩種心態轉變的背景，使人想起納粹對種族淨化的理念，以及納粹大屠殺那不可磨滅的罪行。然而，那些對陌生人的種種反應並非德國獨有的。我身為聯合國的觀察員，在瑞典的難民收容中心也看過類似的情況，二十年前那些收容中心也面臨同樣的問題：如何同化難民。

　　一九九〇年代，瑞典人迎接許多逃離南斯拉夫戰爭的波士尼亞與赫塞哥維納（Bosnia- Herzegovina）及克羅埃西亞的難民。他們簽發了約五萬份的臨時居留許可證。後來，瑞典試圖區分非自願難民與自願移民，以縮減臨時居留的人數，但這項政策根本無法施行。例如：他們可能判斷一個成年農夫決定逃離受到戰爭威脅的村莊（但在那個村莊實際遭到攻擊之前）；然而，他的孩子對這件事情並沒有個人選擇，所以可視為難民看待。政治難民與經濟移民之間的法律區別，長期以來在實務上一直是毫無意義的──就像一個世紀以前從波蘭移居美國的猶太人一樣，他們因預料自己留在波蘭可能遭到強姦或殺害而決定移民，他們並未在波蘭等待最糟的情況以「取得」難民身分。[2、3]

　　於是，這個問題後來演變成：獲准留在瑞典的難民應在何處定居的問題。文化衝突馬上就出現了，一個收容中心提供大量的新鮮食物，包括許多美味的燉菜，以及其他改善生活品質的東西，例如為十幾歲的難民少女提供時尚的衣服，使她們感覺更好。但是，難民懷疑燉菜裡有豬肉而放著沒吃，家長也禁止女兒穿時尚的衣服，認為那樣穿不莊重。瑞典犯的錯誤在於，誤以為自己想要的東西，難民也想要。

　　解決這種衝突的一個辦法可能是，把焦點放在工作上的融合，讓難民勞工按個人意願住在家裡。（歐盟的法律其實削弱了

這個解決方案，因為它堅持要求難民必須在收容國確定身分以後才能工作，那個確定的流程可能需要費時數月，甚至數年）。但是要讓難民融入職場，他們必須學習瑞典語。成年的難民若要從事粗活以外的工作，他們難以學會足夠的瑞典語以有效投入職場（成年人學習外語時，常有這樣的困難），但那些處於青春期的孩子則學得很快。這在難民社群中引起了某種不安。成年人聽到孩子輕易講外語，迅速接納外國文化。孩子融入得愈深，愈覺得自己與當初促使父母來到收容國的那些痛苦和創傷脫節——或者說，這是許多難民父母在收容國安頓一段時間後所恐懼的狀況。融合既是一種實際的救贖，也是一種經驗的損失。

你如何生活在一個沒有歸屬感的地方呢？相對的，在那種地方，別人該如何對待你呢？

外人、同胞、鄰居。這三個詞以三種方式定義了「他者」。在三位哲學家的著作中，可以找到這三個詞的相關段落，而且內容緊密相關。他們的出發點是現象學（phenomenology），那是二十世紀初艾德蒙德・胡塞爾（Edmund Husserl）率先提出的概念。那門學問是關注人類如何體驗一種存在於世界上的感覺（德語一般稱為 Existenz），而不是把世界視為獨立於自我之外的領域。胡塞爾傳授「存在哲學」給馬丁・海德格（Martin Heidegger），但海德格改變了很多胡塞爾傳授的內容。海德格接著又傳授給岡倉天心和伊曼紐爾・列維納斯（Emmanuel Levinas），他們兩人最終都修改了海德格傳授的概念。海德格把存在哲學套用在對差異者的排斥上，岡倉天心把存在哲學套用在

博愛的理想上，列維納斯把存在哲學套用在鄰居的問題上。

海德格使用 Dasein（此在）這個字來表示「居住」，[②]它的字面意思是「在那兒」——那個字存在已久，但他加深了它的意思。海德格終其一生都在思索居住有多艱難，人必須努力穩定下來才能對抗「焦慮」，亦即存在的不安全感。隨著時間推移，那種不安全感會影響人的經驗，根除人對地方及彼此的依戀。人類「呱呱落地」後，徘徊在我們不屬於的地方，難以落地生根。這種「此在」的描述是引用索倫・齊克果（Søren Kierkegaard）的概念，但他不認同齊克果的地方是，他覺得齊克果太容易從上帝尋求庇護了。海德格的信念就好像哲學版的華格納歌劇《漂泊的荷蘭人》（*Fliegende Holländer*），他們的船不斷地在海上航行，尋找一個可稱為家的港口。為了扎根，海德格長久以來一直想要離開城市，在黑森林的深處尋找一個棲身之所。在這裡，他最終會排斥異族，尤其是猶太人。[4]

海德格的「此在」與岡倉天心的「此在」用法形成了鮮明的對比。岡倉天心在一九一九年自創 das-in-der-Welt-sein（英譯 being-in-the-worldness，意指「在世存在」）這個拗口的表達方式。他於一九〇六年撰寫《茶之書》（*The Book of Tea*）一書來闡述這個概念，那是引用千利休等多位茶道大師的思想寫成的。岡倉天心解釋，雖然泡茶與喝茶的複雜儀式很嚴格，但一旦掌握了那些動作，就沒有深度可以鑽研了，它「本身毫無意義」，因而迫使泡茶的人去思考他的生活中正在發生或沒發生什麼。最終，泡茶的人會退一步，既不感到喜悅，也不感到痛苦，只感覺

---

② 譯注：「Dasein」（此在）一詞由兩部分組成：da（此時此地）和 sein（存有、是）。

到「我在當下」。這也是瑜伽的邏輯──一種放空的訓練。對岡
倉天心來說,那更適用於基督教徒的修道院。他認為充滿反思與
友愛的地方,就有那個本質。那種靜修使人逃離城市的喧囂,讓
大家平靜地在一起,「神對人的愛把陌生人連在一起」,毫無血
緣關係的人培養了兄弟般的情誼,像聖奧古斯丁宣揚的教義一
樣。我想,岡倉天心會把慕尼黑火車站的景象想成這種無私關係
的例子。岡倉最終並未接受基督教和修道院的隱居生活,他主
張在東京市中心也可以體驗 das-in-der-Welt-sein。岡倉天心認為
「此在」有令人沉著的力量,相較之下,他的老師海德格則是想
像扎根極其困難,師徒兩人的看法相去甚遠。[5]

　　海德格的另一個學生列維納斯則是提出鄰居的問題。列維
納斯在二戰期間以戰俘身分倖存了下來,再加上海德格又是抱持
納粹主義,所以他在哲學思想上及私人方面都遠離了老師的理
念。後來他受到猶太神學家馬丁・布伯(Martin Buber)的思維
所影響,試圖創建一套倫理哲學,以舊約聖經的詮釋及猶太註釋
者的想法為基礎,尤其是上帝的不可知性,而不是以海德格的在
世哲學(「此在」)為基礎。我有幸參與列維納斯每週主持的研
討會,他利用那些研討會來詮釋《妥拉》(Torah)。但有一點令
我困惑不解:為什麼他如此擔心把希伯來語譯成法語的困難?
後來我逐漸明白,這正是他的倫理觀想要解決的問題:我們透過
話語向彼此訴說,但會遇到無法逾越的界限。每種語言都有無法
簡化、不可譯的含義。廣義上來說,這也適用在生活上。在列維
納斯看來,「鄰居」是一個面向他人的倫理角色,但終究無法理
解那些人──然而,你不能因為你不理解他們就冷漠地走開。其
實更廣義地說,這也適用於人類與上帝的關係──神的存在超越

了人類存在的境界。

這種「鄰居」的概念——轉向無法理解的他者，並與他互動——看似遠離了一般的「鄰居」或「鄰里」的概念。我們一般認為，鄰里是大家透過日常接觸而逐漸了解彼此的地方，是我們感到舒適的環境。鄰居也不是基督教的弟兄，列維納斯的倫理學是在談敬畏與驚奇，而不是在談親密的同胞之情。列維納斯把鄰居想成陌生人。

後來，我從列維納斯的概念舉一反三，得到一個想法。這種倫理觀的實際應用，那不是他的本意，他應該不喜歡那樣。「把鄰居視為陌生人」會影響城市的世俗領域。意識到、遇到、因應與自己不同的人——都是為我們帶來文明的倫理。因為陌生人怪到難以理解而對他們漠不關心，則使城市的倫理素質劣化。

人類的生活伴隨著一些倫理的不純粹。我想，每個人都可以「理解」PEGIDA 的遊行，或出現在慕尼黑火車站。比較難的是做到列維納斯定義的那種睦鄰友好。

2. 回避——兩種拒絕

迴避異族有兩種方法：逃離他們或孤立他們。每一種方法都有一種營造形式。

海德格逃離城市。我很輕鬆就找到了海德格的小屋。那是在佛萊堡（Freiburg）郊外托特瑙村（Todtnauberg）的一間木屋，裡面有四個房間。一九二二年海德格開始建造這間小屋，作

為工作及思考的地方。托特瑙村在過去九十年間持續地成長，所以這個小屋不再孤立，當地村民可能察覺到這裡有旅遊商機，或純粹是基於在地人的驕傲，清楚地標示了通往「哲學家之家」的道路。

　　前往托特瑙村的旅程令人振奮。這裡有松樹覆蓋著群山與山谷，而且因為地勢很高，你可以看到遼闊的天空。小屋內的結構簡單，蓋得扎實牢固，巧妙地坐落在森林與田野之間，不僅風景壯麗，房子本身是位於山丘的斜坡上，看似景觀的一部分。建築本身基本上格局方正，長7公尺、寬6公尺，屋頂為斜頂。屋內有一個長方形的起居、用餐、烹飪空間，占了屋子的一半空間。另一半是臥室和書房。後方有簡單的浴室和乾燥室（用來放木材及曬衣服）。屋子中間有一個石砌的壁爐。建築是採木框架構，鋪著木瓦，看起來只用簡單的手工工具建成。窗框與門框漆了明亮的原色（黃色和白色），在樸實無華的建築中顯得特別醒目。屋內家具像房子結構一樣簡單堅實。

　　逃離大都市的歷史可遠溯及古羅馬詩人維吉爾。海德格逃離城市，有部分反映了他對獨處的浪漫追求，從盧梭到賽內庫爾（Senancour），再到卡斯巴·大衛·佛烈德利赫（Caspar David Friedrich），最後到里爾克（Rilke），一脈相承。海德格逃離城市看似出於同樣的動機（尋求獨處）。一個世紀以前，梭羅為了獨處而搬到麻州瓦爾登湖（Walden Pond）附近的樹林中。一九一三年，維根斯坦（Wittgenstein）也是為了獨處而搬到挪威肖倫（Skjolden）的小屋。一九三三年納粹掌權時，海德格短暫擔任了佛萊堡大學的校長，翌年他在廣播節目中解釋，為什麼他不想去柏林當教授，他說他只能在遠離城市的地方思考：

「在冬天的深夜裡，當暴風雪在小屋周邊肆虐，籠罩及覆蓋一切時，那是最適合思索哲學的時間。」海德格在這裡不受任何干擾，靜靜地度過時光，屋裡只有最基本的必需品：床、桌子、書籍。即便如此，令人驚訝的是，這個地方竟然經常有人來訪，大多是學生。海德格和學生一邊在林間散步或在火爐邊聊天，一邊思索哲學。一九三〇年代拍攝的照片顯示，海德格夫人在爐邊為那些圍坐在一張粗糙木桌邊的哲學家做飯，那些哲學家正圍在桌邊盡情地交談。[6]

不過，海德格逃離城市也是為了逃離他者，尤其是猶太人。他成為佛萊堡大學的親納粹校長後，逃離城市及城市的人性複雜對他來說變得更加重要。他與列維納斯、漢斯·約納斯（Hans Jonas）等猶太門生斷絕關係——二戰後他與列維納斯決裂，約納斯批評他的思想——那都強化了他想要逃離佛萊堡的渴望。一九三三年以後，只有雅利安人來托特瑙村，海德格的猶太學生要嘛不再受邀到這裡，不然就是已經逃離德國。遠離城市後，海德格也可以擺脫在街上遇到同事的痛苦，因為他當校長時曾壓迫或開除那些同事。其中最私密的恩怨莫過於胡塞爾（猶太人，又是他的恩師）被禁用圖書館。

基於這個原因，二戰後海德格的小屋成了他者的詛咒象徵。詩人保羅·策蘭（Paul Celan）是集中營的倖存者，一九六七年他來這裡造訪海德格，後來寫了一首詩（標題是〈托特瑙村〉），詩裡雖讚賞這位思想家，但沒讓海德格擺脫那段歷史，他問道：「訪客登記簿上，我的名字前面是誰？」在另一首詩〈小屋的窗戶〉（Hüttenfenster）中，他緬懷那些被納粹殺害的東歐猶太人。作家艾爾弗雷德·耶利內克（Elfriede

Jelinek）創作了一齣戲劇，名為 *Totenauberg*（拼法近似托特瑙村〔Todtnauberg〕，英譯為 Death Mountain），那個劇名是玩文字遊戲，把「托特瑙村」的名字扭曲成「死亡山」。[7、8、9]

海德格逃離城市有一個令人費解之處。當時佛萊堡是個偏僻平靜的地方，這個大學城的街道上未曾出現柏林那種大城市的喧囂景象。班雅明認為，海德格明明生活在一個沉悶的小城，卻把那裡想像成一個充滿創傷的地方（象徵著異族〔即猶太人〕，充滿敵意的現代性），實在很奇怪。這種矛盾是班雅明把海德格的哲學貶抑成一種「超現實主義」的原因之一。不過，海德格逃離佛萊堡也許不是那麼令人費解，對他來說，康德所謂的「人性曲木」就住在那裡。[10]

為了迴避，所以從簡。儘管如此，那間小屋之所以吸引我，是因那個實體物件與其政治的關係。海德格在他最優美的短文〈築居思〉（Building Dwelling Thinking）中表達了小屋的哲學理念。原文標題沒以逗號隔開，顯示這三個概念構成一種體驗：人應該融入自然，待在他為自己創造、沒有太多巧計的地方，住在專門用來思考的房子裡。在該文中，海德格提到黑森林中一個農舍的「簡單一體性」，並談到建造者的技藝「源自於棲居，仍把工具和裝置當成物品」；對於聚集在同一屋簷下的不同世代來說，他們有一起「穿越時間的感覺」。[11]

任何人無疑都可以使用手工工具來打造一間四方小屋，任何家庭可能也都會喜歡那樣的環境。即使你不是納粹，你也會想在森林裡休息。然而，在這裡，地方與政治之間有一種聯繫，那

可以用公式來表達：為了排除，所以從簡。

城市規劃家會對那個公式很有共鳴。「排除」不僅僅是把猶太人或其他的他者排拒在外而已，也需要簡化一個地方的外觀和結構，使它只適合一種人，但不適合他者。混合的形式與用途，自然會吸引混合的用戶。但是在簡化的環境中，形式愈簡單、清晰、獨特，它愈能界定誰屬於那裡、誰不屬於那裡。把這點發揮至極致時，就是一間小屋，只讓雅利安人進入。

我們可以說，在海德格式的逃離中，他者是誰其實不重要。當時的他者是指猶太人，現在的他者是指穆斯林。逃離是因為一種感覺：他者的存在（即使是在佛萊堡那樣平靜的地方）害人無法落地生根。套用精神分析的術語，逃離的人想要藉由消除不協調來建立自我。那就是齊美爾向德勒斯登的市民描述的那種脆弱感，德勒斯登也是一個平靜的地方。在那樣的城市裡，人群密度還沒大到足以構成威脅，也沒有一個神奇的數字顯示，超過那個數字，外人對個人來說就變成無法忍受的負擔。相反的，想像力是從差異的事實——從一個人的長相、說話、穿著、飲食，甚至氣味的差異——來建構破壞。如果沒有那麼明顯的差別，那個不起眼的他者肯定藏匿了什麼——例如猶太人為金錢而圖謀算計，穆斯林的內在翻騰著恐怖分子的怒火。如果你跟海德格一樣，你無法因應自己的幻想。事實上，你感受到的威脅愈大，你掌握的具體證據愈少。猶太人從來沒有傷害過他。

總之，小屋結合了對人的排斥及形式的簡化。在這點上，它代表一種廣泛的危險：創造者藉由創造明確、直接、簡單的形式來執行社會排擠。更重要的是，從城市逃到大自然可能掩飾對他人的排斥。海德格試圖藉由逃離城市、擁抱森林中的簡單生

活，來逃避為自己的行為承擔責任。他最大的倫理過失在於他的逃避。

❖　❖　❖

威尼斯興建猶太隔離區。當你需要那些你鄙視的人時，想排除他們變得更加複雜。在多數的城市中，從打掃廁所到為銀行服務，都需要一些「外人」才能正常運作。相較於在小屋中，城市中的「排除」行為受到地方、空間、建築的影響更大。你無法從實體上擺脫他們，文藝復興時期威尼斯的猶太人就是這樣。對這座城市來說，他們的存在是不可或缺的，他們的存在因此催生了「猶太隔離區」（ghetto，又譯「隔都」或「族裔聚居區」）的經典形式。

一四九二年，西班牙國王斐迪南與王后伊莎貝拉把猶太人及穆斯林驅逐出境，在歐洲掀起了一場大動盪。幾個世紀以來，多元的宗教教派在西班牙共存，先有伊斯蘭教的統治，後有基督教的統治。那些狂熱的基督教統治者察覺到有些臣民缺乏熱情，因此認為：整個國家只有基督徒時，才能變成更強大的基督教社會。

許多人逃到了威尼斯。一五一二年，威尼斯當局也想排除猶太移民。但猶太人身為醫生、小販或小額放債者，扮演了一些基督徒無法或不願扮演的角色。住在威尼斯的西班牙猶太民族可以接觸到穆斯林帶到西班牙的阿拉伯先進醫學。相較之下，威尼斯當地的基督教醫生只能依靠法術及祈禱，所以猶太醫生的醫術遠比基督教的醫生更好。此外，威尼斯人跟東方貿易時，也需要依賴猶太人的網絡（當時東方貿易區是沿著絲路一直延伸到中

國）。然而，多數猶太人非常貧窮，缺乏技能，他們像蘇迪爾先生那樣填補了非正規經濟的缺口，在威尼斯當局監控不到的地方兜售廉價品或二手貨。威尼斯當局雖然還是想利用這群人，但當局也想找個地方來隔離這群特別低下的群體。[12]

如今我們很容易以為歐洲的猶太人一直生活在猶太隔離區。從一一七九年的拉特朗公會議（Lateran Council）開始，信奉基督教的歐洲就試圖阻止猶太人生活在基督徒之間。從羅馬可以看出執行拉特朗公會議的敕令所衍生的典型問題。從中世紀早期開始，羅馬就有現在所謂的猶太隔離區，歐洲的其他地方（例如法蘭克福那樣的城市）也有。羅馬的猶太區中，有幾條街道可以設置大門封起來。但在中世紀，城市的結構太亂，無法把猶太人完全地封閉在隔離區裡。此外，在歐洲的多數城市中，猶太人不是集中生活在擁擠的社區裡，而是生活在分散的小區內。這有部分原因純粹是為了安全，因為只有低調與匿名才能避開迫害。

在威尼斯，城市的實體特徵使它更有可能做到徹底的隔離。威尼斯的運河就是它的道路，運河把成群的建築物分隔成巨大的群島。在猶太隔離區的興建過程中，那些城市規劃者直接利用威尼斯的島嶼生態來創造一個隔離的空間。後來，羅馬教宗保祿四世（Pope Paul IV）從這些水道形成的隔牆獲得靈感，在城內興建石牆以進行隔離。之後，教宗西斯篤五世（Pope Sixtus V）持續擴大及調整第一道羅馬隔牆。從這種社會差異的圍堵，一種歐洲都市設計的新原則——貧民窟空間——具體變成一種現代的都市形式。

「ghetto」在義大利語中，最初的意思是「鑄造」（源自

gettare，意指傾注）。老猶太區（Ghetto Vecchio）和新猶太區（Ghetto Nuovo）是威尼斯古老的西部鑄造區，遠離繁榮的市中心。一五〇〇年，市中心的製造業已東移至威尼斯兵工廠（Arsenal）。如今威尼斯的猶太人區其實是由三個地方組成，目的是為了種族隔離：一五一六至一五一七年使用的新猶太區，一五四一年使用的舊猶太區，以及一個世代後在附近建立的第三區。新猶太區是一塊四面環水的菱形土地，建築沿著那一區的邊緣興建，有如圍牆，中間有一塊開放的空間。新猶太區的特別之處在於，它就像城市裡的島嶼，僅以兩座橋梁與都市結構的其餘部分相連。只要關閉那些橋梁，新猶太區也會封閉起來。

白天，吊橋會在早上打開，讓一些猶太人進城。他們主要是去里亞爾托區（Rialto），與一般群眾打交道。基督徒會前來猶太區借錢或販售食物及做生意。黃昏時，所有的猶太人都必須待在猶太區，基督徒都必須離開。接著，吊橋拉起。此外，猶太區大樓朝外的窗戶每天晚上都必須關閉，窗外的懸臺也要收起來。夜間，猶太區建築所形成的圍牆，就像有護城河環繞的城堡牆壁一樣。所有的門窗都關得密實，以免室內的燈光透出——猶太人確實不見蹤影。

這種規定與一五五五年教宗保祿四世在羅馬興建的猶太隔離區形成了對比。保祿四世的猶太隔離區是把猶太人聚集在一個地方，以便基督教的牧師可以挨家挨戶地傳教，系統化地讓他們皈依上帝，使他們無法逃避基督教。就這個目的來說，羅馬的猶太區可說是徹底失敗了，因為四千多位猶太居民中，每年僅約二十人屈服於空間集中的壓力而受洗。威尼斯設置猶太區不是為了

使他們改信基督教，猶太社區封閉起來代表他們身為猶太人有無法修正的差異。

威尼斯的那種排除方式看似簡單，只要有一個可以完全隔離的空間，把它封閉起來就行了。營造形式的基本元素是圍牆。當時，水形成了隔離猶太人的隔離牆，就像現在以鋼製柵欄隔離巴勒斯坦人一樣。但是，城市明明需要他者，卻又想排除他們，這導致這種建設不是那麼直截了當。圍牆可以讓他者在牆內蓬勃發展，但主流文化並不樂見他者蓬勃發展，他們只希望他者維持勉強生存的條件。

猶太人只要待在隔離區的圍牆內，就能獲得人身安全。例如，一五三四年大齋節期間他們遭到一波襲擊時，那個隔離的空間保護了他們。那時吊橋拉了起來，窗戶一如往常緊閉著，警察乘船在島嶼的周圍巡邏，以確保狂熱的基督教群眾無法接近他們。城市也賦予隔離區某些特有的權利，例如以官方價（較低價）購買食物的權利。他們獲得了地方特有的權利——就像如今持有護照所享有的權利一樣。這種地方特有的權力不是擁有基本人權，而是取決於一個人住在哪裡。這就是第二章所述韋伯的思想：城邦界定公民身分。但是，威尼斯城邦只在受壓迫者確實待在「屬於他們的地方」時（亦即接受自己的邊緣身分），才賦予他們權利及特別待遇。

牆後兄弟？ 在威尼斯的猶太區，猶太人學會如何靈活地生活，那變成了 cité，也是 ville。例如，在中世紀後期，一般的猶太祈禱與宗教研究是在早上進行，但是在威尼斯的猶太區，白

天是他們離開猶太區的時間，所以猶太人變成咖啡的主要消費者，以便熬夜（十六世紀歐洲才開始大量出現咖啡）。一般的祈禱與宗教研究時間，改成晚上大家一起關在隔離區內進行。

　　為了說服猶太人留在猶太隔離區內，國家給他們的交換條件是允許他們蓋猶太教堂。中世紀的猶太教堂是信眾聚在一個住家內，或聚在一個不起眼的建築內；猶太隔離區內的猶太教堂則是受到國家保護的建築。後來，猶太教堂成了其他威尼斯人好奇參觀的地方──文藝復興版的貧民區旅遊。在猶太隔離區內，猶太教堂變成社群內大家公認的公共機構。不久，猶太教堂從一個變成好幾個，分別代表不同的教派：塞法迪猶太人（Sephardim）、阿什肯納茲猶太人（Ashkenazi），甚至還有一間中式的猶太教堂，那是為十六世紀中期居住在威尼斯的十九位華裔猶太人設立的。

　　猶太區城市（cité）的公共空間人口稠密，因為猶太人是好幾個民族，不是單一民族。文藝復興時期的猶太教是由迥異的社群組成：阿什肯納茲猶太人和塞法迪猶太人說不同的語言，文化也不同，兩者的教義差別很大。黎凡特猶太人（Levantine Jews）是由幾個宗派組成。這些猶太人遭到隔離後，被迫生活在同一空間中，他們必須學習如何與彼此相處，如何生活在一起。

　　某種程度上，這表示，即使他們不認同彼此，他們仍必須以「猶太人」的身分對外界說話，一起合作保護整體的利益。在威尼斯的猶太區（後來的羅馬猶太區也是如此），猶太人組成兄弟組織，在猶太教堂內聚會，但這些組織只處理與猶太區有關的世俗事務。在這些組織中，他們刻意淡化不同猶太群體之間的宗教差異，避免爆發爭議，因為他們受到共同的威脅。

　　有人認為受壓迫的人會團結起來，那種想法不僅天真，實際上也很罕見。壓迫不會促成融合。相反的，團結是他們必須傳達給統治者知道的一種假象：我們強大是因為團結。被壓迫者需要學習怎麼裝出那個樣子，表演那個假象，讓人信以為真，否則壓迫者會利用他們的分裂，把他們分化以後再加以統治。在猶太區中，就像其他被隔離的群體一樣，面具被摘下了──在這個例子中是指塞法迪猶太人和阿什肯納茲猶太人之間在神學上幾乎沒有中間地帶，塞法迪猶太人底下的教派之間也沒有。

　　這是列維納斯在神學上探索的問題。他認為，塞法迪猶太人和阿什肯納茲猶太人是鄰居，沒必要尋找共同點，它們之所以「睦鄰友好」，恰恰是因為他們尊重彼此找不到共同點這個事實。馬丁・布伯（Martin Buber）與列維納斯信奉同一宗教，布伯把人們生活中「他者」的存在（無論那個他者是神聖的或世俗的），描述為「我─你關係」（I-Thou relationship）。上帝不在別處，祂就在這裡，就在當下，很親近，毫無隔閡。列維納斯與布伯不同的是，他認為「我─你」這個詞中最重要的元素是那個連字號。上帝確實在這裡，但他不在我們的體驗中，因為宗教真理超出了信仰的理解。如果在神學上連字號代表相鄰的狀況，那也代表男女之間的相鄰狀況──既鄰近又分離。[13]

　　三千多年來，猶太人一直生活在狹小的空間裡，與外來、受壓迫的民族混居在一起。無論他們住在哪裡，他們的信仰始終如一。即使猶太教持續在宗教上分裂猶太人，但「身為猶太人」變成一種共同的空間身分。威尼斯猶太人被迫隔離的情況，是一種必要的虛構──他們必須用同一種聲音說話。猶太隔離區迫使他們養成共同的生活習慣，但是就像列維納斯說的，住在一起也

促使他們把彼此視為鄰居。

　　對施壓者來說，小屋與隔離區代表兩種逃避人民的方式。海德格的小屋所代表的簡化空間極致，只允許一種最簡約的存在，無法再容納其他的東西：營造形式的簡化，象徵著一個地方無法容納陌生人的社會風氣。為了排除，所以從簡。猶太隔離區是一個複雜的空間，它的設計是為了實際上利用他者，同時在社交上排除他們的存在：為了排除而容忍。

　　這種極端的配對關係之所以重要，是因為創造者可能在無意間變成施壓者。那些制訂《雅典憲章》的流亡者幾乎都不是為了建立一個納粹空間——他們大多是納粹的受害者。但他們覺得把形式簡化到只剩必需品充滿了魅力，就像著名的現代主義口號「少即是多」一樣。把實體內的一切削減到只剩最基本的必需品，也會促使裡面的人過得更簡約。所以我也覺得，柯比意的瓦贊計畫變成規劃公營住宅和社會住宅的原型並非偶然，例如芝加哥的卡尼格林區（Cabrini-Green）或巴黎環城快速道外面興建的許多城市（cité）——黑人、穆斯林集中在那些地方，居住形式極其陽春寒酸。

　　威尼斯的基督教當局是以保護自身安全的名義來隔離猶太人，因為他們覺得猶太人在身體及道德上都是不潔的——他們認為猶太人的尿液帶有梅毒，呼吸會傳染瘟疫，還會以基督教男孩做血祭，所以是「殺害基督者」（Christ-killer，猶太人的貶抑稱法）。威尼斯人覺得他們需要受到保護，以免遭到猶太人的侵害。但這種對安全的渴望幾乎稱不上是「單純的」，因為大白天基督徒和猶太人還是在城市裡近距離地交流。同理，女僕和園丁對主人所構成的暴力威脅，也不是印度德里中產階級興建封閉社

區的原因，因為這些底層庶民每天都會出現，並在封閉的大門內
工作。

3. 比較——近距離的階級

　　想要解決迴避他者的問題，答案似乎是拆除圍牆，把相
異的人匯集在一起。這種樂觀的提案幾乎沒考慮到社會學的研
究，因為差異不見得都是同性質的。如今的階級差異體驗起來並
不像種族、宗教或族裔的文化差異。當不同階級的人聚在一起
時，就會引起嫉妒性的比較，令人感到不公平。造成這種情況的
原因似乎使我們遠離了對城市的思考——但如今，這些嫉妒性的
比較是在城市中進行。

　　嫉妒性的比較。階級已經變得個人化，階級差異是嫉妒性
個人比較的源頭，那是一種新工作理念的結果：功績主義。功
績主義與繼承的特權不同，它主張你的社會地位應該取決於你
在工作中如何證明自己的實力，尤其當每個人都有機會時，你
的出色表現將證明你在激烈競爭中獲得的任何成就都是合理
的：功績主義是把平等起步的信念與不平等結果的合法性結合
在一起。

　　功績主義的起源遠溯及十七世紀中期，當時塞繆爾‧皮普
斯（Samuel Pepys）和英國海軍的其他改革者主張，海軍軍官的
培養與晉升應該只看能力，而不是透過購買或繼承的方式來獲得
職位。十八世紀，狄德羅召集作家來編纂《百科全書》，那是一

部匯集藝術與手工藝的大彙編。功績主義強調的理想是「職業應該開放給有才能的人」;《百科全書》主張,各種手工藝和工作技能都應該納入那個理想中,因此放寬了功績主義的概念。那也是拿破崙的主張:「每個士兵的行囊中都裝著法國元帥的指揮杖。」《百科全書》提升了公民社會中體力勞動者的地位,它主張成為一名好廚師所需要的技能並不亞於擔任外交官或政治家的技能。那些功績主義者都是抱持人人平等的願景,他們相信多數人只要獲得適當的培訓,也有公平的開始,都有能力做好工作。對這些十八世紀的工作激進分子來說,功績主義就是對所有的人開放。

後來,大家對個人功績的信念發生了奇怪的轉變。儘管工業資本主義幾乎沒有為年輕人創造一個公平的競爭環境——在許多地方,取得經濟立足點變得更難了——大家往往以天賦或動力或某種個人特質來合理化不公平的結果,而不是歸因於個人幾乎無法改變的環境因素。直到今天,這種現象依然存在。不僅職場如此,學校也是如此,功績主義促成了一種高度個人化的人才搜尋方式:在教室裡,老師往往會為了尋找傑出的個體,而忽視了其他十九個學生。就像在職場上一樣,只有表現出色的傑出人才獲得獎勵,其他做得夠好或長時間工作的普通員工幾乎得不到任何獎勵。[14]

多種研究也顯示,在這種制度中落敗的人最在乎階級的區別。保羅・威利斯(Paul Willis)的研究顯示,在學校中,十九名落後的青少年會覺得優等生傷害了他們的自尊,他們看到優等生獲得表揚時,會顯得憤恨不平又羞愧。約四十年前,我和喬納森・科布(Jonathan Cobb)採訪失業的勞動階級男性。我們發

現，儘管客觀的事實顯示，他們任職的鋼鐵廠已經破產或搬遷到中國了，他們仍不免懷疑，自己當初求學時若是做了比較明智的選擇，應該可以避免後來的失業。至於白領技術類的工作，一個世代後，我訪問未獲升遷的 IBM 工程師，他們常提到自己做錯了職業選擇，或誤以為只要努力工作就能在 IBM 獲得回報。理智上，你可能知道形勢對你不利，但你依然心有未甘，有一種不言而喻的自責感。[15、16]

階級的個人化代表著「城市空氣帶來自由」這個老觀念的一個版本：你的地位顯示出你在一個地方不靠遺傳或傳統限制所取得的成就。以文學名著為例，在福樓拜的《情感教育》中，弗雷德利克・莫羅（Frederic Moreau）在城市裡的崛起，原則上不受任何阻礙。他的故事不是白手起家、鹹魚翻身的故事，而是一個人靠金錢與禮儀理當擠身上流的故事，但那種情況並未發生，福樓拜就像有虐待狂的外科醫生一樣，刀刀劃破莫羅的種種藉口，以顯示莫羅就是因為喜歡與他人比較，頻頻利用行為、衣著、信念等最細微的細節做比較，才會導致自己意志消沉。他不是一個有吸引力的主角。我們看著福樓拜描述他的失敗時，也跟著樂在其中，但是讓我們產生共鳴的是，莫羅無法在情感上否認自己的失敗。

都市（ville）和一個人社會地位的個人化有什麼關係？經典的隔離區闡釋了這個現代問題。

仔細端詳巴黎的舊版畫，你會驚訝地發現，即使是在最氣派豪華的士紳府邸中，院子裡也有棚屋，裡面住著服務那些貴族士紳的鐵匠或木匠。在奧斯曼建造的資產階級建築中，院子外的街道兩旁排列著為社區服務的布商、雜貨商、花商。大戶人

家的家裡需要許多僕人做飯、洗衣、清掃。在第一次世界大戰以前,這些僕人構成了巴黎和倫敦勞動階級中的最大部分。然而,即使這些階級住得很近,階級本身並非個人化的。主人和僕人住得很近,但他們從來沒想做個人比較。階級是一種客觀的現象,是僕人無力改變的,「城市空氣帶來自由」無法套用在他們的關係上。

上個世紀以一種令人驚訝的方式,改變了城市的階級結構。一方面,都市的勞工階級變得更多元:家務類的勞工不再占有那麼大的比例。十九世紀早期,製造業一直位於農村或小鎮的廉價土地上;一個世紀後,大型工業開始向較大的城市遷移。靠近鐵路、公路、港口等複雜交通網的地理位置,變得比廉價土地上的獨自營運更有利可圖。一八八〇年代以後,隨著大辦公室取代小辦公室,都市的服務業也開始成長,這些日常的白領工作變成男性藍領工人向上流動的地方,也是有祕書技能的女性從事基層工作的地方。

但隨著階級結構變得更複雜,城市也像離心機一樣,在空間上分離了階級。族裔聚居區開始以現代的形式出現。勞工階級的郊區早在一八八〇年代就出現在大城市裡了,並隨著交通網的發展而日益擴大。如果同心圓地圖能以班點在最外圈的富裕地帶標示出基層職員、水電工、能工巧匠在綠樹成蔭的郊區島嶼上定居的地方,帕克—伯吉斯繪製的芝加哥生態地圖會更合理。在市中心,勞工階級聚居區直到二十世紀才變得比較同質化。十九世紀末,布思繪製倫敦東部斯皮塔佛德(Spitalfields)的地圖,那張地圖顯示了一個比半世紀後的調查更多元化的經濟基礎。二十世紀上半葉,巴黎東北部的「區」(arrondissements)也發生類

似的變化：從以勞工階級為主的地區，變成純勞工階級的地區。

我們所謂的「仕紳化」（gentrification），不光只是指新潮藝術家進駐豐富多彩的街區，媒體潮人緊隨其後，吸引科技新貴前來，以高價收購當地，趕走當地人及第一批進駐者。仕紳化根本上是一種流程，它是指城市中最富有的四分之一人口，很容易透過提高租金或誘使貧窮的屋主出售房產等方式，把城市最底層的 70% 至 75% 的人口逐出城市。值得注意的是，最近一篇商業雜誌指出，一些在地人死不肯走，決心留在出生地或死守著增值的資產。但有足夠多的人被迫離開或自己決定離開，他們多半是從市中心消失，搬到更遠、更便宜的地方。這種仕紳化流程的結果，強化了階級差異及實體分隔。[17]

因此，如今城市的階級體驗，結合了近距離的個人不平等體驗以及日益遙遠與隔離的身體體驗。都市學家以「距離的死亡」來描述手持裝置所造成的資訊學效應：你隨時隨地都在連線狀態，永遠相連。在城市（cité）中，即使城市（ville）是由愈來愈多的階級隔離區組合而成，階級給人的感覺愈來愈像是一種「距離的死亡」。

4. 混合——文明的面具

我在倫敦居住的地方，似乎符合雅各稱頌的那種典型的混合型社區。這裡有番紅花山（Saffron Hill），那區曾是狄更斯《荒涼山莊》（*Bleak House*）的赤貧場景，後來變成一條街名，街道兩旁是義大利人擁有的大型批發店與辦公室。約十五年前，那條街突然吸引了在附近金融城工作的同性戀伴侶或有任何

性取向的單身人士，以及一些離鄉背井的紐約客。那裡有不少 loft 是由工業空間改建而成，[3] 我和妻子深受那些 loft 的吸引，算是第一批把仕紳化病毒帶入那裡的人。

　　然而，一些棘手的因素阻礙了那個地區進一步仕紳化。番紅花山之外，隔一條街是英國的鑽石中心：哈頓花園（Hatton Garden）。那裡有很多哈西迪族猶太人（Hasidic Jews），他們在街道兩旁的建築內切割及交易寶石，也零售寶石給許多年輕的英國情侶。那些情侶對於向這些戴著氈帽、穿著未熨燙黑色西服的男人買寶石，似乎有點擔心。那些男人彼此以意第緒語對話，對著維護珠寶店安全的私人保全說洋涇浜波蘭語。再下一條街是皮革巷（Leather Lane），那裡有倫敦市中心最古老的露天市場，他們利用午餐時間向大量的人群銷售廉價手袋、內衣、清潔用品、民族食物──讓我不禁想起德里的街頭市場。皮革巷的另一邊是公共住宅專案：伯恩莊園（Bourne Estate），這一帶完全打破了該區仕紳化的夢想。儘管伯恩莊園的老建築已經破舊，但居民仍細心維護著住所。那裡的居民是由土生土長的英國老一輩勞工階級、印度中年夫婦、以及來自穆斯林世界的多元年輕人混合而成。[18]

　　像我住的那種社區，種族多元性不會構成任何問題。只有在發生突發狀況，干擾日常生活以後，一切才會變調。對我們來說，那件干擾我們的大事是：哈頓花園一家珠寶商的大型儲放設施遭竊，警方花了數週的時間才逮捕到專業的竊賊，而且竊賊的年齡大得驚人。在警方逮捕到竊賊之前，社區裡謠言四起，種族

───────────
③ 譯注：loft 意指由舊工廠或舊倉庫改造而成，少有內牆隔斷的高挑開敞空間。因無確切對應中文，故此處保留原文。

緊張的局勢浮上檯面。居民接受媒體訪問，被問及他們認為是誰幹的時，他們往往很直接地回應：「在地人幹的。」在遠離鏡頭的地方，一些鑽石切割工聚在皮革巷的猶太餐館裡，說那些由多民族組成的警察根本不在乎「猶太財產」是否遭竊。同樣不合情理的是，在清真咖啡館裡，也有一群人討論這場竊案可能是「猶太人」為了騙保險金而自導自演的戲碼。謠言誇大了偏見：一位虔誠的穆斯林乾洗店長告訴我，他從小道消息得知「猶太人」打算栽贓他的姪子，他問我有沒有認識好的律師。在那件竊盜案發生之前，我去清真咖啡館時，偶爾也會聽到一些隨性的反猶太言論，但都是隨口說說。以前我總是聽聽就算了，現在我是真的聽了老大不高興。

像哈頓花園竊案那樣的小事件被謠言放大渲染後，可能在混合社區中引發暴力衝突。典型的案例包括：天主教兒童的死亡在波蘭引發大屠殺，人們把那件事歸咎於猶太人的魔力及他們野蠻的宗教儀式；穆斯林殺牛的謠言在印度引發的暴力事件；在巴基斯坦，印度人故意汙染清真肉的傳言不絕於耳。這些事件的爆發推翻了一種善意的信念：只要更了解鄰居，就能穩定社區關係。在士麥那（Smyrna）、德里、洛杉磯等如此迥異的城市裡，不同的群體已經共存多年或好幾個世代了，但小事經過謠言的渲染後，還是會讓人突然無法忍受彼此的存在。

社會學家羅伯特・普特南（Robert Putnam）提出的「好籬笆」（good fence）理論，是徹底解決這些紛擾的辦法。根據一項大規模的態度調查，他得出以下結論：只要異己住得很遠，人們就能對異己做出正面的反應。在混合社區中，面對面的接觸，有時就像在傷口上抹鹽。他的結論與羅伯特・佛洛斯

特（Robert Frost）在〈修牆〉中的詩句「有好籬笆，才有好
鄰居」不謀而合。普特南只是從調查中注意到這個現象，他不
是在宣導這種作法。同樣的，佛洛斯特的詩在文學評論家托馬
斯・奧萊斯（Thomas Oles）看來，表面上是在提倡個人智慧，
但實際上是在諷刺這種智慧。然而，這裡的重點是，相較於把
不同的群體混在一起，拉開他們之間的地理距離更有可能讓他
們變得寬容。[19、20]

　　我的鄰居是採用不同的方法。他們以輕鬆、表面的禮貌寒
暄，來舒緩不同群體之間的接觸。這種方式在關係破裂後顯得浮
誇。例如，在兩個印度人合營的報刊經銷店中（他們兩人本身就
很擅長因應多元的顧客），平常講手機都講意第緒語和希伯來語
的鑽石工匠，會刻意對來店裡消費的穆斯林母親展現禮貌（「妳
先請」），也會誇嬰兒幾句（「七個月就長那麼大了」）。伊斯蘭社
群也會努力配合；在當地伊瑪目（imam）的敦促下，[④]原本懸掛
在社會住房某些窗戶上的巴勒斯坦旗消失了。當意第緒語的問候
聲以及巴勒斯坦旗重新出現時，就代表危機結束了。

　　這種小小的禮儀體現了雅各的格言：「表面功夫不是罪惡。」
你隨口詢問鄰居過得如何，但你其實不想知道他過得好不好，你
只是在發出一種肯定的訊號。那種微不足道的客套話，就像齊
美爾所說的漠不關心的面具，因為兩者都是溫和的，沒有人情
味。為了彌合裂痕，為了重建社會關係，人們隱藏了自己對彼此
的真實感受。

　　這裡的背景故事發生得比康德提出「世界主義者」

---

④ 譯注：伊瑪目（imam）為伊斯蘭教領袖頭銜。

（cosmopolitan）還早。康德認為世界主義者能夠超越導致「人性曲木」的人類差異。cosmopolite 這個字的法語原意是用來稱讚外交官，讚揚他能夠輕鬆地從一地移到另一地、從一個文化移到另一個文化。例如，十七世紀的博須埃主教（Bishop Bossuet）稱經常旅行的瑞典駐法大使是「un vrai cosmopolite」（真正的世界主義者）。有人描述十七世紀初英國駐威尼斯大使亨利・沃頓爵士（Henry Wotton）是一個懂得為了國家說謊的人。在外交官這個專業領域之外，世界主義代表著一種階級差異：農民或體力勞動者的視野似乎狹隘地侷限在本地，溫文儒雅的上流紳士與淑女似乎心智上閱歷較為廣泛。

　　到了十八世紀末，「世界主義者」一詞終於普及。美國人從富蘭克林（Benjamin Franklin）的身上了解到這種轉變。富蘭克林無論是在美國國內或是在法國擔任駐法大使，他在大家眼中都是一個簡單樸素的人，能與任何人相處。十九世紀初，麻州一本指導年輕淑女的入門書寫道：「不要太深入打聽鄰居的家務事，這樣一來，鄰居就不會太深入打聽妳的私事了。」約莫同一時期，另一本寫給少年的入門指南寫道：「男子漢不閒言碎語。」[21]

　　長久以來，與陌生人自在相處一直跟城市生活有關。在古法語中，urbain 既是指城市生活，也是指對來自其他城市的訪客展現禮貌。在現代的混合社區中，這些用法結合在文明的面具中：表面功夫、虛偽、無人情味。這三種方式可以取代海德格式的遠離、孤立、隔離他人；也可以取代過度的個人比較，以及對他者的邪惡力量做過度誇張的幻想。所以，我覺得我的鄰居戴上客套的面具是正確的——至少在竊賊被逮到之前是如此。不

過，把表面功夫、虛偽、無人情味結合在一起的行為，肯定在任何倫理意義上都是不正確的。我們怎麼相信一個只戴著文明面具的人呢？

哲學家羅素·哈定（Russell Hardin）指出，信任是指你對他人或群體的預期「超越了確定」，你全盤接納了對方的行為。口頭的信任（例如「我說話算話」）是指事情不需要詳細闡明。隱性信任是開放的，但不是盲目的。我們會尋找哈定所謂「可信度」的線索，我們尋找的是「值得信賴的」人的聲調或手勢，「他似乎是你可以信任的『那種人』」。[22]

在一個戴著面具的混合社區中，信任的特質與哈定所講的信任不同。你不是在別人身上尋找他值得信任的特質，而是你相信對方不會把注意力放在你們之間的差異上。想像一下在印度人經營的報刊經銷店裡出現以下的對話：「身為猶太裔的鑽石切割工，我覺得七個月大的嬰兒長這樣算是很大了。」對方回應：「身為來自拉哈爾（Lahore）的難民母親，⑤我可以告訴你，穆斯林的嬰兒大多長那麼大。」這是毫無意義的交流，因為個人資訊無關緊要，更重要的是，這種交流無助於培養「相互的」信任，反而突顯出他們的差異。這時只要露出滿意的微笑，摸摸小嬰兒的鼻子，即可搭起彼此之間的橋梁。

也就是說，更廣泛而言，混合社區只有在不特別注意他者的情況下，才能運作良好。一旦有事情引起大家關注他者時，大家就會馬上感受到他者的壓力逼近，不信任就會開始出現。沉默有助於信任的培養。表面的儀式是把即將分崩離析的社區重新團

---

⑤譯注：拉哈爾（Lahore）為巴基斯坦的第二大城市。

結起來的方式。

❖　❖　❖

在本章中，我試圖深入虔誠的信念之下，因為那些信念似乎認為了解差異是微不足道的事。「排除」可能像海德格的小屋那樣，是源自內心深處想要統一及簡化個人生活的強烈欲望。在城市中，在威尼斯的猶太隔離區周圍築起那種封閉的建築，並沒有使猶太人縮減到勉強存在的境界，反而使那些遭到排斥的人產生一種鄰里關係，但那種鄰里關係並沒有把他們團結起來。以現今的階級來說，鄰近、嫉妒性的比較與隔離化的城市（ville）是共存的。在一個混合社區中，和睦相處的儀式是犧牲真實以換取信任。

遺憾的是，這種減輕他者壓力的方法很簡單，也很奇怪。

第六章

托克維爾在科技城

　　若要減輕他者帶來的壓力，一種方法是利用現代科技，讓所有人的生活都變得更輕鬆。科技將能解決社會學所無法解決的問題，釐清及理順人與人之間的關係。媒體實驗室的米契爾是這種方案的早期擁護者，他相信智慧城市可以導正社會關係。自從他撰寫《位元城市》以後，所謂的「智慧城市」其實已經變成兩種不同的城市。在一種智慧城市中，先進科技規範人們該如何使用居住空間，ville 支配著 cité。在另一種智慧城市中，高科技協調但不消除城市（cité）中比較混亂的活動。規範型的智慧城市會造成心智傷害，使市民變笨。協調型的智慧城市是讓市民面對複雜的問題及人與人之間的差異，藉此刺激大家的心智。這種對比也可以放入更大的架構中：規範型的智慧城市是封閉的；協調型的智慧城市是開放的。

　　為了做這樣的對比，我們需要先回到一九三〇年代的科技

冰河期。

1. 一種新的個體——托克維爾論超脫世事

　　把十九世紀的作家兼政治家托克維爾視為破解智慧城市危機的嚮導似乎有點奇怪，但他對當今某些議題確實有先見之明，例如「後真相」的大眾媒體與民粹主義。他之所以能夠預見現代的政治型態，是拜一八三一年那趟美國行所賜。一七九〇年代，法國大革命差點把他的父母（鄉下的小貴族）送上斷頭臺。一八三〇年，法國又發生一次短暫的革命起義，他很擔心殺紅眼的暴民再次出現。此外，他也厭倦了歐洲，便與友人古斯塔夫・德博蒙（Gustave de Beaumont）策劃了一個去美國監獄考察的代表團，趁機暫時離開法國。他的美國行充滿了冒險，除了去參觀監獄以外，他也騎馬穿越漫無邊際的荒野，到酒吧裡閒晃，偷聽市政會議。

　　《民主在美國》（*Democracy in America*）的第一卷於一八三五年出版。勒龐後來分析，從該書可以看出，過去的種種及暴民的破壞衝動依然是他揮之不去的夢魘。托克維爾在書中描述父母那一代的烏合之眾是如何演變成「多數暴力」（tyranny of the majority）。就像街頭暴民一樣，多數人一旦透過民主形式主政之後，並不想以合乎分寸的方式統治少數人，而是充滿了想要同化所有人的熱情，於是多數人對少數人的心聲置之不理。這就是把「民主的美國」與「革命的歐洲」連在一起的政治臍帶。

　　五年後，托克維爾改變了關注的焦點。在一八四〇年出版的《民主在美國》第二卷中，托克維爾比較美國與他那個年

大師寫真

1. 現代城市最傑出的工程師巴澤爾傑特（右上）站在他於1860年在倫敦興建的新下水道上方。

2. 巴澤爾傑特的倫敦下水道是遠比地面上的街道更緊密、更有效率的網絡。

3. 在巴黎,奧斯曼男爵從上而下重塑了整座城市,但他不像巴澤爾傑特那樣關注地面下潰爛的城市。

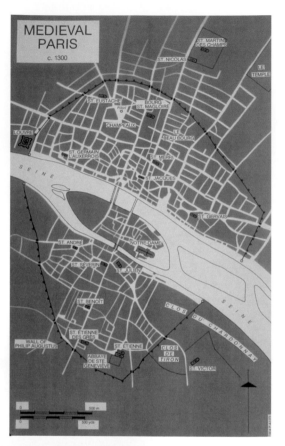

4. 這些街壘構成了政治威脅。奧斯曼建造了寬闊的大道,在動盪時期,大炮可以用兩匹馬並排拉著,沿著大道前進,對著大道兩側的巷弄開火。

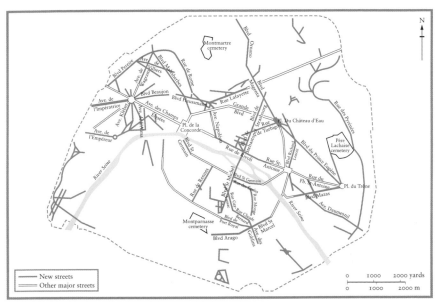

5. 奧斯曼的交通方案把巴黎分成了三個大道網絡。

6. 在奧斯曼大道上，人們社交互動，也有效率地移動。這是以鎮壓為代價所得到的進步嗎？

7. 在巴賽隆納，塞爾達與奧斯曼的作法不同，他把焦點放在建築上，而不是公共空間上。住宅街廓組成幾何狀的街道格局。

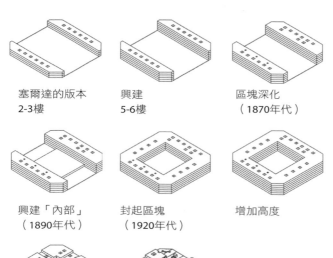

塞爾達的版本
2-3樓

興建
5-6樓

區塊深化
（1870年代）

興建「內部」
（1890年代）

封起區塊
（1920年代）

增加高度

增建閣樓
（1970年代）

範例
（2014年）

8. 塞爾達的建築區塊如何隨著時間經過逐漸填補完成。

9. 在紐約，歐姆斯特以第三種方式打造城市。他打造中央公園那樣的公共公園讓大家得以離開街道。他的目的是讓不同的種族、階級、族裔的人在那種空間裡互動社交。

10. 中央公園外的荒涼都市實況。

11. 柯比意於1924年提出的瓦贊計畫模型，模仿塞爾達那樣以統一的建築區塊來興建城市，但形式上更怪異，完全沒有街頭生活。

12. 瓦贊計畫後來變成一種集體安置及隔離窮人的模式。1950年代紐約市這片蕭瑟冷清的住宅區就是一例。

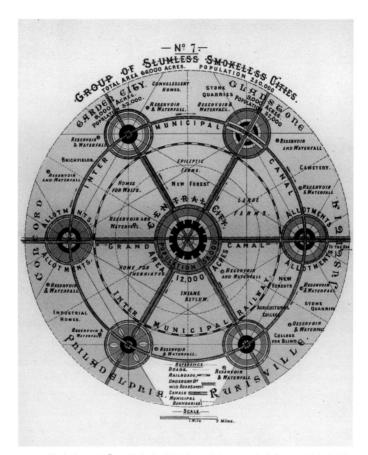

13. 霍華德的願景「一群沒有貧民窟、沒有煙霧的城市」。孟福以他的「田園城市」願景來回應瓦贊計畫，把地面恢復成一個把城市生活的方方面面都連結在一起的平面。

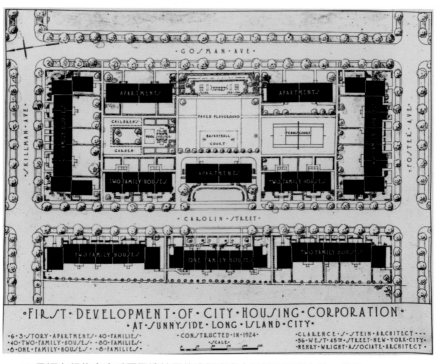

14. 孟福在紐約市皇后區陽邊社區的這個專案中設計田園城市的一部分。

15. 雅各為死氣沉沉的都市空間提出的補救方案：紐約格林威治村，彷彿回到奧斯曼之前的巴黎。

16. 雅各與歐姆斯特不同，她比較喜歡把社交空間與街頭生活連在一起。在格林威治村之白馬酒吧，她愉快地與筆者聊天，對那個醉倒在我們之間的醉漢無動於衷。

17. 如今是一個開放空間：德里的尼赫魯廣場。人行道上的遊民以及兜售電子贓物和紗麗的小販齊聚於此，廣場兩側是新創企業的辦公室。

18. 上海的封閉空間。浦東可說是瓦贊計畫的高級版。

19. 從開放到封閉：上海的石庫門曾是庭院式的住宅，居民在裡面密切交流。

20. 封閉的石庫門：清理乾淨，也趕走了以前的居民。

21. 在莫斯科之旅中，作家班雅明思考開放與封閉的時間層面：過去是封閉的，現在是開放的。這是過去，完全處於落後狀態。

23. 班雅明覺得自己卡在過去與未來之間，感覺像克利的畫作《新天使》一樣。那幅畫描繪一個人物，「往後看，但風暴把他吹進了未來」。

22. 這是未來，以一棟現代的莫斯科建築為例，這棟建築似乎體現了開放與希望。

24. 海德格在黑森林中的小屋，那是一種逃離城市的象徵，從而避免接觸猶太人。把營造形式的簡化與社交排除結合在一起。

25.（左起）海德格在小屋內，在家裡意味著安全。
26. 曾拘留在集中營的詩人策蘭為海德格的小屋寫了一首著名的詩。
27. 胡塞爾是海德格的老師，有一半的猶太血統，他也是遭到排除的人之一。海德格短暫擔任佛萊堡大學的校長時，以胡塞爾的猶太血統為由，禁止胡塞爾使用該校的圖書館。

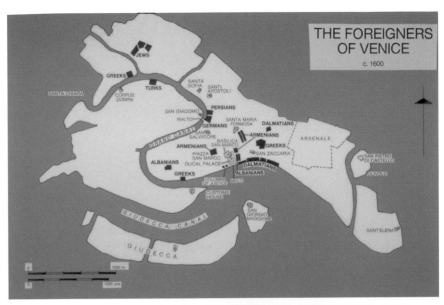

28. 除了逃離以外，封閉城市的第二種方式是隔離。在文藝復興時期的威尼斯，外人必須住在與市民隔離的建築裡。猶太隔離區位於城市的北部邊緣。

29. 連接猶太隔離區和城市的唯一橋梁：白天開放，晚上關閉，總是由當局把守著。

30. 一種企業自我隔離的版本：紐約的Googleplex，與外面的街道生活隔絕。

31. 沒有理由離開建築：工作和娛樂空間結合在一起。公司內部提供清潔、醫療和其他服務。

32. 封閉與「智慧城市」1：阿聯酋的馬斯達爾城，單一控制中心管理城市生活的一切面向。這讓人回想起柯比意所描述的瓦贊計畫，他說瓦贊計畫是為了體現城市是「居住的機器」這個概念。

33. 封閉與「智慧城市」2：南韓的松島市。當地精心設計的社交空間是失敗的。居民比較喜歡非正式出現、而且邏輯上不符合城市規劃的地方。

34. 氣候變遷中的開放與封閉：2012年颶風桑迪襲擊紐約後，BIG建築事務所（Bjarke Ingels Group）提議在曼哈頓南端建造一個巨大的防洪帶——堆起一個沙堤。

35. 建造這個防洪帶的目的，是為了阻擋氣候變遷帶來的重創，盡量削減未來風暴的威力，讓居民可以一如既往地運作。

The New Meadowlands. A Resilient Masterplan
The Wetland

The New Meadowlands. A Resilient Masterplan
The Wetland

Wetlands and their capacity for gradual transformation form a critical part of the design.

Wetland adaptability over time is a function of soil accretion, which itself depends on using tidal sediment transportation patterns.

How does soil accretion work?

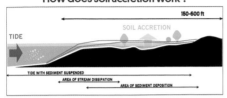

Data points

Riverbend	Sawmill creek	Lyndhurst	Berrys creek	Secaucus HS
❶	❷	❸	❹	❺

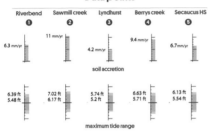

soil accretion

maximum tide range

36. 在這個麻省理工學院參與設計的專案中，重點是調適而不是減輕。這個專案是建造一個橫跨曼哈頓的濕地防洪帶，讓它隨著風暴的盛衰而起伏。

37. 最後是採用會變形的防洪帶，而不是BIG專案提議的那種固定結構。麻省理工學院的專案因為有調適性，比較開放。

38. 看起來與世隔絕的社區：麥德林的電纜車讓原本與世隔絕的貧困地區居民可以直達下面的城市。

39. 在這個社區裡，一個由居民管理的圖書館把那些以前離群索居、畏懼彼此的人連結了起來。

40. 在孟買，一條內部開放的街道把工作和居住同時融合在一個空間中——這裡的街道生活就像雅各頌揚的紐約街頭。

41. 在那不勒斯，外來遊客的出現為原本死氣沉沉的街道帶來了生機。圖38-41顯示「開放」可以透過多種方式實現。

42. 邊界是一條封閉的邊線，誠如聖保羅的這個極端例子所示。

43. 川流不息的車流就像一堵堅實的牆，密不可透。

44. 倫敦波羅市場邊緣的開放邊界，這是一個具有滲透性的空間。

45. 孟買這條邊界既是開放的，也是封閉的。街道後方火車通行的地方是危險區，
街上居民會刻意遠離那區，以策安全。街道是多功能的，無時無刻都擠滿了人。

46. 地點標記：在麥德林，簡單隨性地在住宅的開口處擺放一棵植物，就是一種任意的價值標記。

47. 地點標記：這也是任意的價值標記，但有較多的巧思與結構性。

48. 特定情境的干預：由較大的臺階做成的街道家具。

49. 非特定的干預：這些彩色的椅子和桌子可以放在任何地方，可為任何空間增添價值。

50. 荷蘭建築師范艾克在阿姆斯特丹把一個十字路口改建成一個公園。他藉由挪用,創造出「開放」。

51. 如此打造出來的公園帶有一些危險,因為孩童就在車流附近玩耍。范艾克認為,都市孩童應該學會如何管理那種風險,如果他們一直在遠離交通的地方,就無法學會這點。

52. 范艾克的挪用法顯示，城市中的既有空間還有其他的利用方法。這裡是曼哈頓西側一條高速公路的底部，以前是一片空地，是當地的海洛因毒梟及毒癮者聚集的地方。

53. 高速公路下方的超市。當時這家店的客群包括哈林區的黑人，還有以白人為主的哥倫比亞大學社區。

54. 刻意的不完整：智利的伊基克。建築師亞歷杭德羅・阿拉維納打造了一個結構良好的骨架，把完工的任務開放給貧窮的居民去完成。

55. 完工後，雖然是建築上的災難，但經濟及社會上是成功的。「開放」不是一種審美標準。

56. 以聯合打造來取代刻意的不完整：在巴黎的里昂車站，設計師與用戶之間的持續交流衍生出更好的結果。這是以前的車站。

57. 這是後來的車站。

58. 形式的累積與破壞是打造城市的基本節奏。這種節奏造成了倫理上的兩難。這座位於紐約砲台公園城的建築是模仿曼哈頓其他地方的公寓，但兩地的居民過著截然不同的居家與工作生活。

59. 相反的，巴黎蒙帕納斯大樓則是破壞了周圍的歷史結構。對我們這個時代來說，這種破壞很可怕，也很直率。都市設計如何在懷舊與真實之間拿捏平衡？

代的法國。他認為當時的法國是一個關注物質享受又貪婪的社會——奧斯曼就是在這種環境中崛起的。在路易腓力統治十年後，托克維爾覺得法國似乎變軟弱了。舒適與自滿支配了一切，人們對較大規模的活動失去了興趣。他撰寫美國生活的第二卷時，想到祖國這種超脫世事的狀態。烏合之眾不復見，取而代之的是大量的個體，他們抽離社會，只追求舒適，關心自己。

以今天的科技應用來說，這就是他的水晶球時刻。「個人主義」（individualism）是他從水晶球中預視的關鍵詞。事實上，這是他自創的字眼，他如此描述：

> 每個人都很孤僻，對別人的命運漠不關心，子女與好友構成他整個生活圈。至於他與其他同胞之間的交流，他可能與他們相處，但是對他們視而不見；他可能接觸他們，但是對他們沒有感覺；他只是獨自存在，只為自己而存在。按這些條件來看，他的腦子裡仍有家庭意識，但社會意識已不復存在。[1]

這種只關心自己的人想過舒適、安逸的生活，這與美國拓荒者那種刻苦耐勞的個人主義形成了鮮明的對比。刻苦耐勞的人就像背包客，托克維爾描述的那種人比較喜歡有導遊的旅行團。在外國城市中，看到星巴克與在地咖啡館這兩種選擇時，托克維爾描述的那種人會前往星巴克，這樣就不必花心思從一群在地咖啡館中尋找及挑選店家了。他對陌生人也是如此，「他與他們相處……但是對他們沒有感覺」，熟悉度決定了一切。

托克維爾把獨立個體之間的關係稱為「條件平等」（equality of condition）。這個詞的意思並不是表面看起來那樣。托克維

爾並未幻想美國未來的收入會變得更平等，他也沒有幻想民主將推翻強權政治。他所謂的「條件平等」是指，人們會逐漸想要同樣的東西——同樣的消費品、同樣的教育、同樣的住房標準——這些東西是他們現在無法平等獲得的。社會學家狄奧多·阿多諾（Theodor Adorno）為「條件平等」貼上不太美好的標籤，他說那是「消費品味的大眾化」。托克維爾是把大眾化擴大到行為準則上。

　　「個人主義」和「條件平等」這兩個詞使托克維爾成為科技的黑暗先知——據我所知，他從未寫過任何跟機器有關的字句。他的想法可以解釋為什麼手持裝置與螢幕是個人化的機器，以及手持裝置與電腦螢幕上的標準化程式為什麼在通訊中創造了條件平等。這些見解還可以再進一步延伸：他對個人主義和條件平等的解釋合起來可以說明，為什麼智慧城市可能變成封閉城市。這一切的禍根在於我們所謂的「簡單好用」（user-friendly）技術，因為它會使人鈍化。

2. 一種新型的隔離區——Googleplex

　　由於我與麻省理工學院有一些淵源，多年來我偶爾會接觸到多種軟體開發人員，並為某些軟體進行測試——他們的想法是，如果我會用那些軟體的話，任何人都會用。我和 Google 曾有一段不太愉快的合作經驗，當時我為它測試一個幫大家在線上合作的程式。Google 宣稱的驚人技術總是令我懷疑，但我還是很想進去它的大本營一探究竟。由於 Google 非常保護商業機密，公司總部很難進入。不過，我以前的學生正要從 Google 的

紐約分公司辭職，我因此有機會跟著她參觀公司內部。[2]

在城市中，但不屬於那個城市。紐約的 Googleplex 是個外殼翻新的工程。那是一棟老建築，以前是紐約港務局的辦公大樓，後來整個掏空，再重新裝修，以便員工在裡面從事讓 Google 變成業界巨擘的創意活動。在紐約，Googleplex 因其地理位置而面臨某些挑戰。它坐落在格林威治村的北方，穿過馬路後，街道的一邊會令人想起曾在紐約出現的他者：沿著第八大道有一排酒吧、妓院、廉價公寓。紐約 Googleplex 的內部，在以前港務局大樓的一樓，那裡也有一些與內部翻新無關的活動，例如一家大型的健康診所為整個西村提供服務，它不只服務那些因壓力太大而精神崩潰的 Google 員工而已。一樓也有幾家面向街道的商業銀行，甚至還有一些輕工業的遺跡（以前這一帶租金低廉，曾是輕工業聚集的地方）。

Google 正提議打造一個由頂尖建築師比亞克‧英格爾斯（Bjarke Ingels）和托馬斯‧赫斯維克（Thomas Heatherwick）聯手設計的全新結構。他們最著名的都市設計特色，是一個四周以玻璃圍住的屋頂花園，這個「公共空間」將讓 Google 員工完全不必接觸到周遭環境。但目前，街道對 Google 來說仍是一種骯髒的外圍。

Google 內部的設計是自給自足的。眾所皆知，一旦踏進任一個 Googleplex，員工想要的一切東西，裡面都有：你可以在裡面獲得洗衣服務，看醫生，上健身房，加班太晚可以在裡面睡覺；甚至想放鬆的話，也可以看電影──那是一個設備齊

全的工作環境。Googleplex 之所以設備齊全，並不是因為雇主特別友善。那些二十四小時無休的服務，只是為了把員工的注意力集中在公司內部的生活，以便減少非公務的干擾。世界各地的 Googleplex（從矽谷到慕尼黑）都是封閉式社區，目的是從那些沒有家累的二十幾歲年輕人身上榨取勞力。一旦員工有了配偶、伴侶或孩子，他們就會想要減少待在公司的時間。對於這些人，Google 也為他們提供大型的白色通勤巴士，載他們上下班，以便透過車上穩定的網路連線來延長他們的工作時間。Googleplex 這個模式是源自工業時代的典型公司城，例如美國伊利諾州的普爾曼市（Pullman）或英國的陽光港（Port Sunlight），這兩個公司城都是建於一八八〇年代。Googleplex 跟它們一樣，把工作和生活的時間緊緊地綁在一起。

　　Google 員工是典型的「創意階級」（creative class）。這個詞是理查・佛羅里達（Richard Florida）自創的，如今美國勞工統計局把它定義成：主要在大學以外的廣告業、媒體服務業、科技新創企業工作的人。獨立藝術家、音樂家、詩人的數量比較少。創意階級主要是經銷者、中介者、自有品牌者，而不是實際的創造者（Homo fabers）。創意階級深受投資者的喜愛，政客也稱他們是解決城市停滯問題的救星，他們是一群對大眾貢獻不大的精英，但事實恰恰相反。內森・赫勒（Nathan Heller）指出，二〇一四年，像花旗銀行那樣的傳統企業雇用約二十五萬人；市值更高的 Facebook 雇用約六千人。[3]

　　在大城市，Googleplex 背後的「公司城」概念可以轉變成城市中的島嶼，但是那個島嶼對周邊的地區仍有很大的影響。最為人詬病的影響是，Google 員工與其他同業拉高了曼哈頓的房

價（他們在舊金山市也是如此，目前（2017 年）他們喜歡的地區，房價一年上漲了 16％）。Googleplex 之類的建築也吸引服飾店、餐廳、精品廚具店等商家進駐，這些商店也拉高了當地的商用租金，迫使那些在地、廉價或雜亂的小店離開（例如以前開在第八大道兩旁的商店）。對一個頌揚創意的團體來說，光從外觀就能一眼認出這裡是匯集創意階級的地方，實在很諷刺：大型的濃縮咖啡機、帕森斯桌子（Parsons table）、Lightolier X-50 軌道燈……

　　Googleplex 是一種更個人化的特權象徵。在我造訪紐約 Googleplex 的二十年前，我為一本書採訪矽谷的年輕人，那本書是談新經濟中的高科技工作。在那個原始時代，科技新創企業都瀰漫著某種氣味——混合了臭酸的義式臘腸披薩、健怡可樂、臭襪子的氣味。在有空調的辦公室裡，那種氣味只是冷卻了，但沒有消散，現場也沒有人費心去打開窗戶。那時的矽谷沒有熙熙攘攘的街道，科技新創公司的規模很小。但那些充滿抱負的天才就像尼赫魯廣場上的小販一樣，花很多時間和其他公司的人在一起，看競爭對手在做什麼，偶爾會一起合作與共謀。新創企業的失敗會促使那些人四處看看，也看看外面的情況。當時與現在一樣，新創企業的失敗率都很高。在美國，僅約 7% 的科技新創企業營運持續兩年以上。此外，那時與現在一樣，以電郵寄送履歷表不太可能幫你找到新工作；你必須與人面對面交流。[4]

　　這種科技文化的前提是，你要有足夠的餘裕，以免稍有失誤就一蹶不振。但是，誠如本書的簡介所述，高科技的政治經濟已有巨幅的改變：從一個開放、蠻荒的狀態變成比較封閉的狀態。過去二十來來，壟斷已經變成科技界的主流現象，像

Google、蘋果、思科（Cisco Systems）這樣的公司看到可能成為
競爭對手的新創企業時，往往會迅速收購，然後終止其營運。壟
斷型資本主義對 Googleplex 的架構來說是一種諷刺的框架，因
為即使 Google 破壞了外部的自由市場，這些建築的目的是為了
促進內部思想的自由交流。

　　Googleplex 引人注目的室內設計、它的親近感，使它成為
一個托克維爾型（Tocquevillian）的環境——Googleplex 在城市
中，但不屬於那個城市。我一踏出 Googleplex，馬上就明白那種
對比。我們在 Googleplex 裡參觀了健身區和洗衣房，品嚐了美
味的壽司，看到員工盯著螢幕（當時已是深夜，但很多人仍坐在
辦公桌前），之後才離開。走在街上，我看到一個年輕的男性性
工作者，一眼淤青，他向我瞥了一眼質疑的目光。在第八大道的
通宵酒吧樓上，公寓傳出收音機與電視的聲音，震耳欲聾。我和
以前的學生在夜班計程車司機的熱情推薦下，在一家平價餐館買
了三明治。我們現在正在城市裡。

　　超脫的創意。Googleplex 那種模式的建築，目的是為了促
進創意發揮。他們設計時所提出的問題是：轉向內部（inward-
turning）的環境是否有助於創意發揮？

　　以前大家認為，拆除建築內的隔牆，也同時消除了使員工
感到孤立的心理「藩籬」。但純粹的開放空間並無法促進創意交
流。辦公室建築師法蘭克・達菲（Frank Duffy）批評了開放式辦
公室的概念。那種辦公室中有大量的桌子，任何人都可以隨時坐
在任何地方——亦即「辦公桌輪用制」（hot-desking）。在這種中

立的環境中，人們往往會陷入沉默，盯著自己的螢幕，而不是彼此隨性地交流。這種空間需要搭配一套精心設計的開放計畫來刺激交流，也需要設計得更有特色，它需要變成達菲所說的「辦公景觀」（office-scape）。[5、6]

Googleplex 是一種特殊的辦公景觀。它的設計在一定程度上創造了非正式的社交空間，讓大家可以輕易碰面，邊喝咖啡邊聊天，一起思考。更有趣的是，辦公景觀是在一些最令人意想不到的地方呈現這些創意活動。在 Google 與許多高科技公司中，餐廳與健身房取代了傳統的茶水間，變成非正式的交流場所。他們也把社交空間整合到高流量區裡，而不是單獨成立一個社交區。把洗手間安排在五花八門的餐車、工作臺、沙發的旁邊。那雖然不是標準的設計作法，但非常巧妙，因為一個人上完洗手間解放了以後，身體可能很放鬆。這種刻意的隨性設計，塑造出一種跟制式辦公室截然不同的工作空間。撞球桌、餐車、低矮的沙發、工作站隨性地擺放，使 Googleplex 看起來像高級的大學生聯誼會所。事實上，Google 打造創意辦公室的靈感就是來自校園，設計 Google 架構的建築大師約翰・米全（John Meachem）想像 Googleplex 是一個「結構鬆散」的大學。[7]

Google 的空間規劃師大衛・雷德克里夫（David Radcliffe）宣稱：「你無法為創新排程。」所以，Google 的辦公景觀策略是讓「員工偶然相遇」。Google 目前在加州的山景城（Mountain View）興建新的園區。新園區中有九棟新建築是長方形，每棟建築的中間都有一個彎曲的設計，不像鞋盒一樣筆直。那個設計理念是：「員工偶然相遇」會發生在那些彎曲的地方。在每棟建築內（就像紐約目前和未來的 Googleplex 一樣），奇形怪狀的走

廊也會把員工導向可能偶然相遇的交會處。[8]

　　這一切似乎都令人想起雅各。事實上，紐約的 Googleplex 就位於她描寫的格林威治村街道上。乍看之下，那裡似乎充滿了她在外面頌揚的那種脈動、自發、偶然相遇。我認為，差異在於，室內瀰漫著一種幼兒玩樂圍欄般的氣氛，所以與外面陰森的街道或雅各所處的混亂狀態截然不同。這是與外隔絕，自成一家嗎？打乒乓球，美味壽司無限供應，疲累時有休息室可抒解疲勞，全天候二十四小時都有醫生待命值班。這個辦公空間有如昂貴私校所標榜的輔助環境。那些造價高昂的輔助辦公室如今變成「創新園區」設計的典範，彷彿辦公室設計得愈高檔，人就愈有創意似的。

　　Googleplex 消除了創意工作的一個關鍵要素：遭遇阻力。各種嚴峻任務都會刺激一個人努力克服障礙，但辦公室就像實驗室或藝術家的工作室，應該讓人去思量困境。附設許多娛樂及逃避管道的辦公室雖然有趣，但不見得可以幫裡面的人解決問題。相較之下，MIT 的媒體實驗室裡有各種隱匿的角落以及紙板構成的掩蔽處，看起來凌亂也不友善，但整個環境透露出來的訊息是：重要的研究正在發生。那裡沒有輕鬆舒適的消遣。在較大的城市（ville）裡，媒體實驗室看起來就像還沒被指定為「創新園區」的新創企業聚落。這不僅僅是風格問題，凌亂的空間裡散落著吃了一半的披薩（在我逝去的青春裡，還有煙蒂），散發出一種創意投入的訊號。整潔、舒適、娛樂唾手可得的環境並不會散發出這種訊號。

　　約翰・杜威（John Dewey）分析了阻力與障礙這兩個創意刺激因子。他在《藝術即經驗》（*Art as Experience*）裡寫道：「少

了內在的緊繃狀態，就會有一股流體直奔明顯的標的，那就不會有什麼發展與成就。阻力的存在決定了智力在藝術品生產中的地位。」生活也是如此，阻力促使我們思考。當然，沒有人想要自找麻煩或自創困難。困難所帶來的刺激是來自外部，是不請自來的，它們會滲透到受控的工作區，然後才有人出面解決。Googleplex 的問題在於，它與外界完全隔離，變成一個自給自足的完整領域，刻意排除外部的現實檢驗與阻力。

接下來我想說明，當我們在技術上把阻力縮到最小時，所有的思考都受損了，不只創意遭到波及而已。[9、10]這種認知的弱化會進一步影響一種智慧城市的特徵。

3. 零阻力科技──「簡單好用」對用戶心智的影響

比爾・蓋茲自創「零阻力」（friction-free）一詞來描述簡單好用的科技。零阻力設計體現了托克維爾預言的第二點：條件平等──亦即大眾品味的出現。這種情況下是指大家都想消費科技的條件：每個人都可以輕易取得與使用。

以一個機械裝置來說，工程師當然希望盡量減少造成機器磨損的摩擦與阻力。然而，數位版的「零阻力」與機械版的減少磨損是不同的。「零阻力」特別適用在那些容易使用、但用戶大致上難以理解其運作原理的科技上，例如電腦控制的汽車，其內部結構過於複雜，一般駕駛人難以理解：也就是說，你是在使用你不理解的東西。[11]

程式設計大師彼得・默霍茲（Peter Merholz）解釋創作者該如何理解消費者，他為這種心態做了更充分的說明。設

計者應該積極地隱藏科技的複雜細節，不要讓用戶看到。全錄 PARC 研究中心的前負責人約翰‧史立‧布朗（John Seely Brown）勸勉同仁「別讓科技變成使用的障礙」，要讓體驗感覺「天衣無縫」，平順流暢。Facebook 的老闆馬克‧祖克伯（Mark Zuckerberg）把這番勸勉轉變成一種社交模式，並體現在「零阻力分享」這個口號中。他的軟體是用來減少交友或約會時的惱人麻煩。總之，當用戶不必考慮「為什麼」時，「零阻力」就變成「簡單好用」。這導致科技變得難以嚴格審查，用戶知道一項科技是否做到它標榜的功能，但專家阻止、而非幫助用戶思考**為什麼**那項科技會那樣做。與「零阻力」形成對比的是開源的 Linux 平臺，它的核心（程式的 DNA）比較透明，但要求也比較高。相較於使用大眾市場的產品，使用 Linux 必須懂更多的程式設計原則。[12]

　　零阻力程式往往內建許多技術矛盾，其中最明顯的是「特色太多」——這是指花哨的功能愈來愈多，以確保用戶只要按一下按鈕就能做任何事情，每個問題都有一個程式化的答案。在微軟 WORD 之類的文書處理程式中，可以看到「特色過多」的問題，選項太多可能減緩書寫的流程。在比較技術性的工作中，CAD（電腦輔助設計）程式若是出現「特色過多」的問題，那往往是指程式涵蓋各種選項，從最初的素描到最終的素材規格，應有盡有——程式提供太多的可能性，令人眼花撩亂，使人難以專注。

　　當然，會用就好，不求甚解，是存在已久的矛盾。古人把大蒜視為有效的藥物，卻對大蒜的化學性質一無所知。幸運的小提琴手在史特拉第瓦里（Stradivarius）的時代彈奏他製造的小提

琴，但不知道為什麼那些琴的音色如此美妙。如今，這些樂器的音質特色依然成謎。零阻力的精神試圖把這些技術難題擱在一邊，它主張把技術工具設計得簡單好用，同時又能做任何事情。工具不會要求用戶具備什麼條件或能力。這種吸引力正是托克維爾擔心的：以舒適性掩蓋了複雜性的種種麻煩。但在科技領域，用戶接受這種推銷手法時，也付出了很大的心智代價。

　　阻力與認知。許多科技評論家批評了生活過度依賴網路的低能化效應。例如，心理學家雪莉・特克（Sherry Turkle）觀察了沉迷於電動玩具的青少年。他們在真實的遊樂場上玩耍時，會爭論比賽是否公平或遊戲規則該如何運作，但是他們坐在電腦前打電玩時，這種爭論不會發生。他們只會沉迷在預先設定的規則框架中，那些規則確保了遊戲的運行。尼可拉斯・卡爾（Nicholas Carr）認為，螢幕上的多工處理會削弱人們的認知能力，縮短用戶的注意力持續時間，導致他們迴避那些需要長時間注意才能理解的情況。他們兩人都認為，某些科技體驗會破壞認知的持久運作及質疑功能。零阻力的電腦文化就像一種麻醉劑，可以減少身體的刺激，尤其是壓抑令人不安的刺激：你不喜歡你看到的東西時，只要按下刪除鍵，就可以轉往另一個視窗。[13、14、15]

　　我們需要稍微修正一下這種評論，因為不是所有的科技都對大腦有害。默霍茲主張對用戶隱藏複雜性，讓用戶覺得體驗更順暢輕鬆，那是以一種特殊的方式達成的：它減少了「生成效應」（generation effects）。生成效應是指分析不完整、矛盾、棘

手的資訊（亦即開放性的資訊）所做的努力。許多研究顯示，那種努力可以讓人把資訊記得更久更牢。生成效應也有助於心智處於清靜狀態，排除「特色過多」之類的雜物。

諾曼‧斯萊梅卡（Norman Slamecka）從一九七〇年代開始研究生成效應，主要研究我們記憶單字與片語的方式。他發現，一個人必須填補缺漏的資訊時，記憶最好。在我們這個時代，克里斯托夫‧范寧韋根（Christof Van Nimwegen）也研究生成效應。他設計了一款電玩，名為《傳教士與食人族問題》（*Missionaries and Cannibals*），食人族在森林、大草原、河流中追逐傳教士。范寧韋根準備了兩種版本的遊戲，一半的參試者拿到不太流暢的瑕疵版電玩，另一半的參試者拿到流暢的完美版電玩。他發現拿到瑕疵版電玩的人後來更擅長玩那個遊戲，也更了解哪些動作比較重要，哪些動作沒什麼效果。[16、17]

現代認知專家的主張，可溯及哲學家查爾斯‧桑德斯‧裴爾士（Charles Sanders Peirce）於二十世紀初提出的見解。他把「假設某種東西與我們直接觀察到的東西不同，而且常常是我們無法直接觀察到的」稱為「逆推法」（abduction）。逆推法是一種假設（what-if）知識。以媒體實驗室的汽車專案為例，某天技術人員問道：「如果我是以拉起方向盤的方式來 車，而不是用踩踏板的方式煞車，那會是什麼情況？」其他人說，這種方法行不通，因為我們的生理機制先天是以推動、而非拉扯的方式來停止動作。那位技術人員回應：「那又怎樣？我不是指身體先天的樣子，而是指它可能被訓練成的樣子。」逆推法構成了反事實的領域。裴爾士認為它扮演一個關鍵又充滿想像力的角色。我們從思想上拆解一個東西，並打破現實中大家認為理所當然的特質，才

能知道那個東西的價值。裴爾士也許可以拿宗教信仰來做這種現實測試，就像他的同仁威廉・詹姆斯（William James）一樣。萬一上帝不存在，那會是什麼樣子？除非你經歷過那種反事實的質疑流程，否則你不可能成為一個真正堅定的宗教信徒。[18]

　　在科技領域，當某個東西很容易使用時，我們不會問，如果它不是那麼好用，會是什麼樣子？有一次我好奇打開文書處理程式的「文法檢查」（grammar check）功能，驚訝地發現那個功能立即抓出許多我建構句子的奇怪方式，但程式並未針對那些缺點，提議充滿想像力或不尋常的解決方案——微軟 WORD 的「文法檢查」功能不是以有趣的假設方式運作的（check〔檢查〕這個字在字典裡同時有「追蹤」及「抑制」的意思）。程式提供的大量編輯與格式化功能，似乎彌補了這項缺陷：你只要按幾下滑鼠就可以做任何事情，包括排寫詩詞；整理電影劇本；插入表格、圖像、文字等等。但功能選單本身就是一個問題：它為每個功能提供預先決定的形式——你只能選擇選單上的東西。這與比較古老的 DOS 程式（例如 WordPerfect 5.1）形成了鮮明的對比。WordPerfect 5.1 是比較難用的文書處理程式，因為它的既定功能較少，但它算是令人滿意的工具，因為它不會阻礙你實驗句子結構或文本格式。它的拼寫檢查功能少得可憐，但那表示你可以毫無限制地自創單字。詹姆斯・喬伊斯（James Joyce）應該會討厭微軟的 WORD，支持 WordPerfect 5.1。[①]媒體實驗室也出現了同樣的對比。對媒體實驗室的人來說，那些可以輕易以「是／

---

① 譯注：詹姆斯・喬伊斯（James Joyce，1882 － 1941）為《尤利西斯》（*Ulysses*）、《芬尼根的守靈夜》（*Finnegans Wake*）的作者。《芬尼根的守靈夜》中採用了大量用各種語言寫成的雙關語，導致全書晦澀難懂。

否」假設格式進行的實驗是次等的；上等的實驗是關於未知、可能性、假設的。

斯萊梅卡和同仁研究的生成效應，解釋了這種「顯而易見」與「含糊不清的假設」之間的對比。不完全的知識促使人提出假設的問題，因為提問者認為現實是不確定的，現實取決於個人的理解。另一種認知研究——處理矛盾——也得出同樣的結論。這方面的研究要歸功於心理學家利昂・費斯汀格（Leon Festinger），現代對「認知失調」的理解是他開發出來的。

所謂的「認知失調」，是指行為準則相互矛盾或混亂的情況，受試者對此會產生什麼反應呢？費斯汀格是熱中實驗室實驗的人，他是使用動物做實驗（他最喜歡使用鴿子），但他總是思考實驗結果要如何套用在人類身上。不過，他知道，認知失調是他為鴿子創造的人為狀態，但認知失調是人類為自己創造的痛苦狀態。

伊索寓言〈狐狸與葡萄〉（The Fox and the Grapes）就是一個典型的例子。狐狸看到一串牠搆不到的葡萄高高地懸掛著，因此認為那些葡萄不值得吃，因為它們可能很酸——儘管牠根本無法確定。這個寓言是「酸葡萄」概念的起源，心想「反正我不想要了」，藉此為自己無法如願以償的遺憾辯解。但狐狸其實還是很想吃葡萄，如果葡萄掉到地上，牠會貪婪地吃掉葡萄。費斯汀格寫道，擺脫這種束縛的一種方法，是「努力減少失調並達到和諧」。這種心態意味著「認知失調存在時，除了努力減少失調以外，那個人也會積極避免可能增加認知失調的情況與資訊」。那是認知失調的負面影響：參試者會盡量避免複雜性。狐狸很想吃葡萄，但過了一段時間後，他便以說謊來掩飾渴望：「我真的不

喜歡葡萄。」曾是老菸槍的人應該都認得這句話。[19、20]

　　有一種正面的方法也可以用來因應沮喪或矛盾的體驗。費斯汀格知道我對複雜的環境很感興趣，某天他帶我參觀了一個實驗室，裡面都是關在籠子裡的鴿子。他以障礙物擋住了鴿子的飲水管，或刻意把飼料槽擺放成奇怪的角度，鴿子必須歪著脖子找飲水管或搞懂奇怪的飼料槽。有些鴿子被這些奇怪的設計搞得暈頭轉向──今天要是換成我被關在籠子裡，我也會昏頭轉向。但有些鴿子的表現不一樣，牠們面對失調的環境時，警覺性更高了。費斯汀格說，牠們的注意力不只展現在視覺上，也能聽到微弱的聲音，嗅覺變得更敏銳，記憶力也強化了。

　　費斯汀格說，原因在於那些鴿子發展出專注於失調的能力。牠們探索了阻力，進而培養出他所謂的「焦點注意力」（focal attention）。他也探索，動物的「食物或安全未直接受到威脅」，但環境出現令人費解的變化時，那種注意力是如何運作的。他的實驗室發現，在多種實驗中，那些環境變化會提高焦慮度（焦慮度是以心跳及荷爾蒙的濃度來衡量）。然而，性格堅韌的鴿子仍會四處走動，有時還會去啄障礙物，以測試那個障礙物（牠們感到焦慮時，也會變得精力充沛，充滿好奇心）。最值得注意的是，費斯汀格發現，這些鴿子變得比其他不在乎失調環境的鴿子更聰明。[21]

　　費斯汀格曾說過：「我們最關心我們曾努力理解的事情。」他認為人類就像其他的動物一樣，因為努力因應複雜的現實狀況，而在認知上變得更加機靈。若是像伊索寓言的狐狸那樣，或像托克維爾的個體那樣，或像上網那樣放棄努力，並不會變得更機靈。我不禁思考，費斯汀格的理論如何套用在城市上。

　　費斯汀格的理論是源自於直截了當、明顯對立的實驗：鴿子推動一根供水的槓桿，結果跑出來的不是水，而是幾粒穀粒。然而，在巴爾札克筆下的巴黎、帕克研究的芝加哥、雅各描述的紐約、蘇迪爾先生的德里，城市的街道上充斥著模稜兩可而非完全矛盾的東西。這些地方的街頭生活表面上是流動的，成群的陌生人來來去去，街頭生活是體驗偶然的見聞，少有充滿啟發性的深刻交流。然而，藉由焦點注意力，我們還是可以在這種流動中察覺到局部的秩序。即使街道看似黑壓壓的一片，巴爾札克筆下的巴黎人仍會想辦法從陌生人的衣著細節去推斷其階級。在帕克所處的芝加哥，佐布發現短暫的目光相接是判斷一個人是敵是友的線索。在紐約，「街上的守望相助」掃視整個西村，以找出那些似乎可能製造麻煩或犯罪的人。蘇迪爾先生一直在注意顧客、注意競爭對手的動向、注意他必須賄賂的便衣警察（這是我後來得知的）。社會學家以利亞・安德森（Elijah Anderson）稱這種從流動中尋找秩序的作法為「街頭法則」（code of the street）——套用開放系統的說法是，理解「局部秩序」（pockets of order）。[22]

　　當我們追求零阻力時，注意力無法停留在特定、複雜地方的細節上，即使是瑣碎的層面亦然，例如我們會直接挑選星巴克，而不是尋找一家偏僻的在地咖啡館。更糟的是，我們對他者（黑人或穆斯林）的刻板印象也是零阻力的。辨識一位不符合刻板印象的黑人男性或穆斯林女性的特質，需要勞心費神。一項經驗若要變成零阻力，就不能有利益衝突。這裡的利益衝突可能是指他人的利益，或甚至是自己內在的利益衝突。就像伊索寓言或托克維爾的新個體一樣，那些無法輕易符合我們欲望的複雜性

和差異性遭到壓制、忽視或隱瞞，結果導致認知能力的喪失。

　　費斯汀格做那些認知實驗的目的，是想發現籠子裡有哪些條件可以促使動物專注於複雜性，而不是擺脫複雜性。在城市裡也是如此。在現代城市中，高科技如何讓我們變得更聰明，而不是變笨呢？

4. 兩種智慧城市——規範型或協調型

　　智慧城市有兩種：封閉的與開放的。封閉的智慧城市使我們變笨，開放的智慧城市使我們變得更聰明。

　　規範型。封閉的智慧城市就像擴大的 Googleplex，裡面充滿了托克維爾描述的那種個體，城市是由簡單好用的科技驅動，那些科技使居民陷入麻木狀態。荷蘭的都市規劃家馬登·哈耶（Maarten Hajer）與唐·達森（Ton Dassen）寫道，在這種反烏托邦中，「都市科技將使都市變得更安全、更清潔，最重要的是，更有效率……智慧城市將透過大數據『感知』行為，並利用這種回饋來管理城市動態及微調服務」。對他們來說，就像對科技專家亞當·格林菲爾德（Adam Greenfield）來說一樣，這種智慧城市其實是由中央控制的政治所驅動。中央控制的政治規範了人們該如何生活。戴夫·艾格斯（Dave Eggers）在有關 Google 的小說《揭密風暴》（*The Circle*）中，把這種科技夢魘戲劇化了。這種事情若是發生在現實中，會是什麼樣子？[23、24、25]

　　智慧城市松島（Songdo）位於首爾的西南方，車程約一小

時，是一座填海造鎮的全新城市。二〇一二年，那裡約有居民三萬人，但預計五年內人口將暴增為三倍。那裡就像上海一樣，發展速度遠非其他地方所能比擬。美國陽光帶的活力城市裡每興建一棟新屋，中國與韓國的新城市裡就興建十八棟新屋。地面上看來，松島像是綠意盎然、起伏有致的瓦贊計畫。高樓周邊環繞著公園，就像上海一樣，但這裡的新景觀更加柔和，植被更茂盛，分布更廣闊。

安東尼・湯森（Anthony Townsend）寫道，松島最初的構想是作為「打貿易戰的武器」。當時的想法是「以較低的稅率、較少的監管，吸引跨國公司來松島設立亞洲事業」。格林菲爾德說，大規模運用科技來增添城市的吸引力時，科技就成了城市的一大要素。思科（Cisco）、德軟公司（Software AG）等公司競相投標，結果導致環境在科技上受到更多的監管，儘管他們標榜市場監管較少。[26、27]

松島這個智慧城市的控制中心是一個異常平靜的地方，稱為「駕駛艙」（cockpit）。這個詞在韓語中不怎麼流行，但代表了松島規劃者的願望，他們希望松島成為其他城市的典範，像飛行員駕駛飛機那樣掌控城市。駕駛艙是從都市規劃一開始就成立了。一排巨大的螢幕顯示這個城市的空氣品質、用電量、交通流量的變化。技術人員坐在旋轉椅上看著螢幕，偶爾會注意到某些異狀，進行修正，但不太說話，因為沒有必要。用來確保城市平穩運行的機器與系統運行良好，技術人員不發一語，自豪地帶我四處參觀。

松島的柔和外觀流露出以下的事實：那些綠地、小池塘、起伏有致的網格架構，都是為了環境效率與節約而精心設計

的。一名技術人員指著駕駛艙裡的一張地圖告訴我，某個公園確切吸收的二氧化碳量──我覺得那個計算實在太妙了，畢竟我是使用計算尺長大的。從中央指揮中心到感應器或手持裝置（智慧型手機）是單向的流動。感應器或手持裝置會通報資訊，但控制中心負責詮釋那些資訊的意思，並決定手持裝置該如何反應。Google 地圖和其他眾所熟悉的程式就是這樣運作的，但松島的控制範圍更加龐大。大型雇主追蹤智慧型手機的使用，藉此記錄員工的動向。整個城市（雖然不太大）是在駕駛艙的指揮下運作，它使用科技的方式不像「老大哥」那麼專制，而是像調節紅綠燈那樣。或者更確切地說，它是根據大數據的集合、演算法的詮釋、駕駛艙內機器顯示的數據來運作。那種駕駛艙控制正是規範型智慧城市的寫照。

　　松島的姐妹市馬斯達爾城（Masdar City）靠近阿布達比，是由阿布達比資助建立的。馬斯達爾的目的是開發成智慧郊區，居民四萬人，再加上每天有五萬名從阿布達比前來的通勤者。阿拉伯聯合大公國的每個成員都是能源消耗大國，他們都想縮小自己的生態足跡。他們的都市規劃者就像松島的規劃者一樣，決心向大家展示前進的道路。馬斯達爾的總體規劃是出自諾曼·福斯特（Norman Foster），他以太陽能之類的可再生能源作為零阻力能源。套用城市規劃者的行話，這是「運用被動式節能設計元素所做的協同效率都市設計（synergistic efficient urban design）」，比附近的阿布達比省了 70% 的能源。這些優點是藉由「擴大及整合先進的永續科技」達成的，只有具備大數據處理功能的電腦才做得到。馬斯達爾以實驗自駕車聞名。當地的建築是由福斯特設計的，建築品質遠比松島好，造價也遠比松島高。[28、29]

　　松島剛開發時，我就造訪了。我中風以後，改派一群活力充沛的年輕研究員去觀察那座城市的發展情況。最初他們很驚訝，一位研究員說：「對那裡的工程師來說，那是大致上根據一個幻想建立起來的空間。在那個幻想中，運算無處不在。他們把它想像成一個機械的空間，在那個空間裡，演算法邏輯、人類居民、許多黑盒子製造出錯綜複雜的網絡。」後來，他們逐漸感到不安：「同質化，高度監控與集中化⋯⋯松島完全沒有提供城邦所頌揚的多元化或民主的標誌⋯⋯這個地方對許多都市學家來說是噩夢，對許多電腦公司來說是幻想。」訪問結束時，他們覺得那裡簡直像個「鬼城」，「荒涼」，「死氣沉沉」。他們之所以感到不滿，與當地缺乏夜店、毒品或酒飲沒什麼關係。那些研究人員在道德上還挺正派的，他們也不是科技盧德分子（Luddites）。[②]他們都是見過世面的世故者，正是這種未來城市的廣告理當吸引的對象。

　　我發現，他們對松島的不滿，是因為他們覺得松島根本稱不上智慧，它是以一種令人麻木的方式運作。我那些聰明的助手覺得，那個地方簡直是在侮辱他們的智慧。它的設計中毫無生成效應、逆推法、焦點注意力，而是以簡單好用主宰一切。松島這種智慧城市似乎也應該像 Google 那樣積極地接納意外的新發現，但事實並非如此。「規範」是為了事先預見城市的運作方式，精確地在空間與營造形式中規劃其運作。松島這種智慧城市害怕偶發事件，誠如我的助手所言：智慧城市「縮減了」地方的

[②] 譯注：盧德分子（Luddites），源自 19 世紀一位英國紡織工人，名叫盧德，他因工作被機器搶走，憤而把老闆的紡織機砸爛，之後很多工人起而傚尤，形成盧德運動。現在則泛指拒用新科技的人。

體驗。

　　這種地方感的消失，某種程度上可以歸因於柯比意。瓦贊計畫是機械時代的宣言，在那個時代中，形式與功能緊密地結合在一起。孟福於一九三四年出版的《技術與文明》（*Technics and Civilization*）針對柯比意那種缺乏靈魂的技術提出警告。儘管如此，他主張的智慧城市也是一個形式與功能完美結合的地方──每個東西各有其所及其存在的基本原理，所有的生活元素都精確地擺在緊湊的放射狀設計中。如今的智慧城市把「形式─功能」的緊密結合帶進了數位時代，目的是使它變成自己自足的環境。

　　形式與功能的結合過於緊密時，容易導致技術過時。當人們以不同的方式做事時，固定的形式將不再有用。或者，新工具的出現將使舊技能過時。避免把形式與功能固定地結合起來──這個警告也適用在智慧城市的實驗上。福斯特為新汽車設計停靠點時，也意識到這點。他與同仁開始投入那個專案以來，電動車持續進化，現在的電動車可以容納四到五名乘客，而不是早期原型設想的一兩名乘客，所以那些停靠點現在已經太小了。有效率的緊密配合（tight-fit），是假設設計會預先料到物件使用的每種情況、環境是如何運作的、人們如何居住。就像上海那些無處可去的公路一樣，任何精打細算到最後都可能證明是錯的。

　　技術效率不見得會帶來經濟蓬勃。在松島，許多高樓是暗的，因為全球經濟衰退導致買家卻步。在阿拉伯聯合大公國，金融泡沫的破裂使馬斯達爾這種奢侈的實驗暫時停擺。蘇珊・高登伯格（Suzanne Goldenberg）稱之為「世上第一個環保鬼城」。

在地面下，許多高科技設施在專案停擺後，運輸量跟著歸零。有人傳了一支駕駛艙的影片給我，影片把這種不均衡的發展顯示在一個螢幕上。畫面中可以看到黑壓壓的一片中閃動著零星的活動。在螢幕上，松島的經濟狀況也是看起來處處暗黑一片。規範型的智慧城市從無到有從頭打造，確實是奢侈品。打造這種城市的成本仍持續上升，毫無下降的趨勢。一個明顯的規劃問題是，為什麼像印度那樣的國家（那麼多人沒有乾淨的水可飲用，沒有適當的衛生設施，沒有地方醫療診所等等）還會想要規劃一百個嶄新的智慧城市，走上這種注定失敗的道路？[30]

　　智慧城市的根本問題在於，為什麼它們會使裡面的居民陷入麻木。我的研究員發現，部分原因在於它們很容易居住，簡單好用。除此之外，規劃本身不是實驗性的，而是靜態的，它總是在組成中尋求一種內在的自我平衡。它們不會去追求假設的替代方案、有趣的可能性，因為那會破壞生態，導致不平衡——彷彿城市出現技術性的心臟病發作似的。規範型的智慧城市藉由這種方式，把解決問題看得比發現問題還重要。在良好的科學中，研究者想知道一種新藥的副作用。在良好的工藝中，木匠在搞清楚如何把兩個不同紋理的木頭拼裝在一起後，會想要預先看出為櫥櫃上亮光漆時可能出現的問題。只要你有好奇心，解決問題與發現問題是緊密相連的。但規範型的模式會扼殺好奇心，在這種智慧城市裡，你不必思考那麼多。

　　令人麻木的智慧城市有一個倫理層面。例如，目前市面上的地圖程式大多是顯示從 A 點到 B 點的最快、最直接路線。地圖程式的最快路線，大多是指引用戶走高速公路，但這樣問題就解決了嗎？程式指定的那條高速公路可能避開一條較慢的街

道，因為那裡有一間關閉的工廠、一個擁擠的市場，或一個困苦的貧民窟。在高速公路上，你是在旅行，但是在旅行的過程中，你對他者了解不多。你是在空間之間穿梭，而不是在體驗地方。規範型的城市告訴你哪條路最有效率，用戶不需要思考不同的路線是什麼樣子，也不需要思考經驗最豐富的路線是怎樣。

當然，日常事務大多需要從純粹的效率考量，那是平衡的問題：規範型城市因為把運作及發現問題分隔開來而失衡。維納預見了這種危險：他年老時，開始擔心他創造出來的東西可能變成怪物──老大哥控制的「大數據」（big data，這是維納自創的詞）可能把人們的生活簡化成數位需求與欲望，僅由幾家壟斷的業者來滿足這些需求與欲望。科技變成獨裁的老大哥或許已是老掉牙的說法，但維納擔心的是更深層的東西：使用機器可能使人停止學習，陷入麻木。規範型的智慧城市就是這種令人麻木的地方。[31]

難道非得如此不可嗎？

協調型。使用科技來協調而不是控制活動，可以打造出截然不然的智慧城市。這種科技成本較低，把焦點放在人的本質（康德所謂的人性曲木），而不是人該有的樣子上。協調型科技可以培養人類智慧。

這些優點是以某種方式透過組織網絡達成的。封閉的網絡通常有讀取限制，開放的網絡則是開放讓所有的人取用。例如，網路上的付費牆限制誰有權限閱讀特定的新聞，網站上設定付費牆時，就會出現分隔。在智慧城市的領域，開放網絡與封閉

網絡的區別在於回饋（feedback）。在封閉的都市網絡中，感應器會讀取市民的行為（例如行車超速或用電），不管市民想不想被讀取，回饋是非自願的。在開放的都市網絡中，單一公民或公民群體對回饋有較多的控制。協調型的智慧城市尊重這種對自身資料的限制，接著才處理資訊並把資訊傳給其他群體。

開放城市網絡的早期例子出現在巴西的阿雷格里港（Porto Alegre），那裡是參與式預算（participatory budgeting）的發源地。參與式預算是一種由下而上分配經濟資源的方式，是市長奧利維奧‧杜特拉（Olivio Dutra）於一九八九年開創的。那個流程是從鬆散的鄰居集會開始，他們在集會中討論如何把資金花用在學校、醫療診所、當地的基礎設施上。這個層級的資料取用是完全開放的，資料從來不是完美的，但他們把資料組織起來以便討論。每個鄰里選出代表去處理鄰里之間的衝突，那些代表必須向鄰里回報處理的情況。這種系統盛行了約二十年，後來才被由上而下的權力壓制，但主要的壓制力量是來自人數的規模（隨著城市規模的擴大，想要參與這流程的人愈來愈多）。在巴西，隨著特大城市的出現，一大群地方單位之間的協商談判開始失去連貫性，而且延續一整年，簡直沒完沒了。此外，這些特大城市通常是因為湧入大量的移民才從大城市變成特大城市，但這些移民往往沒有融入那些需要這種參與式預算的組織與集會中。

這時，透過智慧型手機與大數據集合，智慧城市出現了。它可以處理大量的「輸入」（亦即選票的轉移），因為許多社區的資金分配變化是即時計算的。大數據不做規範，而是協調超大城市裡的參與情況。公民即使不再面對面交流，也可以上網交流。資料還是整理成可討論的模式，資料也不完美。地方層級

的聊天室是用來收集意見，大家在網路上提議，也在網路上回應。各社區代表聚在一起開會以決定資源分配時，就是代表社區去提出意見回饋。如此衍生的預算是有約束力的，雖然市議會可以建議（但不能要求）改變。類似這樣的系統如今已在巴西兩百五十多個城市落實了。[32、33]

　　孟福對雅各的一項批評是，你無法透過地方（local）的行動在城市（ville）中擴大規模，但巴西的經驗是解決那個問題的一種方法：世界銀行發現，地方單位往往把錢花在基礎設施上，尤其是衛生、電力、醫療設施。這些扎實的專案讓鄰里可以和其他的鄰里共享資源（例如醫療診所），或整合到城市的電力與供水系統中。預算編制的城市（cité）把焦點放在大城市（ville）上。如果韋伯活得夠久的話，他似乎可以在遠離柏林的這裡，找到一種由公民掌握自身命運的城邦。[34]

　　就像編制預算一樣，智慧城市的實際設計也可以採用開放、協調的形式。電玩《模擬城市》（*SimCity*）是一種早期的版本，其目的是透過互動的高科技來創造都市（ville）。法國里昂的 ForCity 專案使用複雜的 3D 模型來展示都市未來的樣子，它利用大數據集來構建都市未來結構的詳細圖像。雖然 ForCity 的模型需要專業輸入，但它們可以直接翻譯類似下面的指令：「一條街道的人口是 X，人流密度是 Y，固定密度是 Z，請顯示那條街道的三種可能側寬。」因此，市民和規劃者都有可能進行逆推法的推論，提出假設性的問題，並比較可能的答案。這種程序與提交給社區會議的電腦前建模（pre-computer modelling）之間的區別在於，以前每當人們想改變計畫的特定方面時，規劃者必須離開房間，重新計算並重新繪製計畫，然後再召開一次會議。現

在他們可以待在房間裡，因為機器可以迅速計算改變。[35]

　　在這兩種情況中，科技的運用都可以幫我們進行選擇。在都市設計中，高科技可以讓我們創造幾種形式讓我們挑選。在規範型的智慧城市中，資料是預先包裝好的，而且為了追求簡單好用而簡化，所以資料的使用者幾乎對資料的生成沒有影響。開放的城市設計則會準備資料，讓使用者看到替代方案並做出決定。

　　如今系統可以自行組織、分析、因應改變的條件。封閉系統與開放系統研究自己的方式並不一樣。以閉路電視的設置為例：在一個封閉的回饋迴路中，攝影鏡頭的角度與變焦有自我校正功能，但操控這個封閉系統的人看到情侶接吻時，他不會覺得「我應該停止監視」。在開放系統中，攝影師看到情侶接吻時，即使不感到尷尬，也會機靈地關掉鏡頭。開放系統以不太完美的方式顧及無法融入的「雜訊」，以進行自我批評（雜訊是指那些不是用來維持和諧與平衡的資訊回饋），那些資訊的流動是保存在系統的記憶體中。有些開源軟體會顧及雜訊，有些版本的「智慧城市」也是如此（例如里約熱內盧的交通系統模型），有些版本的「智慧城市」則不會。它們是封閉的，就像松島一樣，它們的程式設計已經排除那些不符合預定演算法的資料。松島的演算法是自我修正的，不是自我批評的。

　　在規範型的模式中，科技以數位方式把城市組織成一個整體系統。接著，都市規劃再落實那個系統。都市居民只能依循規則，那些規則一開始就設計成簡單好用。規範型的系統是封閉的，協調型的系統是詮釋性的──也就是說，在規範型的智慧城市中，那些使城市正常運作所需的複雜計算都被掩藏起來了，城市居民看不到，誠如默霍茲希望的那樣；但是在協調型的智慧城

市中，人們必須參與資料的生成，加以詮釋，並採取行動，無論是好是壞。協調型的智慧城市可能犯錯。

這一切形成了一種政治對比：規範型的智慧城市本質上是專制的，協調型的智慧城市是民主的。民主審議在松島沒什麼意義，因為都市計畫本身就沒有留下多少轉圜的餘地。相對的，巴西那些城市的居民則是在科技上實行了民主。

回到本章一開始所講的，在我的腦海中，托克維爾與一位性格截然不同的作家可以配成一對。那個作家是羅伯特·穆齊爾（Robert Musil），他的卓越小說《沒有個性的人》（*The Man without Qualities*）把哈布斯堡王朝時期的維也納（Habsburg Vienna）當成神話般來剖析，儘管當時那裡充滿了腐敗與愚蠢，根本稱不上是神奇的地方。我之所以把這兩位作家放在一起，是因為無論是民族誌學者或小說家，他們對日常經驗都有非比尋常的參與，他們在性情上都是屬於芝加哥學派。穆齊爾和托克維爾都是先知，穆齊爾的先見有部分是源自於他是才華橫溢的工程師。在那本小說一開始出現的決定性時刻，他把衰頹中的維也納比喻成一個被「超級美國城市」的「癡迷白日夢」所主導的未來。在那種城市中，科技意指「空中列車、地面列車、地下列車，人們透過快遞管道傳送郵件，連串的汽車水平運行，特快電梯垂直地輸送大量乘客」。在這種科技城市裡，演算法是以「詳盡的實驗室研究」為基礎。在這種未來城市裡，「問題與答案像完全咬和的齒輪一樣同步，每個人都只有某些固定的任務要做……」──有如《雅典憲章》的諷刺漫畫。但這種科技城市只有在「人們不猶豫或不反思太久」的情況下才可行。[36]

這是一種令人麻木的智慧城市，只要你不去想它，它就能

運作良好。穆齊爾的小說就像其他的小說一樣,從人物的角度來
探索其本質。它把焦點放在一個無名的主角上,他是一個多變的
人——柔順、隨和、適應力強,表面上善於交際,內心不太參與
周圍的生活。那樣的組合使他成為一個沒有個性的人,就像托克
維爾描述的那種個體。相較之下,有個性的人(在德語中,會
用「擁有 Eigenschaften」來表達。那很難翻譯,也許可以譯成難
搞、龜毛、機車)比較投入生活。他的性格是從體驗障礙、懷
疑、悔恨中培養出來的。套用穆齊爾的說法,這是那些「猶豫不
決」或「沉思太久」的人的領域。他們對生活有深刻的理解,只
是因為生活不快樂或不順利。隨著那部長篇小說的展開,沒有個
性的人愈來愈擔心生活就這樣流逝,擔心他的經歷太「淺薄」,
擔心他對現實的輕鬆理解是薄弱的。

　　那麼,城市該如何開放,好讓體驗變得更豐厚呢?

第三部

開放城市

第七章

合宜的都市人

　　第二部描述城市使人的經驗趨於淺薄的三種方式：上海模式的快速成長；迴避異己；濫用科技的麻木效果。這些棘手的難題更加突顯出雅各反問我的問題：「那你會怎麼做呢？」在第三部中，我將回答她的問題，只是附帶了一個很大的但書。

　　迴避異己這種議題沒有「解方」，因為你可以服用社交藥物來治癒這種毛病。對他人的恐懼是一種需要管理的慢性病。就像慢性病的症狀可得到緩解一樣，不同的人能夠生活在一起時，公民的身體也可以享有長期的健康。即便如此，群體依然難逃故態復萌的威脅。

　　在這一章中，我探索都市居民更投入城市（cité）的一些方法。在下一章中，我將探討城市（ville）中哪種形式可以幫他們這樣做。最後，我提出幾種把 cité 和 ville 結合起來的方法。大家會看到，我對雅各那個問題的回應，是把健康的城市視為開放

的系統。

1. 街頭智慧——接觸、聆聽、嗅聞一個地方

　　內人幾乎一輩子都在飛機上度過，所以前往哥倫比亞麥德林的交通對我們來說還挺方便的。除了公務以外，為什麼要去那裡呢？那個城市曾因毒品戰爭聞名。有人告訴我，現在那裡有一些令人驚歎的新城市建築，尤其是聖多明哥（Santo Domingo）的貧民聚居區，那裡有一個圖書館社區中心，是由三棟優雅的現代派黑色大樓所組成，是二〇〇七年由吉安卡洛・馬贊蒂（Giancarlo Mazzanti）設計的。那座圖書館名為「西班牙公園圖書館」（Parque Biblioteca España），高高地坐落在山坡上，周圍的山坡布滿了棚屋，那些棚屋裡住了成千上萬名窮人，他們大多是哥倫比亞內戰所造成的農村難民（內戰是政府軍與自稱為革命者的 FARC 之間的戰鬥，那些戰鬥似乎已經結束）。那座圖書館是建築的瑰寶，由於那裡有巨大的纜車可以上山，進出圖書館變得很容易。纜車是法國設計的，幫窮人把往返於貧民窟與市中心的通勤時間從幾小時縮短成幾分鐘。

　　麥德林當時的市長塞爾西奧・法哈多（Sergio Fajardo）在貧民窟裡建了這座圖書館及其他的圖書館，因為他知道窮人通常只獲得純功能性的簡陋建築，那些建築使他們毫無自豪感。為了讓居民「擁有」社群，你必須打造一些值得擁有的東西。因此，他花錢聘請知名建築師來為那些正在培養文化素養的市民設計圖書館，而不是委託建造一座新的世界級歌劇院。他是個好市長。

　　在西班牙海灘（Playa de España）外，一個看起來營養不

良的小男孩拉著我的手，另一個小男孩拉著我妻子的手，他們是我們的「官方」導遊，身上穿的 T 恤也印著這種字樣。他們擔任這種嚮導很多次了，藉此賺點外快，也練習英語。莎士奇亞（Saskia）以流利的西班牙語跟他們交談時，他們似乎不太高興。我們是美國佬，他們是在地人，這種分隔確立了他們的地位。這兩個男孩分別是八歲和十歲，骨瘦如柴，但打扮得乾乾淨淨。他們也扮演我們的保護者，他們引導我走上通往圖書館的斜坡時，其中一人說：「只要跟著我，你們就安全了。」

Googleplex 以特權保護自己，以避免受到城市的影響；這些貧民窟的青少年則需要更了解生活環境才能自保。對他們來說，這裡有太多的不安全感與純粹的匱乏，不能把環境視為理所當然。儘管如此，這些孩子依然是孩子：莎士奇亞用霜淇淋買通了他們，好讓我可以坐下來休息一下。他們就像所有的孩子一樣，公開冷酷地算計著：「先生，再過十五分鐘又要花你一美元了。」

在聖多明哥，人們因無業而在街上閒晃，因無所事事而聚在一起八卦閒聊。市場上到處都是看起來不怎麼好吃又有斑點的水果和蔬菜，放得太久太乾，無法賣到別處。不過，貧民聚居區雖然狀況不穩，有時甚至很危險，但不是苦難的場所。這裡的屋頂通常是生銹的波紋鐵皮，牆壁是沒上灰泥的煤渣磚，但這些建築前面的道路打掃得乾乾淨淨。從住家與酒吧窗檯上的花盆箱，可以看出一間房子的「正派程度」，這裡有好幾排花盆箱照顧得很好，大多種滿了天竺葵和三色董。就像許多貧民聚居區一樣，這裡的人不斷地即興發揮，以彌補他們欠缺的東西。例如，非法偷接電網。我們的嚮導特別注意這種將就湊合的生

活面，他們講了一堆誰在賣便宜的瓶裝水，對我的無聊視若無睹，完全沉浸在他努力因應的生活中。

一路上，一些青少年與年輕人覬覦我們身上的智慧型手機。那兩個擔任嚮導的孩子年紀還小，無法幫我們抵擋那些人，但他們展露出來的信心卻十分合理，他們很熟悉貧民聚居區的每條巷弄，而且後來結束正式的參觀後，我們繼續跟著他們。我們發現，他們很高興看到我們對圖書館的周圍環境也很感興趣。他們詳盡地說明那些危險的街道與安全的街道。警察要是聽了他們的描述，應該會為他們感到自豪。

我牽著八歲嚮導的手，每次轉過街角時，我都會感覺到他那輕微、內斂、謹慎的手勢。後來晚上我們再次造訪貧民聚居區，我注意到，這些孩子轉過街角時會稍微放慢速度，觀察街道兩旁的屋內燈光。如果他們的朋友家裡是暗的，他們會停下來納悶：那一家人明明應該吃晚飯了，為什麼不在家？有一次我問他是不是出了什麼問題，十歲的嚮導說：「沒有，但也許有什麼事。」

機靈應變的街頭智慧不是可有可無的特質。在貧民聚居區，一個眼神停留太久，就有可能被視為挑釁而引來打鬥。想知道當下怎麼應對才得體，你必須經過幾次眼神交流，才知道別人的目光究竟是帶有敵意、還是善意。一旦習以為常，你的反應時間會變得很直覺迅速。明顯地盤算如何應對，反而會招惹麻煩。

聖多明哥的孩子隨時都在進行事實查核及更新生存對策，因為麥德林的貧民窟是一個瞬息萬變的環境，來自全國各地的移民人口不斷地湧入這裡。人權活動人士湯姆・費林（Tom Feiling）指出，暴力活動自二〇一〇年開始減少，因為毒品經濟

已轉移到哥倫比亞的沿海城市。橫跨整個聖多明哥的纜車興建以後，大家到市中心上班變得更安全了，他們再也不必在燈光昏暗的巷弄間跋涉數英里的路程。所以，當地處於不斷的變化中，那表示他們不會把那裡的一切視為理所當然——那裡仍是一個有小竊小盜的地方，但全面的毒品戰爭已經消失了。那些小孩就像水手一樣，已經學會如何在多變且經常陰沉的天候中航行。[1]

具體化知識。街頭智慧把「具體化知識」的概念顯現出來——那是一個很籠統的概念，但在城市中有特定的形式。

我們的多數行為是在無意間進行的，不會刻意去想它，我們無法意識到每個動作的進行。想像你走路時心想：「現在抬起左腿，再抬起右腿，再抬起左腿，再抬起左腿，再……」我們從幼兒時期學會走路開始，就已經把這種行為變成一種不加思索的習慣，它已經進入隱性知識的領域。我們學習搥打釘子的技能時，也會發生類似的情況：一開始先學習如何抓住鐵錘的握柄，並根據自身的重量，思考自己該施展多大的力量。這種技能一旦習成，就會進入隱性知識的領域，以後可以不加思索地完成。然而，這只是具體化知識的第一步。

對心理學家威廉・詹姆斯（William James）與哲學家亨利・柏格森（Henri Bergson）來說，隱性而非明確的行為並非陌生的概念。他們是「意識研究」的創始者，兩人都反對將身心分開的笛卡爾二元論。為了解釋人們處於身體感覺中的流程，詹姆斯提出「意識流」的概念，這裡的關鍵字是「流」，那是流動的：也就是說，思想、感覺或居留從來不是靜止的。詹姆斯批評

以前的心理學家談心智「狀況」與「狀態」時，彷彿那是固體或固定的存在形象。詹姆斯說，即使是欣賞一幅掛在博物館牆上的畫，意識也是「流動的」，因為觀看者的注意力正在變化，有消長起伏，會跳到其他圖像的記憶中。[2]

　　意識流是指對情境脈絡的感知——你知道你在哪裡；你跟誰在一起；你有某種想法或感覺時，你或他們在做什麼。想法的具體化就是靠這種對情境脈絡的感知：那是在感受你思考的實體環境，「想法」充滿了感官聯想。只有在這些情況改變時，意識才會開始流動。它不會像笛卡爾說的那樣獨立自主地流動。

　　柏格森對意識的看法不是這樣。普魯斯特描述他品嚐瑪德琳蛋糕的過程很有名，那是由瞬間的身體感覺所觸發的持久記憶——一塊小糕點啟動了一個巨大的流程，有意識地回想起遙遠的經驗領域。柏格森提出的「綿延」（durée）概念，有時被比喻成這種糕點意識，但實際上的意思正好相反。「綿延」是指當下的意識，是完全活在此時此地的意識，那和小說家赫特利（L. P. Hartley）所說的「往事猶如異鄉」的感覺是不同的。柏格森不像詹姆斯那樣在乎意識的情境脈絡與背景，他只在乎感知本身。但是，他發現，察覺矛盾會使人產生「我現在在這裡」的感覺，但遇到熟悉的事物卻不會給人那種感覺——他對這個現象很感興趣。費斯汀格認為「我們最在乎那些勞心費神才理解的事情」，柏格森的主張可說是費斯汀格那個信念的始祖。

　　詹姆斯和柏格森都是街頭智慧的哲學家，只是方式不同。他們都提出同樣的問題：是什麼喚醒了意識？當隱性知識不足以因應現實時，就會喚醒意識。於是，第二階段就開始了。

　　某事讓你覺得不太對勁：平常一直亮著的燈，現在卻熄

了，你無法再把情境脈絡視為理所當然。或者，你突然聽到奇怪的鈴聲：你應該停下來嗎？木匠做木工時，不會意識到下臂的施力，他突然摸到藏在木頭裡的節疤時，才會開始忖度下臂要施展多大的力量。同樣的，在外科手術中，醫生突然摸到出乎意料的硬塊時，才會重新校準例常的組織切割。在這兩種情況中，工匠與醫生都是把焦點放在有問題的部分，習慣被導入意識中：行為進入了外顯的領域，行為者對行為產生了自覺。

你發現奇怪的聲音是來自一臺賣冰淇淋的小貨車，那對麥德林來說是新鮮事。這種資訊一旦被接受並再次以隱形行為體現出來時，我們不假思索的反應就跟以前不同了：這種鈴聲是一種對愉悅感的呼喚，你會盡快朝它的方向去。這種「從隱性行為」到「顯性行為」再到「隱性行為」的轉變，顯示走路這種行為模式已經以一種本能的方式、而不是自覺的方式擴大了：一個人可以以一種新的方式行動，不必多想自己當下在做什麼。就像工匠測試不同的錘子握把一樣，有街頭智慧的人思索了新狀況，接著他們都把行為重新納入隱性領域。這是街頭智慧的第三階段。

麥德林的小孩敏銳地嗅探潛在的危險，就像莎拉・弗雷哥內斯（Sara Fregonese）描述二十世紀末貝魯特內戰期間的一種危險管理。當地人會在屋外掛上旗幟，以顯示誰在屋內。槍砲聲響徹大街小巷時，這些旗幟會消失，以免四處遊蕩的民兵解讀街上居民屬於哪一邊。有街頭智慧的人會解讀清楚的線索——槍聲——並採取明確的行動。在這個貧民聚居區，線索沒那麼引人注目，需要更多的解讀。[3]

那種街頭智慧是專注於小細節。前面提過，巴爾札克認為分析細節可以解讀一個人的性格，例如從觀察一個人外套袖子上

的鈕扣來判斷他是不是紳士。麥德林的小孩把那種性格解讀技巧
用於一個更緊迫的目的上。他們不是從細節與整個環境的關聯
來評估一個事實的重要性（例如「很安靜，但那又怎樣？」）。
這條街上的每個人都互相認識，都是好鄰居。總之，「上週停電
了」，那是一種情境脈絡的評估。在這裡，不管情境脈絡如何，
細節令人注目，它召喚著你去理解它。

在心理學中，像這樣的線索解讀稱為「聚光」（spotlighting），
那個詞是源自詹姆斯於一八九〇年出版的《心理學原理》（*The
Principles of Psychology*）。他的「聚光」理論（即關注）主張：
大腦把注意力集中在核心物件、問題或人物上，反覆思量，同
時撇開似乎與當前問題無關的物件、問題或人物。詹姆斯寫道：
「意識的集中……需要抽離對某些事物的關注，以便更有效地處
理其他事物。」我們說我們「聚焦」在某個問題時，我們是在說
詹姆斯的語言。[4]

聚光為意識流提供了一定的秩序，你不會隨波逐流，而是在
意識前進時，注意到（亦即聚光）途中冒出的奇怪露頭或突岩。
詹姆斯認為，當正常的預期破滅時，你便會注意到。他覺得意識
流本身的流動是不規律的，而非穩定的，有時會乾涸，有時會氾
濫，經常偏離「若則」（if-then）的直線推理路徑。因此，詹姆斯
的意識流比較像在貧民窟的街道上行走，而不是在溪裡游泳。

詹姆斯的「聚光」概念與「統覺」（apperception）正好相
反。統覺是源自萊布尼茲（Leibniz）的一個古老概念，那是指
把一個困難或危險的問題放在一個更大的框架中進行闡釋。萊布
尼茲是把鏡頭拉遠縮小，詹姆斯則是把鏡頭拉近放大。在日常的
社交生活中，聚光為聖多明哥街頭的簡短交談，以及咖啡館中比

較冗長的討論，賦予了一種特殊的結構。我以為我的蹩腳西班牙語導致我們聊天的話題突然轉變，我無法解讀一條線索，但莎士奇亞糾正了我。在連串無關緊要的閒聊後，談話會突然聚焦在一個令人不安的細節上，就像是從一種奇怪的槍枝發出的槍聲。其他人可能不會立即討論那個聚焦的事實，但大家會注意到，先儲存起來，稍後再談或在另一次對話中提起。那個聚焦的聲音不是麥德林特有的，同樣的聚光效應也發生在我倫敦住家附近的 Mitre 酒吧。自從發生珠寶竊案後，平常的瑣碎對話中開始夾雜著突如其來的明顯噴發，聚焦於「穆斯林」。

具體化的知識還有第二個面向。說我們「掌握某事物」，意指我們實際伸手去抓它。在我們熟悉的拿酒杯姿勢中，手在實際接觸杯子表面之前會呈圓形，以托起杯子。身體知道它拿的東西是冰冷的、還是滾燙的之前，就已經準備好托起杯子了。身體在感覺資料之前，先有預期與行動，這種動作的術語是「抓握／領悟」（prehension）。領悟是針對預期採取行動。

新生兒在出生第二週就開始練習抓握／領悟，他們會伸手去抓面前的小玩意兒。剛出生的前五個月，嬰兒的手臂會發展出神經肌力，讓它獨立地朝著眼睛看到的方向移動。在接下來的五個月裡，嬰兒的手掌會發展出神經肌力，使手形成不同的抓握形狀。嬰兒滿一歲時，套用法蘭克・威爾森（Frank Wilson）的說法，「那隻手已經為一生的實體探索做好了準備」。[5]

領悟為上一章所述的逆推法流程帶來了轉折。它為假設性的問題提供了答案。身體會預先想像做某事是什麼樣子。當然，在實際體驗之前，預測那是什麼樣子可能是一件壞事。以 PEGIDA 示威者為例，他們實際與穆斯林交談之前，瘋狂的想像

支配了他們對穆斯林的預期。同樣的，早期的基督徒也想像猶太人活埋兒童，但他們其實沒看過那種事情發生。然而，在擴大一個人對實體環境的理解方面，領悟可以採取一種更良性的形式。

當我們直視前方、而不是往旁邊看時，領悟可以讓我們判斷城市空間的大小與尺寸。當我們朝遠處的人或建築物走去時，我們會提前探索以了解我們看到的東西，那就好像在接觸杯子之前，先想那個杯子是熱的或冷的。麥德林的孩子在轉彎之前，先評估前方的情況並跟著調整身體，那也是一種領悟。如果他們聞到食物的味道，知道桑托斯夫人在家煮飯，他們會放鬆下來；如果他們聞不到任何味道或聽不到任何聲音，他們會放慢走路的速度，變得更小心。

街頭智慧的限制。人類學家克利弗德‧紀爾茲（Clifford Geertz）針對在地知識提出一種見解。在他之前的幾個世代，人類學家的目標是描述世界觀與宇宙學。紀爾茲跟他們不一樣，他認為這種大型的概念是由下而上發展的；人們處理眼前問題的方式會逐漸以他們構建「生活」的方式來表示。他主張，引導人們的儀式也是以地方特有的方式開始的，不是憑空而來的。這是考古學吸引紀爾茲的原因，儘管他從未做過考古工作。他認為，想要了解發生的事情（what），第一步應該是追溯遠古時代發生事情的地方（where）。同樣地，要了解現代的事情（what），首先應該評估的是何處（where）。[6]

這也是哥倫比亞最卓越的小說家加布列‧賈西亞‧馬奎斯（Gabriel García Márquez）的觀點。他對小地方小事情的描述

變成了幻想與神話，撐起了一代又一代的窮人。在地知識創造出傳統，在地的街頭智慧可以變成人類學或藝術。但是對那些在麥德林穿梭的小孩來說，在地的街頭智慧並沒有這種價值，不足以指引他們。

聖多明哥最重要的建設專案，是打造一條有效率的纜車路線，讓居民往返於山坡上的貧民聚居區與山下的城市之間。他們的工作、教堂、運動場、商店都在城市裡。在建造纜車之前，人們不可能住在離大城市很遠的麥德林貧民區，地方的勞力市場很小。為了找工作，他們不得不從山坡上跋涉很長的時間。即使去外地工作，人們的觀點可能還是封閉狹隘的。紐約二戰之前也是如此，許多年長的義大利人除了去上班的人以外，心理上很少離開他們的社區。聖多明哥的開放要歸功於纜車——它對麥德林貧民區的年輕人影響特別大。他們可以搭纜車迅速離開貧民區到山下的城市，接著拜便宜的公車運輸系統所賜，他們可以在城市中自由地移動。最近，智慧型手機使他們與外面的世界相連。那些智慧型手機無論是偷來的、借來的、還是買來的，在這裡跟其他的地方一樣，都是都市青少年最不可或缺的工具。

這個持續擴大的地平線其實陰霾密布。兩個嚮導中的哥哥知道，他們在貧民聚居區裡沒有前途，很多青少年都想完全離開麥德林這座城市。目前整個城市已經向年輕人開放，讓他們近距離地了解其他的生活方式。年輕人在貧民區學到的街頭智慧，能幫他們應付城市生活嗎？拉丁美洲的大部分地區就像德里一樣：在一個村莊獲得的在地知識，無法幫他們做好因應大城市的準備。在這個不斷擴張的城市中，這種不可轉移的知識凸顯出貧民聚居區與大都會之間的鴻溝。蘇迪爾先生靠著人脈關係跨過了那

個鴻溝。麥德林的毒品交易確實曾經提供類似的橋梁，但如今在麥德林，走出當地的途徑不再是透過販毒來實現。

　　某個下午在馬贊蒂設計的那個圖書館裡，一個年僅十六歲的圖書館實習生問我有關紐約的問題。她知道美國的街道不是用金子鋪成的，但她還是希望自己一年內能去美國，無論是合法前往或非法潛入。她問我紐約每天的午睡有多長，她可不可以在放學後去圖書館做夜班的圖書館員。我說，紐約沒有人睡午覺，她覺得很奇怪（確實如此）。她得知非法移民不能在公共圖書館兼職時，也很驚訝。於是，她改問其他的城市，她問我倫敦的午睡時間，以及她能不能以非法移民的身分在圖書館上夜班。

　　一個世代以前，越過美墨邊境的墨西哥人告訴社會學家派翠西亞・費南德斯—凱利（Patricia Fernandez-Kelly），他們在國內學到的經驗幾乎在國外都用不上。找工作、取得合法身分、在公寓裡安頓下來、通勤、獲得醫療保健等挑戰，對經濟拮据的人來說當然都很辛苦。即使有大家庭伸出援手，收留新來者，那樣的協助畢竟還是有限。那些受訪的墨西哥人強調，他們過去學到的應對行為，並沒有為現在的生活做好準備，因為他們學到的在地知識跟情境脈絡有關，不容易轉移，每次搬遷都需要重新學習街頭智慧。

　　那個圖書館實習生到外地生存的前景，與我在瑞典遇到的波士尼亞難民，或如今在德國的敘利亞人相似。你在一個陌生的地方如何克服個人知識的侷限，尤其你又是不受歡迎的陌生人時，該怎麼辦呢？

　　我很喜歡、也很欽佩這個年輕人想要改善個人處境的決心，後來我甚至成了她申請去英國的擔保人。當她宣稱「我應付

得來」時，我決定那樣做，我相信她了。當英國的移民局拒絕她時，我很沮喪，但她並未失望。如今她在紐西蘭擔任兼職的圖書館助理，我很想知道她是如何把那番決心付諸實踐的——她如何設法在外國的情境脈絡中蓬勃發展。她設法學習，超越了在地知識。由於她離我很遠，我無法得知她是怎麼辦到的。所以我試著以一種比較概括的方式思考，人們在城市中流動時，如何拓展在地知識。

2. 步行知識——在不熟悉的地方定位

步行。步行不單只是意味著以 Google 地圖的方式從 A 移動到 B。自古以來，步行的體力勞動加深了長途朝聖或短途參拜神社廟宇的體驗。長途或艱難的路線增加了目的地的氣場。一三三六年（文藝復興時代早期），佩特拉克（Petrarch）為了體驗而去爬法國的旺度山（Ventoux）。他登上頂峰時，打開聖奧古斯丁的書，看到底下的文字：「人被山峰所感動……卻對行走本身不感興趣。」從抽象的意義來說，佩特拉克也認同步行這種體力活動本身沒有精神價值，但他覺得步行並不是浪費時間。體力勞動使他忘了山下生活帶給他的種種要求與壓力，暫時忘卻「山谷憂慮」促使他反思自己的生活方式。如今我們會說，散步使他與自我產生了連結。然而，就像皮科‧德拉‧米蘭多拉一樣，佩特拉克其實不太明白接觸「自我」是什麼意思。[7]

「現代性」（modernity）使步行與內省之間的連結更令人困惑。盧梭於一七八二年出版的《一位孤行者的幻想》（*Reveries of a Solitary Walker*）把步行描述成一種促進沉思的刺激，所以他很

喜歡在鄉間散步，不受城市干擾。與盧梭同時代的雷蒂夫（Retif de la Bretonne）則是一種相反的步行者，他像礦工淘金一樣在城市裡行走，想藉由沉浸在陌生的場景中充實自己。他從一七八五年起開始記錄他在城市中的漫步，把那些經驗寫成類似日記的《巴黎之夜》（*Les Nuits de Paris*）。在那本書中，他以街頭的密集生活來刺激自己的慾望（以情色為主）。在雷蒂夫之後，波特萊爾（Baudelaire）於下個世紀受到巴黎的妓女與乞丐、城裡的破敗宮殿、極其昂貴的餐廳所刺激。那些刺激似乎反映也揭露了他自己的一些東西——但究竟是什麼呢？城市的複雜性使人很難確定那究竟是什麼。

「漫遊者」的形象就是從這種困惑中產生的：漫步在城市中以設法了解自己。這種形象與民族誌研究者的形象（例如芝加哥學派的研究員）形成了對比。民族誌研究者是研究他者，漫遊者是在別人身上尋找自我。

對比較平凡普通的人來說（例如試圖組織運動的規劃者），步行的刺激是截然不同的。誠如第二章所述，十七世紀末期與十八世紀初期，自由移動的身體變成城市規劃的目標。那些規劃者打著生物科學的名義，尤其是把哈維對血液循環的分析拿來作為規劃街道的模型（把街道設計成動脈與靜脈那樣，自由流動的交通就像體內健康的血液循環一樣）。在這種方案中，步行失去了價值，人行道變得不像車道那麼重要，因為行動的自由等同於行動的速度。那在某種程度上是不合邏輯的：在飛馳的馬車中，你坐著不動；你用雙腳走路時，血液流動得更快。城市規劃者把自由移動的生物價值從人類轉移到機械上，但在舊體制中，那種轉變有一個很好的理由：買得起馬車的人與買不起馬車的人之間有

很大的經濟與社會鴻溝，買不起馬車的人不得不靠雙腳走路。迅速自由移動的城市是特權階層的城市。

「自由移動」意味著什麼？那有兩種不同的類型，一種是漫遊者，他不太知道漫步的原因，也不知道要走去哪裡。另一種是心中有明確目標的人，例如從家裡去上班，或者為了尋找性愛而四處走動。這種「漫無目的」與「有目的」的區別，也出現在隨性的遊客和伊恩・辛克萊爾（Iain Sinclair）那樣認真的步行者之間。[①]辛克萊爾徒步穿梭在城市中，是為了顯示城市在哪些地方如何拋棄了窮人，或突顯出城市規劃者的愚蠢。雷貝嘉・索爾尼（Rebecca Solnit）因此區分了徒步旅行者（有任務的步行者）與漂泊者。[8、9]

四處遊走的漫遊者是夜晚的朋友，因為城市的祕密是在夜裡洩露出來的。夜晚除了為小偷與妓女提供庇護，也是倫敦與巴黎大批遊民湧上街頭的時間，後來新德里的尼赫魯廣場也是如此。煤氣燈的出現幾乎沒有改變隱藏城市的樣貌，因為煤氣燈很暗，煤氣燈投射的半影通常很小，十九世紀中期的半影直徑不超過 5 到 6 公尺。現在鈉燈在街道上投射出均勻的橙黃色光，夜晚正在轉變。人物的顏色流失了，鈉燈投射出自己的影子。

我認為，四處遊走的漫遊者比有目的的徒步旅行者更開放，因為他們對地方與人的知識能以不可預見的方式擴展。但他究竟在學習什麼？這對麥德林那些青少年來說是一個實際的問題，他們現在可以在城市中漫步：他們如何像剛才描述的那樣，藉由在城市中行走（而不是上 Google 搜尋或看 YouTube）

---

① 譯注：伊恩・辛克萊爾（Iain Sinclair，1943－迄今），威爾斯作家和電影製片人。

來打破地方的限制呢？

　　橫向估算。我現在是以某種專家的身分發言。在步行的心理結果方面，我儼然已經成為專家。我中風後開始復健時，對於行走對思維流程的影響很感興趣。剛開始四處走動時，行走幫我走出了疲勞的迷霧——那是一種精疲力竭的半清醒狀態，籠罩著剛從心臟病發中清醒過來的病患。當時我處於失衡狀態，很容易摔倒。剛開始恢復走路的病人是以一種名為「朗伯格氏動作」（Romberg Manoeuvre）的運動來因應那種危險，那個動作可以讓身體保持直立。一旦你開始走路，前庭康復練習（Vestibular Rehabilitation Programme，亦即學習筆直行走）會訓練你每走三步就把頭向右轉，接著又走三步，把頭向左轉。這樣一來，即使你的頭看往旁邊，身體也會穩步向前移動。最初這種步行練習是每天走兩次，每次走約 20 公尺。走路的時候，腳要抬高。每次走到第三步、你把頭轉向一邊時，就拍打大腿。（我不建議大家像我以前那樣在公園練習，因為你可能會引起警察的注意。）

　　這個練習有點像在貴賓面前遊行的士兵，它為身體動作與空間感知之間的關係提供了一個線索。在前庭康復練習中，如果你轉頭時把注意力放在特定的門、盆栽或其他的物體上，向前移動與看往側面的結合效果最好。那些轉頭看到的物體可以讓中風的人逐漸確定周圍環境的尺寸，包括遠近與高低。這就是橫向估算（lateral accounting），它讓你用全新的方式看側面的東西，彷彿你以前從未真正注意過它們的特質。

　　健康的漫遊者也會做橫向估算，他在探索城市時也會做類似前庭康復練習的動作。他在視覺意識的側面吸收了新的「資料」。橫向估算激發了維度測量，健康的漫遊者就像康復中的中風患者一樣，可以更清晰地看到意識邊緣的物體。這種分類及篩選是如何進行的？

　　多數動物先天就有周邊視覺。人類的視界圓錐是 60 度，視野深度的範圍較短，所以我們總是比聚焦時吸收更多的資訊。此外，人類很難同時對七個以上的物體進行仔細的個體觀察。因此，以走路的速度移動時，大腦中的詹姆斯式「聚光」通常只會聚焦在側面的三或四個物體上。相較之下，以時速 50 英里的速度開車行進時，意識會縮小到單一重要的物件上。在步行的速度下，聚光的物件是「圓潤立體的」，我們可以仔細打量它，並研究它的輪廓與情境。然而，在加速行進時，單一聚光的物件在神經上看起來是「扁平的」──圖像一閃即過，沒有深度或情境。就這個意義來說，慢慢走可以產生比較深層的橫向意識。橫向估算是區別地方與空間的標準之一（地方是你所在的位置，空間是你穿過的位置）。它證實了「單車騎士的基本認知勝於汽車駕駛人」的主張──在神經層面上，單車騎士比汽車駕駛人更了解城市。[10]

　　橫向估算解釋了奧斯曼時代的巴黎人在快速移動的長途馬車與火車上所感到的某種困惑，當時那些交通工具正在塑造城市內的移動方式：他們搭那些交通工具時，看到城內更多的地方，但以高速移動時，他們對特定地方的注意較少。以搭火車旅行的觀點所寫的城市指南很少，例如一八八二年的《貝德克爾指南》（*Baedeker's Guide*）是為遊客規劃徒步旅行，但作者覺得搭

火車旅行無助於了解城市。當然，快速的交通工具對於在城內穿梭很重要，但汽車與火車也是破壞認知的機器。這正好是城市（ville）規劃者面臨的挑戰：如果他們沒有考量到步行知識，不為步行知識提供相關的設施，那怎麼辦？沒有人行道，沒有小巷，沒有長椅，沒有公共飲水裝置？沒有公廁？如果不提供這些東西，他們將會縮限城市的智慧，使城市變笨。

　　定位。在 Google 地圖上，標示「我當前位置」的大頭針幫用戶在空間中確定方向，它精確地回答了「我在哪裡？」。想要體驗陌生的空間，必須以一種更複雜的方式來估算「我在哪裡？」。

　　心理學家段義孚（Yi-Fu Tuan）藉由分析人們如何學習走迷宮來回答這個問題。一個人剛進迷宮時，裡面的一切都是純粹的空間，沒有標記，沒有區別，他對自己所處的位置一無所知。他第一次從迷宮中盲目地摸索出口時，知道有一種「空間敘事」（亦即涵蓋起點與終點的移動路線），但他不知道構成那個空間敘事的「章節」。透過反覆地漫步遊蕩，漫遊者學會採取某些行動，挑選那些可以指引他的路徑，因為那些路徑中有段義孚所謂的「地標」——基座上的雕像是醒目的地標，但有病蟲害的樹木或害你差點扭傷腳踝的隱蔽坑洞也有指引效果。這些東西構成了移動敘事的章節。

　　段義孚認為，空間中的移動不是一次性的事件，而是必須反覆發生的事情：漫遊者必須反覆地漫遊以學習在空間中穿梭。此外，段義孚的學派也認為，在選擇指引方向的路標時，漫

遊者會嚴謹地思考哪些物件或圖像最能幫他定位。換句話說，那些物件或圖像可以從組成迷宮的統一、同質樹籬中脫穎而出。當驚恐的漫遊者凝視著令人困惑、看似一模一樣的通道時，這些例外就在視野的旁邊。因此，段義孚的學派補充了費斯汀格對於認知距離與焦點注意力的研究：只要有足夠的經驗，人在移動中就能把注意力放在不明顯的特定線索上以確認其方位。套用我們的說法，有一種橫向估算讓人產生領悟，指引人朝著他目前看不見的出口行走。[11]

地理學家米歇爾・呂索爾（Michel Lussault）的研究中，有另一種定位自己的方式。他對於走路如何建立遠近關係很感興趣。你看地圖，知道加油站離你 1000 公尺遠，但那只是一個數字。為了判斷加油站離你很遠、還是很近，你必須做某種體力勞動才能判斷。顯然，每次我們判斷遠近時，不能直接走個 1000公尺來判斷，更遑論走 10 公里了。他認為，這樣說固然沒錯，但是在一個人發展的過程中，某個時刻你還是需要付出勞力，才能了解代表「遠」、「近」的數字，即便只是走個 1 公里也行。你需要以同樣的方式走同樣的遠／近。如果你對高度的唯一體驗是搭電梯上下移動，「高」對你來說是意義不大的衡量標準。在某個時點，你必須至少爬一段樓梯，這樣一來，你使用「高」的衡量標準才有意義。呂索爾認為，就像工匠把實體經驗與他對「緊實」（tight）這個字眼的心理理解結合在一起一樣，地理環境也是這樣構建的。在了解新空間的尺寸時，行走或攀高的身體就是一種原始的量尺。[12]

關於人如何在陌生的地方移動以確定自己的方位，有兩種不同的說法。有些人可能不認同底下的說法：很少漫遊者步行穿

過德里或紐約。但你如何量化「大」這個字眼呢？在城市裡，
這個問題其實跟人類尺度有關

❖　❖　❖

尺度衡量。在建成環境中，人類尺度的衡量標準在邏輯
上似乎是根據人體的大小。這種定義尺度的方式是始於維特魯
威（Vitruvius），我們最熟悉的莫過於達文西繪製的著名圖像：
人體四肢張開，在正方形中形成一個完美的圓，那是對靜態人
體的衡量。在我們這個時代，幾何版人類尺度的最有名例子是
柯比意的模組人（Modular Man），那個圖顯示一個人舉起一隻
彎曲的手臂。柯比意試圖在這幅圖像中協調公制與英制的衡量系
統，焦點是放在身體的數學上。建築師可以用模組人的圖像，在
高大的建築中創造人類比例尺，以計算模組人的垂直倍數。這種
模組化的測量方法出現在一九三〇年代的幾棟建築中，但柯比意
在二戰後詳細闡述了這種作法。關鍵在於合理化身體的大小，而
不是把身體視為活體。

卓越的建築評論家傑佛瑞・史考特（Geoffrey Scott）提出另
一種思考人類尺度的方式。他宣稱：「我們把自己投射到我們所
處的空間中……最好是以我們的移動來填滿那些空間。」史考特
就是因為這個原因而迷上巴洛克風格，尤其是貝尼尼（Bernini）
的旋轉雕塑，那些石雕身體的扭曲與彎曲，那些石雕披掛的帷
幔飄揚旋動的樣子。史考特從審美的觀點欣賞這些旋動的人體形
態，進而主張，我們應該想像自己的身體移動在空間中放大，
藉此來「投射人體尺度」──亦即以想像力放大呂索爾的具體
感官體驗。超人與蝙蝠俠的跳躍創造了這種尺度的投射，喬納

森‧綏夫特（Jonathan Swift）的《格列佛遊記》也是如此（大人國與小人國遊記都是這樣）。考慮到建築實務，史考特主張，通過房間的通道、從房間到街道的通道，以及上下樓梯的通道，是設計空間的好指南。那樣做比拿固定的人體圖像來計算房間大小或街道寬度，更能設計出人性化的空間。[13]

艾倫‧雅各（Allan Jacobs，他與珍‧雅各沒有關係）的作品中可以看到呂索爾對遠近的主張，他是一九八〇年代舊金山的城市規劃家。對雅各來說，60度的視界圓錐主宰了一切。他認為，在這個圓錐的頂端，應該永遠都可以看到建築物的屋頂。有些都市規劃者運用這個「雅各規則」來決定街道的寬度。街道愈寬，街道兩旁建築物的高度可以愈高，只要你從地面上依然可以看到屋頂就好了。在舊金山，雅各規則對低矮建築比較有利，因為街道狹窄。相對的，行人在巴黎的香榭麗舍大道上往前走，依然可以看到兩旁高出許多的建築的屋頂。雅各不喜歡上海那種獨立的高樓，在那種高樓的周圍走動，根本感覺不到它們的高度。[14]

丹麥都市學家揚‧蓋爾（Jan Gehl）提出以人為尺度、移動導向的街道衡量方法。這種方法並不衡量人體的大小，而是探索移動的身體如何處理「近」這個字──這是呂索爾理論的另一種應用。「根據背景與光線，我們可以從300到500公尺外辨識出那東西是人，而不是動物或灌木叢。」接著，「當距離縮減至100公尺時，我們才能看到動作與肢體語言的大致輪廓。」不過，我們仍然需要向前移動，因為還有一個比較短的間隔：「我們通常是在距離50到70公尺處認出那是某個人。」接著才是最後一個階段：「在距離約22至25公尺的地方，我們可

以準確地解讀臉部表情……」我們對聲音也可以進行類似的估算。50 到 70 公尺外可以聽到呼救聲；25 到 35 公尺外可以聽懂單向交流中的大聲說話，彷彿站在露天講壇；12 到 18 公尺外，可以進行簡短的跨街交談。但只有在 7 公尺內，「對話才能更詳細、更清晰」。蓋爾認為，視覺與聽覺上關鍵的「人際閾值」是發生在 25 公尺左右（這是對方的特定資料可以具體補齊的距離）。用這種方式衡量人類尺度時，人有多大並不重要，重點在於你靠近對方時，你看到及聽到什麼。[15]

為什麼汽車、火車、飛機無法作為衡量尺度？因為移動暫停了。這些機器的移動不太需要人出力，機器自己會動。這方面有一項有趣的研究是比較手排車和自排車。手排車比較不會發生車禍，因為換檔需要動用的心力會使駕駛人更注意車外周遭的情況。隨著自駕車的出現，人不再需要注意周遭環境的情況——這是威廉·米契爾夢想的黑暗面。創造者自製的尺度消失，呼應了默霍茲所頌揚的「簡單好用」技術：為了讓程式運作，當我們需要投入的心力愈少時，我們對其運作方式的了解也愈少。

我因此推論，人類尺度不是光靠移動建立的，而是以一種令人迷惑的方式移動，像在迷宮裡一樣。那會遇到障礙，就像在人群中緩慢移動似的；那需要處理沉重的感官負荷，例如橫向視覺。都市規劃者創造一個毫無障礙的步行環境時，其實對行人的體驗毫無助益。就像 Googleplex 內部的「創意」一樣，外面的街頭也是如此：人們藉由因應阻力來體驗人類尺度。

前面提過，我不知道那個年輕的圖書館實習生是不是藉由在城市中漫遊，學會在陌生的地方生存。但移動的橫向估算、領悟、定位、尺度衡量都是在陌生的地方確立自身方位的好方法。

3. 對話練習──跟陌生人說話

那麼語言定向呢？她如何跟陌生人說話，以超越在地的限制呢？這個問題的一個答案，是源自俄羅斯文學家米哈依爾‧巴赫汀（Mikhail Bakhtin）最先提出的溝通概念。

「對話學」（dialogics）是巴赫汀於一九三〇年代自創的字眼。他以這個字眼來表示「現在與過去之間、過去的不同時代之間、現在的不同社會思想群體之間、傾向之間、學派之間、圈子之間，語言充滿社會思想矛盾（socio-ideological contradictions）的方式」。每個聲音都知道其他聲音的存在，也受到其他聲音的形塑，巴赫汀把這種情況稱為「眾聲喧嘩」（heteroglossia）。由於每個人都不是別人的翻版，言語中充滿了誤解、歧義、無意的暗示、意在不言中的欲望。套用康德的說法，語言是扭曲的，尤其在陌生人之間更是如此，因為他們沒有相同的在地參考基準，也沒有相同的在地知識。我與那位圖書館實習生針對午睡所做的有趣討論就是一種眾聲喧嘩。[16]

在一九三〇年代史達林統治的莫斯科，「對話學」對寫作的人來說是一個危險的詞彙。當時在莫斯科，思想只要出現些微的偏離，就有可能被送進勞改營。對話學是對這種思想專制的一種挑戰，它與辯證學（dialectics）相反，至少思想員警認可辯證推理，把它視為辯證唯物主義。當時社會對語言的官方看法是，論點與相反論點的相互作用，會讓你產生一個統一思想與感情的綜合體，每個人都會得到同樣的共識──一個可監控的共識。然而，置換、中斷或非結論性的對話技巧則可建立一種不同的言語社群──大家是以列維納斯所說的那種鄰居身分對話，各自抱持

不同的看法。這種言語社群是無法監控的。[17]

　　我認為，有四種對話工具特別適合都市人。

❖　　❖　　❖

　　傾聽言外之意。一般人說話時，通常不會說出本意，因為他們不知道怎麼表達自己。另一方面，語言也無法完全掌握住一個人的想法或感受。在文學中，巴赫汀用來解決這些語言侷限的方法，是強調人物說話的語境，多關注場景設置，而不是對話。讀者看作者怎麼描述書中人物的世界，藉此推想那個人物想說什麼。

　　讀者從作者對人物及其世界的描述，來推斷人物想說什麼，而不是從人物說的話去了解。儘管《堂吉訶德》中的桑丘‧潘薩（Sancho Panza）經常口齒不清或語無倫次，但是多虧了語境化，我們還是可以理解他想說什麼。

　　在日常生活中，傾聽技巧幫我們聽出言外之意。芝加哥學派就像當時的人類學家一樣，想要「傾聽言外之意」，但是深受一種社會神經症所困擾：代表性樣本。這種神經症是指，相信這個世界上真的有某一種人的真實聲音或典型例子。這種信念助長了刻板印象，例如：無知的波蘭農民、憤怒的白人。更重要的是，挑選有代表性的樣本時，會優先考慮那些以大家預期的方式說話的那些人，那些說話者因為展現出刻板印象而獲得關注。派克擔心他的學生沒有傾聽那些對自己的種族或階級的理解比較複雜、不是那麼刻板的人。那種複雜的想法與感受可能使人陷入沉默。因此，托爾要求採訪者學習如何保持沉默，以鼓勵那些受訪者以合適的用語表達。芝加哥學派對年輕採訪者的培訓，包括

放任訪談中出現長時間的沉默。茲納尼茨基發現，受訪者的沉默常讓採訪的新手感到尷尬不安，使他們很想直接說出類似下面的話：「施瓦茲女士，換句話說，您的意思是⋯⋯」茲納尼茨建議採訪者，不要把受訪者沒說過的話硬塞進他的嘴裡，那是社會學的大忌。

　　從芝加哥學派的時代開始，大家就發展出一些技巧來突顯出那些含糊不清或相互矛盾的含義。在現代民族誌學者的教育中，傾聽認知失調變成很重要。研究人員聽到受訪者的說法自相矛盾時，不能把那種情況視為受訪者無知或愚蠢的徵兆。根據巴赫汀的看法，那表示言語行為的語境是歪曲與矛盾的。

　　訪問者若是說：「施瓦茨女士，妳自相矛盾了。」那對訪談毫無助益，因為那意味著問題出在她身上，而不是她所處的狀況。在深度訪談中，訪問者確實會在長時間的訪談過程中擔心這些矛盾，並把注意力放在矛盾上，所以在九十分鐘的訪談結束時，他們已經重新定義了最初的問題。

　　例如，我和科布為了《階級中隱藏的傷害》（*The Hidden Injuries of Class*）採訪了許多勞工。許多受訪者一開始就提出反黑人的言論，但是在採訪過程中，那些言論逐漸調整成對更高社會階層的白人所感到的憤怒。對訪問者來說（主要是中上層階級的白人），良好的傾聽需要展現同理心，而不是認同。當訪問者傳達出你願意認真看待受訪者，而不是傳達「我知道你的感受」時，才能徹底了解受訪者的話。當受訪者表達種族歧視的看法，後來演變成對階級的不滿時，訪問者需要以一種平靜的態度來表示尊重，例如回應：「那很有意思」或「我沒想過那點」。這些回應就像美麗的謊言，為混合的社區提供了潤滑劑。這樣做

通常可以讓原本處於激烈互動的受訪者改變回答。

　　總之，保持沉默既是一種社交，也是一種自律：言語上的被動顯示出你對對方的尊重，你把他當成一個人，而不是一種類型。

　　陳述語態和虛擬語態。對話學的第二方面與說話有關，而不是傾聽。這是使用虛擬語氣來開啟交流。主張「我相信 X」或「X 是對的，Y 是錯的」的陳述語氣只會引來同意或不同意的反應。「我本來以為」或「或許」等虛擬語氣則可收到比較廣泛的回應：你可以表達懷疑與猶豫，也可以提出不會激起對方為自己辯護的不同事實或觀點。巴赫汀寫道，這種開放性允許「語言以間接、有條件、有距離的方式使用」。哲學家伯納德‧威廉士（Bernard Williams）說，陳述語態的聲音受制於「對主張的迷戀」，這種自信果斷通常是咄咄逼人的。但是，不管心理上受到的影響多微妙，陳述語態的本質在於它強調清晰的表達，虛擬語態則強調模糊性。[18、19]

　　對話學的觀點是，虛擬語態是比陳述語態更有利於社交的說話方式。人更加開放，交流更自由，感覺不是那麼拘謹，行為不是那麼有防禦性，他們不是在捍衛自己的立場。換句話說，模糊的表達有助於合作的交流，清晰明確的表達容易引來競爭性的交流。

　　有效運用虛擬語態就像聆聽一樣，也需要技巧。每位專業的談判者，無論是外交官、還是工會的領導者，都要學習何時及如何藉由放棄主張來開啟討論機會，把以前明確要求的事情改用

比較試探性地的口吻說出來，藉此推動談判。多數成年人是靠類
似的談判技巧來維持親密關係，而不是直接說出欲望或觀點。這
種技巧為自我克制力增添了一定程度的機靈。一個人說「也許」
時，他可能非常清楚自己的想法，「也許」是他邀請對方發言的
方式。

　　傾聽言外之意，使用虛擬語態，是在床上、晚餐、辦公室
交流的對話方式。陌生人交談時，第三種對話練習可以發揮作
用。

　　「非人稱語態」。在閱讀芝加哥學派的原始採訪記錄時，我
驚訝地發現許多芝加哥學派的研究人員似乎沒注意到的東西。
他們的受訪者使用了兩種聲音：一種是自稱的，另一種是非人
稱的，比較不帶個人色彩。「身為黑人，我覺得芝加哥大學對我
的接受度比伊利諾大學的朋友高……」這是第一種聲音的例子；
「為什麼白人給黑人帶來那麼多痛苦？」是第二種聲音的例子。
由於採訪的主題是種族，受訪者這樣講可能只是一種修辭性的反
問，他從個人經驗中早就知道答案了，但他沒提及個人經驗。陌
生人碰面時，「非人稱語態」（it voice）可在彼此之間保持距離，
即使雙方仍持續交流。[20]

　　在芝加哥學派的採訪中，有的長時間訪談持續維持這種非
人稱的敘述，因為受訪者想要保有隱私。但在另一些訪談中，受
訪者只提自身的小經驗，那樣講似乎又太狹隘了，無法說明一
個人所處的社會。一位來自波蘭小村莊的移民告訴湯瑪斯（W.
I.Thomas）：「我來芝加哥以後，才意識到我是波蘭人。」，之後

這位受訪者繼續以更籠統的話語來說明波蘭村莊與芝加哥的波蘭聚居區有何差別。那種述說是說話者的「非人稱語態」，那是向外聚焦，而不是向內聚焦。

「非人稱語態」是對話性的，因為受訪者可以自由地延伸、觀察、判斷，不必凡事都提到自己。邁克・霍奎斯特（Michel Holquist）是巴赫汀著作的美國譯者，也是巴赫汀思想的卓越詮釋者。他探索了堂吉訶德那種流浪冒險者或拉伯雷（Rabelais）那種敘述者何以充滿了自由精神，②因為他們是探索「是什麼」（what is），而不是探索「我是誰」（who I am）。這些人物的能量是從自我中解脫出來的。[21]

受訪者分析自己居住的地方時，同樣也會使用自稱與「非人稱語態」。受訪者談到自己屬於某個地方時，使用的代名詞是「我」（I）；他們評估那個地方本身的優缺點時，使用的代名詞是「它」（it）。這種差異很重要，因為「非人稱語態」更有評估性，更嚴格挑剔。這種對地方的看法，與托爾之前提到女性對婚姻的看法有些相似：她與我母親所採訪的婦女，一開始先討論她們身為失業受挫男人的妻子的經驗，接著變成討論國家或共產黨可為這種受挫狀態做些什麼。歐巴馬後來在芝加哥擔任社區組織者時，他發現他必須想辦法讓大家從敘述連串的個人傷害，轉為思考他們可以採取的行動。講述個人的苦難還不足以激勵他們去奮鬥。

❖　　❖　　❖

---

② 譯注：拉伯雷（François Rabelais，1494 – 1553）是法國文藝復興時代的偉大作家，代表作為《巨人傳》（*La vie de Gargantua et de Pantagruel*）。

非正式性。我和蘇迪爾先生那種非正式的對話是第四種對話交流。那是一種漫無目的的聊天，不像會議事先會草擬議程。非正式交流也可以和八卦流言形成對比，八卦流言通常帶有惡意（即使未表達出來）。在非正式的交談中，你從一個話題聊到另一個話題，從一種感覺換成另一種感覺時，你在不同層次的意義之間移動，從瑣碎轉為深刻，再浮回表面。因此，非正式的聊天可能變成漫無目的閒聊。當那些閒聊出現某種形式時，就可以轉變成對話交流。就像在麥德林的咖啡館一樣，看似漫無目的的閒聊可能會突然聚焦於一個重要的事實。說話者可能察覺到有一條路徑值得探索，儘管他事先並不知道會發現什麼。這種探索技巧可以讓討論持續下去。

維持非正式的交流需要某種不負責任的態度。那不像在辯證性的辯論中那樣反覆地討論某個話題，對話式的聊天是由參與者從閒聊中抓一些看似瑣碎的事情來聊，使對話不斷地轉來轉去。這些瑣事可以引導對話朝著新的方向發展。例如，你提到你父親的殘暴行為，我卻雞同鴨講地聊到我父親的禿頭。這種雞同鴨講的回應，使對話不再只是用來做痛苦的懺悔（懺悔那個反省已久的罪惡，那種懺悔非常痛苦，使你想用獨白來表達自己）。以我父親的禿頭來回應，可使對話轉趨輕鬆，但更重要的是，讓談話持續進行下去。我並未忘記你父親的殘暴行為，事實上，當我們點第二輪飲料時，我會尋找跟那件事有關的線索，我們會聊得更多。

當我們說一個人很健談時，腦中會浮現這種閒聊能力。我覺得很少辯論者或辯證者擅長閒聊。他們提出自己的論點後，若是清楚傳達了觀點，對方就不會再爭辯了，對話就此結束。

　　關於非正式對話的流動，開放系統的分析師有助於釐清其轉折點。那些轉折點的專業術語是「非線性的路徑依賴」（non-linear path dependencies）。這裡若以製造東西為例，可能比對話更容易理解。一個木工打算做一個大盤子，他後來發現木頭上有節疤，於是他決定改做一個碗，而不是一個平的盤子。但他後來又發現有趣的木紋，於是他為那個木碗雕刻了波浪形的唇口，他以前從未雕刻過唇口。每個階段都發生了某件事，使他改變了原先打算做的事情，那就是非線性的路徑依賴。他可能說，那個碗「最後的樣子和我最初所想的不同」，謙虛地低估他發現機會的能力──但他讓那些改變發生了。同樣的，你和陌生人聊天時，你的談話可能只是無關緊要的酒吧或夜店閒聊。但你們兩個──你們的性費洛蒙（sexual pheromones）異常地流動著──以某種技巧交談，循著一些意想不到的線索聊下去，也捨棄了一些線索。

　　開放系統中，沒有命運──在愛情中，你也應該冷靜地思考這點：坦白講，你不是命中註定只遇到這個陌生人。數學上，你可以透過迴歸分析，清楚地追溯到那些導致木工製作那個唇口，或你們兩個擁抱在一起的步驟。但是在向前的模式中，每個變化都是因應前面的變化，那是一開始無法預知的。命運是假設人生註定會變成某個樣子，但是開放系統中沒有命運，是過程塑造了最終的結果。

　　在開放系統理論中，這是好事。隨著路徑依賴（path dependencies）的累積，系統會變得愈來愈動態、愈來愈有活力。巴赫汀試圖解釋社交溝通中這種興奮的能量。他想像這種非線性的體驗是因為不同的「社會方言、特有的群體行為、專業術

語、通用語言、世代與年齡層的語言、偏見性的語言、權威用語、不同圈子與流行時尚的語言」彼此交會而產生的。他把這種言語情境稱為「眾聲喧嘩」，我們稱之為「cité」。[22]

　　眾聲喧嘩是可以人為發起的，小說家會這樣做。在某種維多利亞時代的小說中，只要看開頭幾頁，之後劇情的演變就很明朗了：英雄一定會獲得獎賞，壞人會遭到懲罰，命運乖蹇的情侶會終成眷屬，生活是連貫的，令人放心。在另一類小說中，故事會發生意外的轉折，事件或角色偏離了讀者的最初預期：反派得意地勝出，相愛的情侶離散，天各一方。這種故事吸引人的地方，不光只是那些出其不意的設定，還有模糊不清的狀況及困難重重的挑戰。那些設計都很強勁，使角色偏離了讀者預期的發展。伊塔羅·卡爾維諾（Italo Calvino）曾說，創作這類小說的作者其實是在跟讀者玩遊戲，他在一切看似要順利進行時，巧妙地改變了約定的條件。同樣的，我與蘇迪爾先生聊天時，也是因為他出人意料地透露私事，才讓我與這位專門販售來路不明iPhone 的小販持續聊下去。

　　非線性的小說遠比套公式的小說更引人入勝。讀完小說最初幾頁，如果我能猜出它的結局，我通常會把書擱下。城市裡也是如此，多元的聲音與行動令人著迷，已經料想得到的設計則沒有誘人的效果。在現實生活中，使人持續感興趣的一種技巧，就像小說一樣，是在看似漫無目的、瑣碎的談話過程中，播下意想不到的種子——這是非正式交流的本質。

　　總之，我想像那位圖書館實習生以下面四種對話的方式與陌生人交談：聆聽對方的言外之意；使用虛擬語態與對方合作，而不是與他對立；談與自己的生活無關的現實；做非正式的

交流。這些對話方式可以幫她打開大門。

　　大家常把城市想像成只有積極好鬥者才能生存下去的叢林。巴爾札克、福樓拜、斯湯達爾等作家很早就意識到,那種殘酷廝殺的想像有點不切實際。在他們的小說中,沒那麼好鬥的人物在城市裡反而過得比那些自私自利、最後走向毀滅的人好。我們在第二章看過,小說家與讀者都從那些自私者的崩潰毀滅中獲得了樂趣。我在這裡概述的對話技巧是因應複雜現實的方法——以手腕及技巧取代窮追猛打。不過,對話除了有實際的價值以外,也是一種有倫理道德的交流:尊重他人,追求合作而不是競爭,往外發展而不是往內發展。這種倫理道德會不會是在城市中生存的有用、務實、精明指南呢?

4. 破裂管理——移民成了都市人的典範

　　移民的力量。在泰居・柯爾(Teju Cole)的精彩小說《不設防的城市》(*Open City*)中,主角是一位漫遊者,他是以一種不激進的方式了解城市。就像許多作家的處女作一樣,柯爾這本小說幾乎是一本毫不掩飾的自傳。小說的主角跟作者一樣,是年輕的奈及利亞人,在紐約當精神科的住院醫生。主角喜歡在城市中獨自漫步,一方面是為了緩解工作壓力,另一方面是為了了解這個陌生的地方。有一次漫遊的時間是黃昏,是主角看完患有幻覺的病人 M 之後。他們雙方都對那次療程不太滿意。之後,主角搭上地鐵,回曼哈頓西區的住家。他抵達住家附近的地鐵站時,車門開啟,但他沒有下車,而是一直待在車上,直到車子開到曼哈頓的南端才下車。他試圖進入一間上鎖的教堂,在九

——恐怖攻擊留下的廢墟中穿梭，進入一家酒吧，被一個男人搭訕，離開酒吧，繼續走。一個接一個的場景以這種看似隨機的方式累積起來，他的行走知識正在創造一幅拼貼的圖像。

在這個例子中，對話式的言語也很重要，因為主角面對的病患有黑人、白人、波多黎各人、墨西哥人。他在工作上很少遇到來自家鄉的病人。因此，他需要穿過那些外國詞彙或用法的屏障，洞悉患者背後的實際想法與感受。但他與患者的討論似乎只是零碎的交流，而不是經典的精神分析中常見的那種長時間的廣泛探索。就像所有的精神科醫生一樣，主角經歷了情感反轉移（counter-transference），聆聽患者的心理困擾呼應了他自己離鄉背井的心聲，因此他寫道：

> 生活體驗就像一個連續體，當它遠離、成為過去之後，我們才會看到它的不連續性。過去，如果真的有這種東西的話，大多是空虛的空間，遼闊的虛無，重要的人物與事件漂浮其間。奈及利亞對我來說就是那樣：除了少數幾件記憶特別鮮明的事情以外，我幾乎已經完全遺忘了它。[23]

如果這是一種回歸非洲根源的懷舊之情，那可能是一種平凡無奇的情緒。這部小說之所以強大，是因為主角意識到他已經變成雙重的外人，既不屬於這裡，也不屬於那裡，既不屬於過去，也不屬於現在。他已經變成典型無根的世界主義者——以前那是猶太人的象徵，如今更廣泛地涵蓋了湧入紐約的非洲人、亞洲人和拉美人。那部小說描述他學習如何因應這種困境，主角變成探索移民痛苦的深刻人物。但離鄉背井並未摧毀他，闖蕩紐約

反而讓他穩定了下來，因為他學會處理複雜的事情，儘管他對家鄉的渴望並未獲得滿足。他的城市故事因此有了深度和分量，他可以住在這裡，即使他不完全屬於這裡。

閱讀這本小說的過程中，我想起三個截然不同的人物。一個是海德格的學生岡倉天心，他提出與老師不同的看法，他認為你不必在一個地方扎根，就能在那個地方生活，你只需要接受自己的飄零無依就行了。他體現的那種禪宗取向，可以視為遷徙的基本理論。在比較不屬於哲學方面，柯爾的故事讓人想起十九世紀俄羅斯的流亡者亞歷山大・赫爾岑（Alexander Herzen）。赫爾岑是政治改革的信徒，於一八四八年開始流亡，從莫斯科流亡到羅馬，再到巴黎，最後到倫敦。他在倫敦時，又老又窮，疲憊不堪，他寫道：「我坐在倫敦，機會帶我來到這裡……我之所以留在這裡，只是因為我不知道如何是好。異族圍繞在我周遭，令人困惑。」然而，這不是絕望的哀嘆（儘管身為俄羅斯人，他當然想好好哀嘆一番）。他寫下這些文字幾個小時後，去了一家酒館，在那裡他遇到一群「出奇有趣」的工人。[24]

經過多年的流浪，赫爾岑認為「家」是一種移動需求。也就是說，移民者或流亡者把他對家的欲望裝在行李中──儘管那欲望揮之不去，但那不會阻止他四處遊走。赫爾岑嚴厲地批評了那些活在過去的俄羅斯流亡者，那些人一直活在遺憾之中，命運使他們離鄉背井，來到異鄉，但他們始終把自己隔絕在異鄉之外。他們應該對自己的處境「負責」，應該活在當下，自我覺察。赫爾岑認為，遠走他鄉的過程使流亡變成一種福分──使人意識到當下，那是從未離家的人所缺乏的。

我為麥德林那個圖書館實習生擔任擔保人，她期待著移

民，期待著離開家鄉，後來她自己在他方蓬勃發展。儘管她對家鄉仍懷有美好的回憶，但她亟欲在海外體驗新的生活，她已經變成一位熟練的漫遊者。她想先在海外取得合法居留權，再幫家人移居海外。也許是因為她很年輕，她對現在與未來的開放心態幫她融入了新環境，她是樂觀的世界主義者。赫爾岑是被迫離開俄羅斯，他是遭到強制驅逐的──那傷痛經過了數十年才癒合，但最終他還是接受了現實。他從未成為英國或法國公民，但他藉由結識英國與法國的朋友，以避免自己陷入令人失落的鄉愁記憶中。他是一個激進分子，俄羅斯遇到的複雜危險經歷令他畢生難忘。然而，他與那位麥德林的圖書館實習生一樣，都渴望活在當下。在那種時間意義上，他已經融入了。

柯爾筆下的主角是站在「充滿抱負的移民」和「非自願的流亡者」這兩個極端之間。他是自願離開奈及利亞，來到新地方發展職涯，卻感到空虛，或至少覺得缺了點什麼。他或許可以作為我在瑞典接觸的那些巴爾幹難民的榜樣，儘管他們的處境比較類似赫爾岑。最初，他們期待過更好、更自由、更安全的生活，但隨著時間推移，他們開始為自己的經歷感到遺憾。實務上，他們別無選擇，只能學習瑞典語以適應當地的生活，因為缺乏語言能力只能找到一些卑微的工作。成人一開始希望努力融入新環境，因為他們知道，不這樣做的話，孩子的前景有限。然而，他們融入瑞典的過程遇到了障礙，有些不是他們自己造成的。就像德國那些 PEGIDA 的遊行者一樣，瑞典也有一股強大的力量抵制移民的存在。但那種抵制還不足以解釋他們日益增長的遺憾。隨著時間經過，移民社區開始感到空虛，感覺缺了點什麼，就像柯爾一樣。相較於現在的生存，他們主觀認為過去的痛

苦變得更重要。怪的是,那些未曾感到無家可歸的年輕世代,開始以失去的家園來定義自我。他們全部被納入開明的瑞典社會中,但沒有融合。他們就像柯爾和赫爾岑一樣,住在這裡,又不在這裡;既不存在,也在現在。

移民的力量來自於接納自己的離鄉背井、流離失所。這如何成為其他都市人的典範呢?

流離失所的哲學家。據我所知,加斯東‧巴謝拉(Gaston Bachelard)不像約同時代的海德格那樣打造過小屋,但他在精彩的散文中想像了一間小屋。他的著作《空間詩學》(*The Poetics of Space*)似乎是在頌揚受到庇護的生活,把焦點放在小屋裡的平靜日子。在書末,他寫道:「對一個文字夢想家來說,『Round』(圓)這個字是何等的平靜。它讓人的嘴巴、嘴唇變得多麼平靜……呼吸變得圓潤……Das Dasein ist rund(存在是圓的)。」如果這是對一間真正小屋的描述,那可能是西藏的圓頂帳篷。那比喻是指身在其中的包圍感與安全感,感覺獲得了庇護。他以這種溫暖的感覺對比城市的嚴酷,引用神學家馬克斯‧皮卡(Max Picard)的話說:「街道就像把人吸進裡面的管子。」[25]

巴謝拉與住在小屋裡的海德格不同,他知道人無法逃避糟透了的生活,每個人終究得離開內心的小屋,被迫與自己不認識、不理解、不同情的人打交道。他自己的智識發展過程補充了這個論點。巴謝拉成年後先是擔任郵差,接著上大學攻讀物理,後來轉而攻讀科學的哲學。中年時,他在巴黎獲得一份教

職，但上任不久就放棄攀登學術階梯，開始寫書，出版了《火的精神分析》（*The Psychoanalysis of Fire*）和《空間詩學》等著作。那些作品充滿了對日常經歷的感官描述——一隻手被烈火灼傷，獲得治療；做愛後看窗外的雨景。他的語言喚起了情感，海德格的語言則是使人抽離。

移居巴黎幫他彌合了物理學與精神分析之間的鴻溝。攻讀物理期間，巴謝拉充分展現了科學思維的不穩定、不連續的特質。他不願接受「知識是緩慢、穩定地累積」這種令人放心的觀點（誠如知識生產者是「站在巨人的肩膀上」這種比喻所傳達的概念）。他探索物理學中的某些障礙、失誤，以及無法預見的新思想乍現。路易‧阿圖賽（Louis Althusser）後來自創「認知突破」（epistemic break）一詞來描述巴謝拉關切的事情。[26、27]

在精神分析的架構中，巴謝拉率先把處理這些障礙視為一種自我力量（ego strength）的形式。自我不是追隨盲目的欲望，而是尋求一種不同的力量，一種參與外部現實的力量，這是標準的佛洛伊德觀點。巴謝拉觀點的獨到之處，在於他把自我力量視為打破現有的現實、同時也是適應現實的力量。就像物理學家或媒體實驗室的研究人員一樣，自我積極地參與認知突破，跳脫框架思考，另闢蹊徑。

巴謝拉那個年代的多數精神分析作家是從成年期回顧童年，他則是看往相反的方向，展望成年的生活。巴謝拉採用的精神分析告訴他，即使在城市裡，我們也會尋找小屋帶給人的那種原始的溫暖、親密、內在感。不這樣做的話，成人會在外面遇到複雜性與未知。成年後，底下兩者結合在一起：小屋消失了，城市獲勝了，缺乏與存在變得密不可分。但是，對巴謝拉來說，

重點必須放在參與現實，處理認知突破，亦即讓那些流離失所發生，無論那有多痛苦。

對巴謝拉來說，學會如何因應流離失所對社會是有影響的。人們開始相信自己可以與其他不同的人一起生活，而不是感到非常脆弱而像海德格那樣逃避。人們放棄了家鄉的舒適，以求心理與倫理道德的發展，自我因此得到強化。

城市與移民的關係就在這裡。前往另一個城市是一種認知突破——不管那個旅程是自願的（像那位圖書館實習生那樣），還是非自願的（像斯德哥爾摩的巴爾幹穆斯林那樣）。了解這種突破，尤其是活在存在與缺乏、現在與過去這兩種維度中，自我得以強化。對巴謝拉來說，流離失所不是純粹的罪惡，它培養了成人對混合與限制的了解。一個城市充滿了我們不認識、不喜歡或根本不了解的人時，那個城市就是這種知識的滋生地。

在英語中，我們會說我們有某種經驗，或是變得有經驗。德語通常把這些意思分成兩個字眼：Erlebnis 和 Erfahrung。有某種經驗是 Erlebnis，那是冒險的字眼——在德語的語境中，那是用來形容中年的歌德逃離冷漠僵化的北方日耳曼民族，來到溫暖感性的南方拉丁民族，他的感官在新的環境中恢復了活力。存在與生動是 Erlebnis 的特質，那是屬於天真四處遊蕩的漫遊者領域，似乎是巴謝拉所謂「認知突破」的日常實踐。相對的，Erfahrung 是指一個人累積夠多的印象後會進行篩選，「變得有經驗」是把殘留的興奮痕跡加以組織與整理，創造出更長期、穩定的價值。這是更高竿的漫遊者領域，他們能和陌生人對話，必須學會接納流離失所的苦樂。這比較接近巴謝拉所想的「自我力量」。

　　Erfahrung 有陰暗的一面。在福樓拜的《情感教育》、湯瑪斯・曼（Thomas Mann）的《布頓柏魯克世家》（*Buddenbrooks*）、沙林傑（J. D. Salinger）的《麥田捕手》（*Catcher in the Rye*）等小說中，經驗豐富的父親嚴厲地對愛冒險的叛逆孩子說：「人生不是只有冒險而已！別幼稚了！」事業、家庭的負擔、償還學貸等等，都會消磨你對新事物的熱情，成人的世界會要求你為了穩定而犧牲刺激。湯瑪斯・曼寫道，實驗的生動樂趣，在職責與責任的壓力下變得黯然失色。愈多 Erfahrung，意味著 Erlebnis 愈少。

　　為了了解開放經驗的結構，我們不能把 Erlebnis 和 Erfahrung 之間的關係想成資產階級不得不接受的情況，我們應該像能工巧匠一樣看待它們的關係。隨著時間推移，能工巧匠——假設他是外科醫生——學習不同的技巧，以便進行切割肌腱的動作，他不會只用一種方式做一件事情。「變得有經驗」和資淺的外科醫生想要「正確地」切割肌腱（亦即遵循固定模式）正好形成對比。如果沒有新的 Erlebnis，外科醫生永遠不會反思及重組他的工作。Erlebnis 需要良好的認知突破，但這是進步的唯一途徑。久而久之，隨著經驗的累積及不同技能的發展，做某事的模式會倍增，他變得開放，但一切在他的掌控中。

　　就像能工巧匠一樣，移民也是如此。對移民來說，他流離失所時被迫接受新的 Erlebnis；為了生存，他必須在管理流離失所方面變得有經驗，既不否認其影響，也不屈服於它潛在的破壞力。這種平衡就是移民的 Erfahrung。移民知識是所有的都市人離開熟悉及在地的安全感時都需要的知識。想要新鮮體驗的渴望會促使他們離開，又或者，他們可能被迫接受新的體驗——但是那樣的話，就像柯爾一樣，他們將無法忘記過去（其他地方更

單純的時光）。他們抱著這種心態進入更大的城市，他們將需要本章描述的技能來管理旅程。學會良好的技藝不需要天才，同樣的，多數人都有熟練居住的潛力。我不是在描述理想的 cité，而是在描述已經在我們心中等待的 cité。

第八章
五種開放形式

　　想像蘇迪爾先生奇蹟似地擁有設計一座城市的能力，他已經掌握了大學裡學不到的居住技能：他有街頭智慧，能在陌生的環境中遊走，擅長跟陌生人打交道，已經從流離失所的移民過程中記取了經驗教訓。他的生活是開放的。如今，他坐在翻轉過來的硬紙箱前，一邊喝茶，一邊思考如何具體落實這些人生啟示。

　　蘇迪爾先生可能會先汲取他在尼赫魯廣場的人群中立即獲得的經驗來規劃同步空間，因為那裡有許多事情同時發生。然後，在周遭的人群中，他會想辦法把特定的地方標記為重要的，以便為大家指引方向。他注意到，尼赫魯廣場的邊緣地帶生氣蓬勃，商業市場融入一個大型的交通樞紐及附近人口稠密的住宅區。他問自己如何在城市中更廣泛地設計這種滲透性。他想到自己的住家，那是一間煤渣磚砌成的建築，並在家族幾代人的手中不斷地演變。他思考著不完整的營造形式有什麼本質。根據他

在停車場內外經商的豐富經驗，他思考同樣的形式在不同的情況下重複時，會發生什麼狀況。最後，他思考整座城市應該是什麼樣子：是整個城市的單一清楚圖像？還是以不同方式拼組的許多圖像？後來他決定是後者：因為他的生活一直是如此。同步的、標明重點的、滲透的、不完整的、多樣的形式，沒有用盡他能掌握的所有可能性，但足以把他的經驗轉化為營造形式。

1. 中心是同步的——兩種中心空間；一個失敗的設計

有兩種方法可以規劃城市中心的活動。一種是大家擠在一起，同時做許多不同的事情。另一種是大家一次只專注於一件事。第一群人聚集在尼赫魯廣場那樣的市集空間，第二群人聚集在足球場或戲院之類的空間。在正式術語中，市集是一種同步空間，體育場則是一種接續空間。根據我自己的規劃經驗，同步空間的設計比大家預期的還難，因為同時發生不同的事情需要一種協調的原則。

廣場與劇場。這兩種形式的經典試金石是出現在古代的雅典。雅典的主要廣場（agora）和主要劇場（pnyx）。廣場（agora）就像尼赫魯廣場一樣，是一個被建築包圍起來的開放空間。劇場是一個碗狀的圓形劇場，用來開城市的政治會議，以及展演舞蹈與戲劇。在廣場上，許多活動是同步展開。在劇場內，活動是接續展開的。

雅典的廣場是一個約 10 英畝大的菱形開放空間。在這個戶

外空間裡，雅典人在一小時內可以借到一些錢，大聲說出他對審
判的看法，做一筆蜂蜜交易，或到神殿去膜拜神明。廣場周邊排
列著名叫「柱廊」（stoa）的鞋盒狀建築，向廣場的一側敞開，
人們在這些建築裡吃喝嫖賭。在雅典著名的 Poikile（或稱彩繪
柱廊），裡面有「吞劍者、雜耍者、乞丐、寄生食客、魚販……
和哲學家」。在這裡，芝諾（Zeno）後來發起了名叫「斯多葛主
義」（Stoicism）的哲學運動。那個運動主張脫離世俗生活，沒
想到卻是源自於這種既俗氣又有趣的地方。[1]

　　儘管廣場的生活對所有的公民都是開放的，不分貧富，
但這裡的許多活動是支持這座古城經濟的大量奴隸和外國
人（metics）所接觸不到的。在整個古典時期，雅典市民占雅典
總人口的比例，從未超過 15% 至 20%。對那些自由的人來說，
同步空間促進了雅典民主的演變。

　　一個人從一個群體走到另一個群體時，他可以知道城市裡
發生了什麼事並討論那些事情。開放空間也促使大家基於不尋常
的原因，隨性地參與法律案件。法庭周遭的圍牆很低，約 1 公尺
高。路人經過都可以往內看，也可以大聲表達意見。在廣場的
開放空間上，雅典人進行最嚴肅的政治活動：放逐──把人驅逐
出城。每一年，全體公民都要集會一次，以決定某些人是否有
變成暴君的危險。他們發表演講，列出清單。兩個月後，市民再
次聚會。放逐與否的決定（尤其是後續那兩個月的思量期間）為
大家的討價還價、流言蜚語、竊竊私語提供了幾乎無限多的可能
性──政治浪潮的殘跡一次又一次地沖刷著廣場。

　　一種特定的身體行為支配著廣場。一個公民是有目的、
盡快地穿過人群。他站著不動時，與陌生人目光交流。對希臘

人來說，在廣場上活動時，打直腰桿，筆直地行走很重要。筆直的身體意味著個人的自豪與存在，誠如美國俚語所說的「挺立」（standing tall）。劇場的空間則是聚集著比較順從的都市個體。

Theater 這個現代字眼是源自於希臘文的 theatron，意指一個讓人觀看、觀察的空間，觀眾與演員是分開的。在圓形劇場中，orkhestra（跳舞的地方）是在扇形觀眾席的下端，由一圈堅硬的泥土所組成。西元前五世紀，劇場（pnyx）變成政治集會及戲劇表演的場所，雅典的六千名公民連續幾小時坐在石凳上，聆聽 bema（講臺）上持續傳來的聲音，追隨戲劇或辯論的敘事脈絡。一般認為坐著是一種被動的姿勢，觀眾以這種姿勢接收資訊。希臘人從人體的兩種姿勢——站著與坐著——來區分演員和觀眾。這兩個類別對他們的生活與藝術都非常重要。

劇場是一種接續的空間，因為公民坐著時，可以接收一長串線性展開的言語。他在廣場的同步空間中直立行走時，只能聽到斷斷續續的對話與隻言片語。這些空間因此體現了不同的危險。柏拉圖害怕劇場中那些修辭令人麻木的力量，坐著的被動人群可能成為言語的受害者，臺上滔滔不絕的言論令他們感到麻木與丟臉。廣場是透過認知、而不是修辭，使人陷入麻木，因為那裡堆積了許多毫不相關的感官刺激。柏拉圖建議年輕人遠離廣場，去比較安靜的體育場，那裡活動較少，可以追求身心的專注。身處在接續空間的危險是情感受到支配，身處在同步空間的危險是智識的碎片化。

這種古老的區別呼應了現代城市的體驗。廣場上各種聲音的混合就是巴赫汀所謂的「眾聲喧嘩」，那在空間中就像在書頁

上，可能變得像亂碼一樣。但同步的形式可能是吸引人的。城裡廣場上語言交流的碎片化會迫使人們動用眼睛和耳朵，四處走動，保持身體警覺。我們在麥德林的小男孩身上觀察到的街頭智慧是「廣場智慧」。那些被演講者的花言巧語鼓動起來的人群──勒龐所說的革命暴民或納粹集會──是不假思索的。

我們不難想像蘇迪爾先生是如何發展出廣場智慧。尼赫魯廣場或許有太多的「眾聲喧嘩」，他只能逐漸學習如何因應其複雜性，以便在開放的空間裡，面對警察、競爭對手、以及想來瓜分其獲利的勒索者時，繼續經營贓物生意。古老的廣場也有類似的詐騙、危險、干擾。事實上，任何同步空間都是如此令人緊繃焦躁，而不是「安全」愉快的喜慶場合。

如今規劃一個城市中心，能否在解決其缺陷的同時，也融入一些古代廣場的完整、同步能量呢？我會說明一個試圖這樣做的專案──但它後來失敗了。

失敗的設計。二〇一二年，建築師亨利・科布（Henry Cobb）與一群景觀設計師、結構工程師、照明專家，試圖重新設計華盛頓特區國家廣場（National Mall）的下端。當時，我扮演了蘇迪爾先生的角色，為國家廣場作為一個同步空間應該是什麼樣子提出了建議。一七九一年，朗方（L'enfant）為華盛頓特區所做的規劃，是以國會大廈與波托馬克河（Potomac River）之間那個大型的開放空間為核心。十九世紀中期，安德魯・傑克遜・唐寧（Andrew Jackson Downing）為國家廣場做景觀設計時，他多多少少是以類似歐姆斯德後來構思中央公園的精神，

把那裡想像成一個美國人可以社交往來的地方。後來，商業與交通進入當地，產生了干擾。內戰後，華盛頓特區進入突飛猛進的發展期，國家廣場的北端出現一個大市場，就在繁忙的火車站旁邊。後來，規劃者進行反擊，二十世紀初麥克米倫委員會（McMillan Commission）驅逐了市場的占用者，使國家廣場恢復成比較美化的狀態。隨著時間推移，國家廣場的周圍開始排滿了各種博物館（其中一個是科布幫忙設計的）。

參觀這些博物館的訪客很多，但國家廣場本身卻變成遊客比較稀疏的空間，至少與紐約中央公園裡看似無處不在的人群形成了對比。我們設計的那個區域就在國會大廈的下方，在平日與夜晚特別荒涼。這裡有一個既寬又淺的大游泳池，前面是一條街，旅遊巴士常開到這條街讓遊客下車。游泳池的後面有陰涼的角落，裡面擺了一些名人雕像。雖然我們尊重麥克米倫委員會想要排除商業活動的想法，但我們希望創造一個更同步的空間，讓許多不同的社交活動可以同時進行，藉此為國家廣場帶來更多的活力。

我們著手處理三個問題。第一，一個同步空間中，應該混合多少不同的活動？對於這個問題，一個答案是來自多工處理的研究。十九世紀初期，威廉·漢密爾頓爵士（Sir William Hamilton）想像多工處理是一個人同時進行嗅、聽、看的合理結果。大腦把這些感官輸入同時召喚起來，漢密爾頓把這種情況比喻成一手握著幾個彈珠。漢密爾頓的追隨者威廉·傑文斯（William Jevons）認為那個論點不夠精確，他證明一個人腦中最多只能同時進行四件事。同一時間最多只出現四種不同的活動，這似乎符合傑文斯的研究結果。因此，在那個國家廣場的專

案中，我們沒有採用傳統的廣場模式，因為我們覺得那種模式涵蓋太多活動了。華盛頓市中心的所有活動，沒必要以縮小的模式在這個廣場上全部呈現。這個公共空間並不是城市的縮影。

傑文斯對於同步發生的活動數量所提出的經驗法則，促成了我們的第二條設計原則：應該讓真正不同的事情發生。我們配合麥克米倫委員會的意見，建議廣場上排除紀念品販售活動（因為周邊的博物館內大多有這種活動）。不過，我們對街頭的小吃攤販很友善，把以前旅遊巴士占用的空間留給他們。至於休閒活動方面，該計畫包含了野餐區，以及讓孩子使用的瀑布池，池子排水後可作為音樂會的場所。我們也想到，有時那個空間也可以——但願不會發生——用於政治集會。最重要的是，我們想增加那個空間的社會服務用途——那些用途通常是埋在建築的內部深處，遠離了需要那些用途的市民。我的計畫裡涵蓋了一系列柱廊模式的流動小屋，讓政府機構為有疑問的市民提供指引。空間中應該發生其他的事情，不光只是服務遊客而已。

想把公共空間的混合使用設定成按時間順序使用，有一種方法是在學校放學後，把校內空間拿來作為在地政治團體或成人社團的聚會地點。對戶外公共空間的設計來說，夜晚是很特殊的考驗時間。基於安全考量，以及對濫交或吸毒的擔憂，許多專案的照明設計太亮。國家廣場的池子後方有一些雕像，雕像的周圍陰暗，白天可能有吸引力，但夜晚成了危險的暗角。出乎意料的轉角在白天看起來很迷人，但夜裡變得很可怕。晚上為了吸引大量的人進入公園，我們提議採用照到臉部的照明系統，而不是採用頂部照明。我們也建議使用動作感測器，在人們需要看到活動時自動開燈。此外，我們把夜間活動（例如戶外咖啡店）安排在

空間的邊緣，把白天的活動（例如兒童水池）放在室內，邊緣的滲透設計讓人覺得空間不是孤立的。

　　這些作法為同步空間的第三原則提供了實例：你必須吸引大家來互動交融，而不是強行把大家混在一起。在歐姆斯德之後，設計師設計公共空間時，需要運用策略來吸引大眾參與。這個問題遠遠超越了使一個空間看起來很美的目的：一個空間若要達到真正的同步，必須為大家提供他們在其他地方無法輕易取得的東西。這就是我在國家廣場中設立一個老年社會安全局的原因：這個愉悅的場所可以緩和那些令人鬱悶的官僚事務。

　　儘管我們的計畫很受大眾歡迎，卻未獲得客戶（美國國會的一個分支機構）的採納。當然，我把我們的失敗歸咎於客戶，但實際上我們的失敗是因為我們不知道如何設計吸引人的機制。雖然我們把那個計畫的社交功能縮減到傑文斯提出的活動上限，但那個計畫還是涵蓋了太多吸引人參與的實體機制。缺乏圍欄，路徑眾多，照明精心設計的景點（尤其是晚上）——這一切都讓人搞不清楚該從哪裡進入，以及進入之後會發生什麼。齊美爾認為都市人面對許多刺激時會退縮，我們提議的國家廣場形式就是一個實例。

　　這是同步性的挑戰：它孕育出一種既刺激又令人迷失方向的空間體驗。這種形式令人困惑，而歷時性空間（diachronic space）中的固定空間則不會如此。所以，為了獲得廣場的刺激，同時減少混亂，需要以標記來指引方向——這是我們的計畫失敗後，我反覆思索的結論。

2. 標明重點──重要的標記與平凡的標記

　　都市設計的終極目標，是創造出有獨到特質的地方。在瓦贊計畫中，任一地方都毫無突出之處。柯比意希望，這種千篇一律的一致性意味著，這一系列相同的高樓可以延伸到整個瑪黑區，甚至無限延伸到整個巴黎。這種設計彰顯出封閉系統的一項特質：同質而且可以累加。這種缺乏獨特性的實例，可以在上海Q女士參與設計的上海高樓，或韓國一些新城市裡看到（那些相同的建築外懸掛著旗子，旗子上標示著龐大的數字，讓居民知道自己是住在哪棟大樓）。以系統術語來說，那種環境是封閉的，因為它的組成要件是可以互換的。相反的，開放系統的組成要件是不可互換的。但想像一下，一個人口五百萬的城市，有一萬個中心，而且每個中心看起來都不一樣：沒有設計師能設計出那麼多元的形式，都市居民也無法理解。所以，如何使大城市的地方各具特色，但不至於每個地方都截然不同呢？

　　就像寫作可以藉由添加標點符號來強調一樣，我們也可以為空間賦予特色。寫作時，句尾的驚嘆號可以加強語氣，分號可以拆開句子，句號可以終止句子。另外，還有一些比較微妙的作法，例如在字詞前後加上引號（比如「男人」）可以讓讀者在性別化的語言上稍作停頓。都市設計也是如此，粗大的紀念碑就像驚嘆號，牆壁像句號，十字路口像分號（拆開句子但不中止）。這些類比似乎很直截了當，但哪種實體形式的作用像引號那樣，使人想要暫停下來思考呢？

驚嘆號。一五八五年，西斯篤五世（Sixtus V）一升任為教宗，就開始改變羅馬。當時他已達暮年，在位五年後，便於一五九〇年辭世。儘管他意識到自己來日不多了，但他擔任樞機主教期間，為羅馬規劃已久，所以一接任教宗以後，便頒布施行那個規劃已久的計畫。西斯篤五世改造羅馬的基本原理是宗教性的：連接城市的七個朝聖地。他想以筆直的街道來連接這些地點，並引導朝聖者前進。所以，這需要在朝聖者的前面標示一個點，讓他朝著那個點前進。西斯篤探索羅馬異教徒的過去以尋找標示，結果發現了方尖碑。方尖碑是建立在方形柱基上的三面柱或四面柱，頂端逐漸變細。方尖碑的頂端要嘛削尖成一個點，不然就是蓋著一個小圓球。他以這種方尖碑作為驚嘆號。那些從多神教、拜貓的埃及運來的方尖碑，如今標示著復活教堂的門面，以吸引大家展開宗教之旅。

　　這些驚嘆號與基督教過去的驚嘆號不同。中世紀教堂的建造者豎立高塔以指引方向，讓大家知道教堂的位置。教宗西斯篤五世則是以道路來標示如何前往教堂，他以筆直的街道穿過中世紀羅馬的結構，指引朝聖者朝著方尖碑的尖端所標示的點前進。位於國會大廈與國家廣場另一端那個林肯石雕坐像之間的華盛頓紀念碑也有同樣的功能，它指引人們進入一個正式的空間。[2]

　　如果這些紀念碑只是為了標記朝聖之路，它們的特質是接續性的：為祈禱者展開一條儀式之路。但西斯篤做了比較複雜的規劃：羅馬的都市人可以從任何方向踏上這些路，隨意地漫步，穿過不同的住宅區與市場，與從事日常活動而非祈禱的人群交流。方尖碑指引著人們前進，同時也在人們的心中安排了心靈

之旅。

　　到了十九世紀，都市紀念建築似乎改變了驚嘆號的用途。大家把城市裡的主要建築視為觀看的物件，像觀看戲劇場景那樣。例如，巴黎興建瑪德蓮教堂（La Madeleine church）的指導原則就是如此。那是一座宗教紀念館，前方的巨大圓柱是不帶宗教目的的驚嘆號，純粹是一種視覺表現。如今裝飾公共空間的騎馬雕像也是如此，雪菲爾（Sheffield）的一家工廠量產這類產品並出口販售，在騎馬雕像運往世界各地之前，他們才鑄造當地英雄的頭並把頭接上雕像。這種工業時代的紀念品已不再有儀式目的或指引方向的目的，如今變成了純粹的裝飾。

　　在這方面，西斯篤設計的標記可以和倫敦特拉法加廣場（Trafalgar Square）上的標記相比。特拉法加廣場是為了紀念一八○五年對抗拿破崙海軍的特拉法加海戰。英國皇家海軍打勝這一戰後，確立了英國的帝國霸權。特拉法加廣場是由約翰‧納西（John Nash）和查理斯‧巴里（Charles Barry）先後設計的。廣場中央有一個巨大的納爾遜紀念柱（Nelson's Column），以紀念在這場海戰中打敗拿破倫的納爾遜勛爵（Lord Nelson）。特拉法加廣場周圍有四個基座，其中三個是用來紀念其他的國家英雄。第四個空出來的基座現在是用來展示來自世界各地的雕塑。遊客聚集在這裡，但倫敦人不會聚集在這裡。這種象徵卓越國力的標記，不會吸引住在倫敦的人。我在倫敦生活了三十年後，根據我的觀察，在地人根本沒注意到這些標記。

　　也就是說，標記應該標示出值得注意的東西。方尖碑或騎馬雕像之類的大型戲劇性標記可能失去了目的或效力。

❖　❖　❖

分號。都市規劃提供了一種比驚嘆號更普通的替代選擇：十字路口。十字路口是一種相當於分號的實體：行人或駕駛人轉彎時，身體會感覺到流動的動作半停頓。這種城市分號是可以創造出來的，所以城市規劃家曼紐爾‧德‧索拉—莫拉雷斯（Manuel de Solà-Morales）認為，兩條交叉道路的大小形成對比時（像紐約的大道與街道那樣），街角本身就標示出兩者之間的過渡地帶。

在紐約，大道是用來容納比街道更大、更高的建築物；大道比較商業化，街道比較適合居住。上海也是依循這個原則，小巷是通往更寬的道路。街角的功用是標示，因為都市人在這裡經歷了焦點的轉移。當他適應規模的變化時（像換檔一樣），感官上會為之一振。索拉—莫拉雷斯認為，這種對比甚至也出現在巴賽隆納塞爾達網格的街廓切角。在轉過街角之前，你無法預料即將發生什麼。

索拉—莫拉雷斯和其他的「十字路口倡導者」試圖把活動移到街角，以便把人們吸引到那裡，從而區別街角活動與街道或大道上發生的活動。他們想把大建築物的入口設在街角，把最密集的人流放在那裡，而不是沿著大道一字排開。他們想讓大型的零售場所遠離較小的街道，把小商店和小餐館留在小路上。十字路口的倡導者認為，與其把街道平順地導入大道，規劃兩者交會處的衝擊很重要。[3]

在辦公室設計中，有一種類似十字路口的內部設計。達菲偏好的辦公室規劃跟 Googleplex 不同，他的規劃是強調辦公室

的角落與交叉口。為此，他會在辦公室中融入類似街道與大道的設計。Googleplex 在同一樓層中並不會區分活動。達菲設計的辦公室在視覺上很有趣，因為有尺度上的變化。身為優秀的社會主義者，他也試圖把基層勞工和他們的工作安排在轉角處，而不是把他們隱藏在空間的另一端，讓人看不見他們。

　　無論你怎麼看，以巴謝拉的理論來說，十字路口都是一種認知突破，是把一種斷裂導入空間中。我們站在角落時，比站在街道或大道的中途或辦公室的走廊上，更有可能判定自己的方位，估算自己在哪裡。

　　引號。第三種空間標點是引號。就像街角一樣，空間引號會把注意力吸引到你所在的地方。不過，十字路口是一個直接的地方標記，都市引號則不是。這種神祕宣示的實際意義，是出現在貧困社區的空間標示上。

　　我自己做都市規劃時，非常注意街上家具，例如長凳、飲水臺、水泥盆器裡的小樹，以及不同形式的人行道。利用街上家具，不必太費心思，就能改善窮人的公共空間，這種小小投資所產生的龐大效益總是令我訝異。例如，我為芝加哥的一個貧困區做都市規劃，但那個計畫的預算很少。我和客戶沿著街道擺放灌木盆栽，並採用不同種類的灌木，使連續的街牆給人一種漸進式變化的印象，達到類似麥德林貧民區運用窗框的效果。政府相關單位認為那是虛飾。

　　那些簡單的舉動不單只是美化城市而已。例如，你可以在街道上放置一張長椅，使它面向建築物的入口，而不是向外朝

向街道。把長椅擺在一般建築的前面,那就好像在宣告:「這是一個有價值的地方,因為你可以在這裡休息。」設計師可以把長椅擺在街道上幾乎每個建築的前面,以傳達這個資訊。隨意擺在建築前的長椅只說明了一件事:「這是一個不錯的空間。」那感覺很奇怪:如此吸引人的長椅竟然會擺在毫無吸引力的建築前面。這種隨意的標記可以改善貧困的社區。改變部分街道的路面,或為空白的牆壁塗上原色的油漆,也有同樣的效果。這些作法不會標示出環境的特別之處,它們只是在環境中留下標記。

前面提過,中央公園是一個巨大的建築,目的是讓人逃離城市,享受精心設計的自然景觀,從而帶給大家快樂。把任意擺放的塑膠長椅和那些主宰中央公園的人造設施聯想在一起,也許有點誇張,但不算荒謬。中央公園裡那些有趣的橋梁、地下通道、湖泊和涼亭都是隨意強加上去的,顯然是人造的,而不是由本來就存在的自然景觀衍生出來的。城市中最常見的人造自然景觀,是在人行道的邊緣種植一直排的樹木,以便把人與交通分隔開來。在自然環境中,很難找到一直排間隔均勻的獨立生長樹木。在任何環境中,大家都覺得這種行道樹是基於生態與美學,而強加在街道上的一種形式。我們覺得一排樹木增加了一條街道的價值,我們知道這個價值是以一種任意的方式增加的,但這個裝置不是從環境中衍生出來的,價值是我們強加上去的。

把引號放在一個字眼的兩邊,會讓你注意到那個字眼的意思。文法學者可能會說,引號是在質疑引號內那個單字或片語的價值:也就是說,不要把它視為理所當然。然而,引號也增加了引號內那個字眼的價值。誠如費斯汀格所言,引號刺激我們注意任意、有問題、但很重要的東西:在建成環境中也是如此。

我試著克制我對街上家具的沉迷，但是請容我再寫幾段。我是在日本的時候，意識到為什麼我對塑膠長椅如此著迷。日本社會的庭園設計師運用簡單的石頭標示，來設計最複雜的那種任意、有問題、有價值的標記。

除了用來堆砌城堡的牆壁以外，石頭在日本的古典建築中很少作為住宅或商用建築的建材。在影響日本人的中國建築中，也很少以石頭作為建材。日本是個森林國度，為了因應島上惡劣的氣候條件，建商很擅長打造以木材及紙類的副產品所構成的建築。但岩石仍然很重要，事實上，岩石還有神聖的價值，那可以追溯到古代中國的神道教對岩石的崇拜。「一塊特別雄偉的石頭會變成沉思的中心。」園林史學家桑尼瓦·哈特說（Sunniva Harte），「而且周圍區域覆蓋著白石，象徵著那是一個宗教或精神的地方」。[4]

在西元五、六世紀，也就是人們開始崇拜岩石幾千年後，神道教的敬拜從露天轉入興建的神社。原本人們只是意識到岩石的神聖性，這時變成欣賞那些石頭的美感，以及它們在建築物內與周圍的位置。岩石變成了建成環境中的標示。

鎌倉時代（1185 － 1336）佛教傳入日本時，他們要求看這些石頭的人暫時不要把石頭視為特定符號的代表。放在正式花園或房屋外的石頭，標示著重要但不確定的東西──石頭變成了一種浮動的意符。

京都龍安寺的方丈庭院設計，把石頭從萬物有靈論中抽離出來。它的設計者可能是十五世紀居住在這裡的禪僧鉄船宗熙。方丈的住處俯瞰著一個由岩石與白沙構成的長方形庭院，白沙以簡單的直線狀覆蓋在庭院上，白沙上放了十五塊岩石，分成

五組。面向建築的南牆與西牆很低，牆外的遠處是森林。

　　龍安寺的方丈庭院無疑是人為的創作，是精心打造的，不是自然的產物。岩石的底部經過切割，以便岩石以不同的角度佇立，依循風水規則。石英砂是精心挑選過的，粒度均勻。岩石冒出白砂的部位可以看到鑿痕。

　　如今，隨著庭院的完成，那個地方給人留下深刻的印象，或者更確切地說，是留下兩種強烈的印象。一種可以稱為刻意的缺無、消除感、細膩的消去。那個庭院所代表的不是存在的意義──在禪宗裡，那沒有意義；一個人試圖從名字、指示、基底、意圖中解脫。但另一種印象是，在這個精心設計的空間中，實體物件有很強的存在感；我們可以強烈意識到石頭本身就是物體。在庭院的矮牆之外，在外面那片綠樹成蔭的景觀之外，可以聽到遠處公路的車流聲，但訪客的眼睛仍深受岩石與白沙的吸引。

　　因此，神道庭園是一個直接象徵的地方，一個表象的庭園。篤信禪宗的園丁試圖超越這些表象，掌握他精心塑造的自然元素的奧秘，消除他覺得「這些元素需要具備可識別含義」的想法。這個充滿禪意的石庭以其隨意性、去自然化，引起了一種更深思、自我質疑的反應。這些石頭是警示引號（scare-quote）標記。[①]

　　總之，驚嘆號（例如方尖碑）顯示一個地方很重要。遺憾的是，就像生活中的許多事情一樣，這些宣告久而久之會失去效果，就像特拉法爾加廣場那樣。空間中的分號沒有那麼顯著，就

---

① 譯注：以引號來表示裡面的字詞是嘲諷或反話。

像十字路口一樣。我們轉過街角時，可能會稍稍震晃一下，那是
十字路口的倡導者想要強調的一種對比。實體的引號（無論是擺
放塑膠長椅，栽種行道樹，或是在地上放石頭），則是一種凸顯
問題又創造價值的任意標記形式。

3. 滲透性──膜

　　諾利圖。海綿有滲透性，可吸水，但依然保有原形。當
建築的內部與外部之間有開放的流動時，建築也有滲透性，但
結構依然保留了功能與形式的原狀。喬凡尼・巴蒂斯塔・諾
利（Giovanni Battista Nolli）於一七四八年為羅馬繪製了一幅卓
越的地圖，那幅地圖顯示了城市的滲透性。諾利根據他十二年
間對這座城市所做的調查，繪製了那幅地圖，並以兩種版本出
版：一種是由十二幅版畫組成一幅大地圖；另一種是諾利與喬凡
尼・巴蒂斯塔・皮拉奈奇（Giovanni Battista Piranesi）合作的較
小版畫。皮拉奈奇是描繪羅馬場景的藝術家，以描繪幻想的羅馬
監獄及真實的場所著稱。

　　在諾利之前，多數的羅馬地圖是風景畫──藝術家想像自
己是一隻鳥時，鳥瞰城市的模樣。圖中的建築是以 3D 立體形式
呈現，角度是像鳥兒往東飛向羅馬時所看到的景致。諾利是第一
個把城市的北方置於地圖的頂端、而不是把東方置於頂端的地圖
繪製者，因為他在城市中仔細地探索時，是使用磁羅盤來建構基
線。諾利的地圖是一種平面圖，也就是說，從上方垂直往下看的
平面 2D 圖。那是一塊圖案構成的地面，以黑白對比呈現，黑色
代表建築實體，白色代表空曠的空間。[5]

　　這些圖以更細膩的細節來顯示實體和虛空之間的滲透關係：被正方形包圍的圓圈代表支撐萬神殿（Pantheon）的柱子，那與附近神殿遺址聖母堂（Santa Maria sopra Minerva）的柱子所形成的精致 T 形標誌形成了對比。當時的蜜蜂噴泉是位於西斯提納街（Via Sistina）和巴貝里尼廣場（Piazza Barberini）的角落，在圖上是一個明顯的小點，因為那是成人迴避、但小孩愛跳進去的潮濕地方。

　　諾利圖也是一種社會描寫。例如，萬神殿是個巨大的圓頂古羅馬神殿，照明只來自圓頂中間的開口（眼球）。在諾利圖中，萬神殿的中心是一個有外圍的白色區域，因為在諾利那個年代，那裡是教堂，全天候對大眾開放。稜角分明的純黑色代表私人建築──主要是房屋，但也包括梵蒂岡內某些禁止一般羅馬人進入的地方。若是讓諾利穿越時空去繪製一九二〇年代的巴黎地圖，整個瓦贊計畫會變成一片黑塊，瑪黑區看起來充滿孔洞又極度壓縮，你會看到許多圓圈、正方形、圓點、T 字，以及灰色的陰影出現在白色上。

　　諾利為一個城市繪製了滲透圖，那個城市已歷經數千年的發展。蘇迪爾先生如何以更短的時間在城市裡建立滲透性呢？

　　膜。史蒂芬・傑伊・古爾德（Stephen Jay Gould）讓我們注意到自然生態中兩種邊緣的重要區別：邊界（boundaries）與邊境（borders）。邊境是多孔的邊緣，但邊界不是。邊界是物體結束的邊緣，是某個物種不能越過的限制；或者它也可以是一種防護，就像獅群或狼群利用屎尿來告誡他者「不要靠近！」。邊界

是一種低強度的邊緣，邊境則是不同群體互動的邊緣。例如，湖濱線與陸地的交匯處是一個活躍的交流區，生物可以在那裡找到其他的生物並以牠們為食。可想而知，邊境地帶也是物競天擇最激烈的地方。

人類社會中也有這種生態差異的標記。現代社會以封閉的邊界為主，城市棲息地被車流以及工作、商業、家庭、公共領域之間的功能分隔成幾個相互隔離的區域。德里的「章魚城」開發就像其他的地方一樣，並未把成長分散到整個地區，而是集中在狹窄的渠道上。委內瑞拉的卡拉卡斯（Caracas）採用另一種封閉的邊界──以高速的交通牆把富人和窮人分隔開來。前面提過，國際上最受歡迎的新住宅開發形式，是圍牆內的封閉式社區。這種低強度邊緣所衍生的一個結果是，外在情況幾乎不會刺激到裡面那些受到隔絕的居民；不同種族、民族、階級的社群之間幾乎沒什麼交流。

但是以黑白對比呈現時，「邊界／邊境」的區別就太粗略了──這個問題可以藉由放大一個活細胞來解決，放大活細胞可以提升細膩度。在活細胞這個層級中，細胞壁與細胞膜形成了對比。這在細胞的層級是一種模糊的區別，部分原因在於細胞的外層有時會切換功能。此外，一個完全密封的細胞壁會導致細胞死亡，細胞的內部與外部之間完全流動也會導致細胞死亡。細胞膜必須同時讓東西流進及流出細胞，但是流進與流出的東西必須精挑細選，好讓細胞留住需要的養分。有阻力的交流才有滲透性：那種交流有時會開放細胞，讓東西湧入；有時會封閉細胞。

這種交流應該是城市規劃者想要主動發起的，而不是想像純粹的開放空間（完全空虛）就算有滲透性。諾利的羅馬地圖描

繪出滲透性與抵抗性之間的動態關係——既不是完全封閉的，也不是完全暴露的。那與威尼斯的猶太隔離區形成了鮮明的對比，誠如該空間的規劃者最初打算的那樣，它在夜裡徹底隔離了周圍的城市。窗戶緊閉，橋梁封閉，周圍的運河整夜都有船隻守衛著——這一切設計在城市內創造了一條內部的邊界。

　　都市膜是什麼構成的？有點矛盾的是，它可能是石頭做成的。

　　蓋城牆的最早邏輯是出於軍事理由，城牆蓋得愈厚愈高、不能穿透最好。例如，北京周圍的古城牆，底部約 18 公尺厚，頂部約 12 公尺厚，高度約 12 公尺，是由夯土製成。軍用城牆的藝術可以做得更精緻：興建兩堵牆，並在兩牆的中間留一些空間，像法國的卡卡頌（Carcassonne）那樣，城牆分成內牆與外牆，留著一些空間讓人走動，與城市的內部結構分隔開來。另一種精進方式是城牆加裝多邊形的棱堡（Ravelin），那是一種凸出城牆的箭形平台，可以把矛箭（以及後來的大砲）瞄準試圖翻越城牆的攻擊者。

　　對韋伯來說，牆是一種邊界，是城邦的外部界限。在這個界限之外，政治上或社會上都與城邦無關。對韋伯來說，牆本身是一個法律概念，而不是一個實體。巨大的古代城牆可能誤導了他，即使是一堵很厚的牆，也可能讓人想要住下來。在普羅旺斯艾克斯（Aix-en-Provence）的城牆兩側，可以找到這座城市不受管制、恣意發展的地點。出售黑市商品或免稅商品的非正規市場如雨後春筍般湧現在石牆邊。異教徒、外來的流亡者、以及其他格格不入的人，很容易聚到城牆那一帶。現代的大砲使城牆的屏障效果大幅下降以後，這些軍事邊界常演變成社交空間。路易十

四於一六七〇年在巴黎做了這樣的改變，把城牆變成讓人民漫步其間的陰涼長廊。他聘用的規劃師給那個新空間取了一個新的名稱：林蔭大道。一個世紀內，許多歐洲城市紛紛跟進仿效，尤其是一七三四年的柏林。拿破崙一世要求他征服的許多城市徹底拆除城牆（與其說是軍事需要，不如說是一種象徵性的屈辱），藉此完成了軍事邊界的改造。[6]

以上的敘述顯示，即使是看似抗拒變化的固態實體，在社會意義上也可以變得有滲透性。以為大型建築本質上毫無生氣、不動如山，只有輕型或臨時打造的「快閃式」結構才會出現「膜」那樣的特質，是錯誤的想法。

打造膜。如今，規劃者的挑戰在於如何打造「膜」。「鑽孔」（Percement）是把牆壁變成膜的最直接建築技巧。丹麥都市學家揚・蓋爾（Jan Gehl）想辦法在空白的牆壁上切割出門窗，藉此打開或打破牆壁，以創造出新的入口與窗戶。他精確地計算出要在哪裡開多大的洞，才能讓一條街道煥發生機。同樣的，打造新的摩天大樓時，與其以一個很大的入口來隔絕裡面的元素並以上方的樓板作為隔層，你可以採用滲透性更高的垂直設計，例如金斯勒設計公司（Gensler）在上海浦東打造的上海中心大廈（Shanghai Tower），以及他們在曼哈頓中部為倫佐・皮亞諾（Renzo Piano）的紐約時報大樓所做的室內設計就是如此：金斯勒不是以中央核心來服務孤立的樓層，而是把摩天大樓視為一條真正垂直的街道，由許多不同的電梯提供服務，內有多層的公共空間以及向四方延伸的走廊。

人們想像去哪裡可以找到社區生活時，他們通常是去市中心尋找，那裡是規劃者試圖強化社區生活的地方。但這樣做也忽視了邊緣，社區因此往內發展，那是錯的。幾年前，我犯過那樣的錯誤，當時我參與的計畫是為紐約西班牙哈林（Spanish Harlem）的西裔社區創造一個市場。那個社區是紐約市最窮的社區之一，位於曼哈頓上東城第 96 街以北。但是，從第 96 街到第 59 街又突然變成全球最富裕的社區之一，媲美倫敦的梅費爾（Mayfair）或巴黎的第七區。

La Marqueta 市場位於二十個街區外西班牙哈林區的中心，就在社區的正中央。身為該區的規劃者，當時我認為第 96 街是一條死的界線，那裡幾乎不會發生任何事情。我們做錯了選擇，當初要是把市場設在那條街上，也許可以鼓勵富人與窮人做一些日常的商業實體接觸。比較明智的規劃者已經從我們的錯誤中記取了教訓，他們在曼哈頓的西區把新的社區資源放在社區之間的邊界上，把邊界變得更有滲透性，在不同種族與經濟社區之間打開了大門。我們以為中心很重要，但後來證實把資源放在中心反而助長了孤立。新生代的規劃者知道邊緣與邊界的價值，他們的目標是讓鄰居能夠隨性地互動。

邊緣確實可能變成關係緊繃的地方，而不是友善交流的場所，就像波士頓的停車場一樣，校車把有色族裔的孩子送到白人勞工階級的學校上學。偶爾的實體接觸很少出現衝突，就像一個貴婦和她家的女傭碰巧夜裡出現在同一個地方買牛奶或酒類一樣。這種實體接觸和克勒肯維爾（Clerkenwell）書報亭特有的禮貌表現形成了互補。規劃者不會逼大家明確地展現差異，而是吸引他們參與日常任務。根據我們討論城市中的社會差異所做的區

分，這種邊緣體驗是包容的，而不是整合的。

　　然而，根據個人經驗，蘇迪爾先生知道，生活在邊界上很緊張。也就是說，那裡充滿了風險。這些副詞不僅僅是語言修飾而已，它們描述了第三種膜的生成。

　　二次大戰後，阿姆斯特丹變得淒涼陰鬱。這座古老的城市不僅尚未適應汽車，也相當擁擠。在遠離大型運河的地方，人們幾乎沒什麼休閒場所，尤其孩子幾乎沒有地方玩樂。奧爾多·范艾克（Aldo van Eyck）決心改變現況，善用城市中發現的空間，把數百個廢棄或不重要的空間改造成都市公園。與歐姆斯德和沃克斯不同的是，他在這座貧窮的城市中運用手邊最簡單的方法，納入空白的牆壁或太寬的十字路口，為孩子創造玩樂空間，也為成人創造休息空間。在這些空間中，他放入不同的活動——栽種植物、設置沙坑、擺放長椅——沒有明顯的界限，但各自獨立，它們的內部關係是像膜一樣有滲透性的。

　　范艾克公園的獨特之處，在於這位都市規劃家對於孩子該如何玩耍的構想：孩子的玩耍空間並沒有為了安全而與街道隔離。這些公園的路緣有鑲邊石，但沒有鐵絲圍欄。范艾克的想法是，孩子應該學會區別車流與草坪——孩子也確實學會了。事實上，這些公園並未因滲透性而經常發生意外。同樣的，為成人提供的長椅與兒童玩耍的地方也沒有空間分隔，小孩子應該學會怎麼安置自己，以免打擾到長椅上聊天或打盹的老人。

　　在形式方面，范艾克創造了閾限邊緣（liminal edge）。「閾限」（liminal）是指過渡的經驗，即使兩種狀態之間沒有明顯的障礙。穿過閾限時，會形成威尼科特（D. W. Winnicott）所謂的「過渡意識」。威尼科特最早是以這個詞來提醒心理學家注意過

渡時刻的重要，那些時刻確立了兒童體驗之間的界限，范艾克設計的公園就是一例：孩子為了學習如何玩耍，他會體驗到玩耍與路過的汽車或打瞌睡的祖父母之間的界線，而不是突然切換。他們會產生閾限過渡，像穿過膜一樣。城市中的更大地理區也是如此，閾限邊緣可以標出富裕地方到貧窮地方的過渡。芝加哥學派就是研究東西向街道的閾限（只是他們不是採用這個專有名詞），那些街道是從沿湖的黃金海岸通到城市西邊的貧民窟。

滲透的聲音。城市的聲音可能以不好的方式滲透。交通的侵入性噪音往往擾人清夢。在我這個年紀，餐廳裡震耳欲聾的喧嘩聲可能毀了外出的心情。如果靜默是有益的，在建成環境中，聲音邊界（無孔）似乎比聲音邊境（有孔）更好。

但事實上，沒有聲音也同樣令人不安。聲學家默里・謝弗（R. Murray Schafer）指出：「聆聽是一種遠距接觸的方式。」理論上，這表示，聽得見的聲音以超過 20 赫茲的頻率振動時，可以感覺到它是一種觸覺刺激。夜晚的腳步聲或白天的喇叭聲使人意識到他人的存在。雅各有個著名的主張：為了安全起見，建築物應該提供「街道之眼」，發揮街上守望相助的功能。她那個主張應該擴展成「街道之耳」，尤其是夜晚的時候。在布爾加科夫（Bulgakov）的奇幻小說《大師與瑪格麗特》（*The Master and Margarita*）中，各種幽靈、魔鬼、以及一隻魔法貓的悄然出現令人恐懼，因為大家聽不到、也摸不到他們。[7]

滲透的聲音，無論好壞，都可以精確地辨別出來。在城市中，聲音的體驗是由兩個因素決定的：強度與識別性。強度在

一定程度上是指純粹的響度：體重中等、身高中等的男人，夜裡在 20 公尺外寂靜的街道上走路時，腳步聲約是 35 分貝；搖滾樂隊在外面演奏的聲音至少是 115 分貝。但這也涉及頻率的問題：如果每秒一個聲音有四次以上的脈衝，耳朵聽起來就是連續的聲音。套用聲學術語，電流聲就是那種「扁平聲」，穩定的車流噪音也是一例。在另一種情況下，獵槍射擊是一種「衝擊聲」，沒有消音器的摩托車在車流中突然發出的聲音也是一例。這種聲音清晰、可辨、易懂。不過，在空蕩的街道上，腳步聲可能變成一種衝擊聲，例如，對聖多明哥那些年輕的嚮導來說，相較於寧靜貧民區的低度扁平聲，腳步聲成了清晰可辨的警示訊號。所謂的「環境聲」，嚴格來講是一種扁平聲與衝擊聲的平均。一群俄羅斯研究人員發現，約 35 分貝的環境聲最適合睡眠。環境聲「達到 50 分貝時，深度睡眠的間隔很短，而且醒來後會有疲勞感」。[8、9、10]

在設計聲音環境時，我們希望把扁平聲的強度降至 35 分貝，同時把衝擊聲維持在 50 分貝左右，這樣一來，噪聲可以穿透進來，讓我們聽到，但不至於嚇到我們。這是好的滲透性，因為聲音清晰易懂，但沒有壓倒性。我很樂於待在那種環境聲適中的餐廳裡：我可以聽到我這一桌的聲音，或許也可以偷聽到別桌的聲音，這些聲音是飄浮在比較模糊的雜音上。

諾利圖顯示以這種滲透方式塑造聲音的地方，例如萬神殿的內部與周圍。儘管萬神殿的內部寬闊，可能放大回聲，但是拜複雜的側面、門廊、圓弧形的方格狀天花板（由切入的方格組成，不是光滑的表面）所賜，那裡的環境聲還不錯。圍繞萬神殿的東西向街道也是如此：牆壁的不規則表面、凹入式的門道、側

巷——這些都把環境聲降到約 40 分貝。現代的建築中也有同樣的聲音效果，例如紐約的查寧大廈（Chanin Building），那是一九二七到一九二九年建造的摩天大樓，內部的迂迴轉折使內部中心的環境聲可以達到較低的水準，但是每當門或窗戶打開時，鄰里的聲音就會竄入（不過，這裡就像對街的旅館一樣，多數的窗戶是節能性低的密閉窗，把城市的噪音阻絕在外）。

　　降躁的材質通常有皺折，可以把聲音轉向。現代的隔音材質是鋪在混凝土的地面上，很少達到完美的隔音效果。較老的結構往往隔音效果較好，因為地板本身的組成是許多元素的混合——包括壓碎的貝殼、馬鬃、外覆灰泥的石炭頁岩——它們構成一種複雜的過濾層。

　　回聲（嚴格來講是聲音的迴響時間）在滲透性建築之間會減弱與消散；但是在面對面的玻璃帷幕大樓之間，回聲既快速又尖銳。那是因為迴響時間愈長，回聲愈弱。這個原則也適用於室內設計，音樂廳裡的最佳迴響時間——從舞臺上傳到側壁或後壁，再傳到觀眾席中間的人——不到兩秒。在公寓裡，我們不希望有這種共振效果。例如，樓梯間應該要有角度或彎曲，使迴響時間超過 3.5 秒，如此一來，回聲就很微弱。

　　你肯定不想聽到鄰居的談話，也不想聽到他們做愛的聲音。不過，在其他的情況下，滲透的聲音也能吸引人。我與城市學家約翰・賓罕—霍爾（John Bingham-Hall）正在一個大家意想不到的地方研究社交的聲音——巴黎環城公路下面的人行道。那條公路把貧困、移民的新郊區和富裕、多種族混居的舊城區分隔開來。人們聚集在公路下面的特定通道，以購買日用品或閒晃，同時迴避其他的橋下通道。我們發現，社交的聲音往往是可

以清晰聽到的衝擊聲，比上方公路傳來的低鳴聲稍大一些。此外，可辨識的衝擊聲是向外投射的，提醒人們注意通道內的活動。那些聲音能吸引人的通道有皺褶設計；那些很少人通行的通道，設計比較簡潔，它會產生高強度的扁平聲，蓋過通道中其他聲音的清晰度，所以只有噪音投射到外面。環城公路下有皺折設計的通道，可能像尼赫魯廣場車庫的屋頂一樣，都是出乎意料的非正式社交空間，但這也解釋了為什麼尼赫魯廣場運作得那麼好。就像通道裡一樣，在移動的人群與車流的低鳴聲中，你可以清晰地聽到 iPhone 小販的叫賣聲。

在城市的歷史中，街上小販的「叫賣聲」曾有同樣的社交聲音功能——磨刀匠、魚販、運煤工，倫敦有近四十種獨特的街頭叫賣聲——後來一八六四年《大都會警察法》（*Metropolitan Police Act*）禁止了這些叫賣聲。在那之前，街頭公告員負責發布新聞或唱讚美詩——約翰·米爾頓（John Milton）曾在《沈思者》（*Il Penseroso*）第八十三行如此寫道。最基本的改變是，教堂的鐘響曾用來傳達宗教儀式，但十四世紀開始來報時，把有償的工作劃分為固定的時間單位，藉此規範勞動流程。這種報時鐘響比多數教區的教堂鐘響更響亮，響徹整個城市。鐘響的滲透性是例行勞動的聲音——有侵入性且無可避免，並非社交的聲音。

總之，封閉的城市有邊界（無孔），開放的城市有較多的邊境（有孔）。邊境的作用類似細胞膜，在滲透性與阻力之間有動態張力。一個地方的邊緣可以運用幾種方式來創造膜：在扎實的牆壁上鑽孔，使街道結構產生皺折，塑造可識別的社交聲音。

4. 不完整——殼體與型格

最後，讓我們想像蘇迪爾先生在家裡。蘇迪爾先生告訴我，他與幾個兒子在經濟許可下，一磚一瓦地自己搭建房子。幾乎每個移民居住或占用的地方都是如此：窮人自己當建築師。他們的住所可能只是用煤渣磚搭成的棚屋，上面以塑膠或鐵皮加蓋。不過，經濟許可的話，他們遲早會加裝妥善的屋頂、玻璃窗，或許還會加蓋一層。「建築」對他們來說是一項長期的勞務。在任何時點，自建的屋子都是不完整的形式。

窮人被迫因應不完整的形式，但都市規劃可以從窮人的因應方式中學到很多東西。規劃家可以刻意把一種形式設計得不完整嗎？那樣做有什麼好處？

殼體。在智利的伊基克（Iquique）可以找到一個答案。伊基克位於聖地牙哥以北約一千五百公里的沙漠中。那裡最初約有一百個家庭，占用一個名叫金塔蒙羅伊（Quinta Monroy）的地方。最早移居當地的人是艾馬拉人（Aymara），那是一個遍及智利—秘魯—玻利維亞高原的民族。金塔蒙羅伊有如未來的護身符，目前拉丁美洲出現許多類似的聚居點，人口約數萬人到數十萬人不等。

在伊基克，智利建築師亞歷杭德羅・阿拉維納（Alejandro Aravena）啟動一項專案，以打造不完整的形式。他的想法是設計半間好房子，讓居民自己完成剩下的一半，而不是提供一個標準較低的成品屋。在伊基克的不完整形式中，建築物的一樓和

二樓有一半是用牆圍起來，並安裝好必要的水電管線。這些基礎設施是安置在房屋的投料牆，而不是在兩棟建築之間的共用牆上，共用牆是尚未完工的空間。這樣做可以提供居民最大的完工彈性。另一個改進重點是，入口樓梯建在房子外面，必要的話，一樓和二樓可以變成獨立住宅：任一樓都可以出租，或讓家庭中的不同世代使用。

　　阿拉維納的專案把金塔蒙羅伊作為社會福利住房的測試地點。在城市規劃方面，這些獨立住屋聚集成矩形，構成一個公共廣場的周邊，有如倫敦布盧姆斯伯里（Bloomsbury）排屋廣場的智利貧窮版。阿拉維納像塞爾達一樣，打算把那個形式擴大，變成一種累加網格。與雅各不同的是，即使他的起步規模很小，他也不怕擴大規模。智利窮人的悲慘生活條件需要大規模的解決方案。但他的方案也跟孟福預先打造的田園城市不同，這個計畫需要窮人打造自己的環境。這就是不完整形式背後的社會邏輯，非常具體地以共用牆的形式與樓梯的位置來體現。

　　殼體是像伊基克那種專案的建築類型。殼體有不同的外觀形式，用途不只可以滿足窮人的需要而已。例如，十八世紀喬治王時代的排屋，狀似鞋盒，側面朝向城市的廣場與街道。在結構方面，排屋有如當今的 loft，樓面板只有幾根柱子支撐，內部磚頭或石頭砌成的結構牆縮減到最少。喬治王時代的排屋是一種特別好的殼體，因為尺寸夠小，所以房子前後的每個房間都有自然的採光及通風。在這方面，它與奧斯曼男爵設計的巴黎住宅形成了鮮明的對比。奧斯曼男爵設計的巴黎住宅整體較大，環繞著陰濕的中央樓梯，內部許多房間的採光與通風不佳。幾個世紀以來，喬治王時代的排屋殼體即使形式上大致不變，但功能上已

有演變，例如湯瑪斯・邱比特（Thomas Cubitt）於一八二〇年代設計的沃本步道（Woburn Walk）如今包括二樓的辦公室與住宅公寓。此外，開放空間也可以作為殼體。一戰期間，像伯克利廣場（Berkeley Square）那樣的大型廣場清除了植被，用來安置傷兵。二戰期間，廣場周圍的金屬圍欄被拆了下來，鎔製成炮彈。戰後，它的功能再次演變，把開放的本質與有限的使用結合起來。[11]

　　原則上，如今應該是殼體鼎盛的時代。多虧了澆置混凝土與量產的工字鋼梁，我們蓋建築時可以用最少的柱子或其他結構障礙物來支撐樓面板。投資銀行的交易廳就是這種殼體運用的例子，整個大廳裡擺著一排又一排的辦公桌，每個人都可以看到其他人──如果他們有時間從催眠般的螢幕抬起頭來看的話。更妙的是，現在薄殼結構還可以飄浮在地面上。飄浮殼體的結構原理是俄羅斯的工程師弗拉基米爾・舒霍夫（Vladimir Shukhov）提出的，他於一八九七年在維克薩市（Vyksa）建造了一個自我支撐的巨大拱頂屋，完全沒有內部支撐，可以做任何使用。網格圓頂（geodesic dome）是維克薩拱頂屋的延伸發明，圓頂是由互相連接的三角形網格構成的，外覆著保護層。巴克敏斯特・富勒（Buckminster Fuller）認為，那樣的圓頂非常輕盈又非常強韌，幾乎可以無限放大。他甚至瘋狂地想像，以一個網格圓頂覆蓋整個城市。日本的福岡巨蛋（Fukuoka Dome）規模雖然沒那麼大，但依然龐大，可做多種用途。一九九九年理查・羅傑斯（Richard Rogers）在倫敦創造的千禧巨蛋（Millennium Dome）也是如此（雖然嚴格來講那不算網格圓頂）。

　　殼體創造的形式有多種可能性，不會因一開始預設的構造

而受限。殼體也會在建築的內部製造滲透性，因為結構上幾乎沒有固定的障礙。殼體的建造會促成更多的創造。這個道理不僅適用於建築，也適用於交流。語言是意義的外殼，語言無法完全表達人們想說的話。

　　但這種開放式的流程何時停止呢？何時建築才算完工？何時交流才算完成？

　　未完成與永無止境。純粹的流程可能有破壞性。喬治王時代的排屋後來做了許多改建，破壞了原有的美好形式：街上霓虹燈照亮的商店與招牌，使一度簡潔的街道消失了。二樓被分割成小房間，窗戶因裝設空調而截斷。紐約的許多 loft 空間也遭到類似的破壞。令上海新天地的純粹主義者感到驚恐的是，石庫門最近重新修復的 loft 雖然寬敞得很，頗受附庸風雅之徒的青睞，但也難逃較窮年輕新世代的分割與截斷。

　　基本的形式原則必須防止這種結構混亂的變化，因為 cité 中的純粹流程可能涉及沒完沒了、漫無目的的線上社群交流，cité 註定會受到這種短暫的刺激。這裡面臨了一個難題：即使變化是大敵，我們還是得容許改變發生，否則人們只能在固定的地方扮演既定的角色。他們需要自由與工具來改變靜態形式。

　　在藝術領域，這種難題是出現在幾個致命的字眼中：「完（成）了！」（it's done）這幾個字之所以致命，是因為「完」可能等同於「死」。羅丹（Rodin）在他的雕塑表面處理了終止的問題。曾擔任其工作室助手的萊納‧瑪利亞‧里爾克（Rainer Maria Rilke）寫道，那些雕塑的表面滿是粗糙的泥刀痕跡及未完

成的細節，目的是吸引觀看者注意作品的材質。創作的流程看似持續不斷，但雕刻家會估算黏土表面能刻畫多少條切口，藉此知道何時該停止了。看樂譜演奏的古典音樂家並不知道確切的停止時間。如果他心想：「終於辦到了！貝多芬第 29 號鋼琴奏鳴曲就是應該這樣演奏！」他怎麼會想要再彈奏那首曲子一遍了？音樂家會想要持續演奏，不斷地聽到那首奏鳴曲，以保持音樂（和他本人）的活力。就這個意義上來說，表演是一種永無止境的藝術。

　　開放的城市規劃試圖透過型格的創造來解決這個問題。

　　型格。型格（type-form）是城市的 DNA，在不同的環境中呈現出不同的形狀。型格可以類比成主題變奏曲中的主題。即使是在看似順暢的音樂中，作曲家只要在和聲或旋律上嘗試一點點突破，音樂的主題就會隨之開放。例如，在韓德爾的〈和諧的鐵匠〉（Harmony Blacksmith）變奏曲中，原曲末尾的半階滑音讓韓德爾可以自由發揮。同樣的，型格開放了城市設計。那些主題不是那麼整合、完整、和諧以至於沒有變化的餘地，但城市主題的變化遵循著一定的邏輯。

　　以建造平凡的戶外臺階為例。「主題」是根據人體設定的：輕鬆地抬腿往上跨一階的高度有多長？那一步的高度稱為「踢面／級高」（riser）。一般的經驗法則是，室外樓梯的級高比室內的樓梯小（室外級高約 11 公分，室內約 15 公分）。可坐下來的臺階（例如羅馬的西班牙臺階）約 15 公分高。在樓梯間的臺階上，「踏面／級寬」（tread）的水平長度是級高的兩倍。室外的

臺階必須稍微向下傾斜，以便排水，而且這樣一來，在寒冷的氣候中，踏面也不會結冰。[12]

在這些限制下，可以有多種變化，例如樓梯的寬度，樓梯的材質，或樓梯的位置。由於抬起的腿不像電扶梯那樣運作，所以爬樓梯不是那麼多變，總是可以預測。在華盛頓國家廣場那個專案中，我們用了多種不同的寬度，並以對比的方式在步行臺階的旁間設計了坐下來的臺階。國家廣場的照明方式一直以來都是從上方照亮的，我們提議的階梯設計是從內部布線及照明，在每個梯面與踏面之間的接縫放一排 LCD 燈。這種平淡無奇的設計確實無法提供與第 29 號鋼琴奏鳴曲相同的城市體驗，但它是以同樣的方式建構的：有一組基本的關係，並允許形式的變化。基本的關係是已經定義好的：音樂是追求和諧，都市設計是追求生理舒適；創造者／音樂家是在限制中創造變化。

型格可以是口頭的，也可以是實體的。巴謝拉寫道：「詩歌的意象本質上是變化的。」也就是說，隱喻，轉喻、押韻是結構主題的變化。羅蘭・巴特（Roland Barthes）也提到詩人是從「影像－劇目」（image-repertoire）汲取靈感。他認為，對一個基本影像做即興的修改，比創造全新的影像更難。[13、14]

在建築領域，型格可以自由地替換與變化。特大斜撐屋頂（屋頂的兩邊以三角形的斜撐柱綁在一起）解決了剪切（意指上面的重量容易把建築的兩側推開）的基本問題。你可以用木材、金屬或塑膠來製作特大的斜撐柱。相對的，沖水馬桶就不是那麼有彈性的型格了，因為你不能輕易以木頭或紙類來取代瓷體。[15]

型格在形式與功能之間有一種鬆散的適配關係，但兩者依

然會因彼此而變。在都市工程的領域，這種鬆散的適配關係是靠備用的水電管線系統或電源插座促成的。提供比當前需要還多的數量，表示你可以調整建築物以配合新的條件。例如，把老舊辦公大樓改造成公寓時，這點特別重要，如今紐約的華爾街和上海的外灘正出現這種情況。最容易改造的建築是一開始就過度建造的，配備了大量的管線、走廊、非結構性的共用牆，可以立即安裝新的家庭浴室、廚房等設施。也就是說，一開始就配備過多的基礎設施可以放寬運用。相對的，只打造原本需要的結構，可能使建築短期內在技術上過時了。就像福斯特打造的汽車停靠點，原始設計愈符合當下的需求，機靈應變度愈差。

因此，型格與殼體雖然有關，但兩者不同。殼體是空的，型格就像殼內的蝸牛。型格是有內容的，那個內容同時限制、也鼓勵改變。型格與原型也不一樣。型格為製作一系列可能的物件（尚未製成的物件）定調，原型則是以「已經製成」的形式存在，目的是展示它可以做成什麼樣子。米契爾的媒體實驗室所做的自駕車實驗之所以失敗，部分問題在於他是以型格來思考，而不是原型。某種程度上，他可以解釋硬體與人體的關係，但他無法以實際的例子來說明他的意思。儘管如此，以型格來思考，而不是原型，釋放了他的想像力。原型代表從眾多可能中去蕪存菁的轉折點，淘汰了替代方案。

許多都市開發是以「改善現有狀態」的名義向大眾強迫推銷，但型格思維不是把變化想成提升品質。一個主題的變體不見得是為了改善主題本身。以一個音樂類比為例：史特拉第瓦里於不同的時期製作的大提琴略有不同，他實驗多種不同的外層（直到今天我們依然不完全了解他的作法），但後來製作的大

提琴並沒有比以前的好，它們只是不一樣。

　　在日常生活中，變化主要是為了銷售新產品，而不是因為創造者想要追求品質的提升——電腦程式的後續「更新」反而愈改愈糟，就是一個顯而易見的例子。城市規劃家戈登・卡倫（Gordon Cullen）反對這種盲目的商業形式改變，這也是他選擇以空間的長期使用作為設計準則的原因。但是，型格思維這種合理的批評與學術界熟悉的保守主義互相衝突。保守主義害怕做不同的事情，因為缺乏先例；它也覺得東西夠好就不要改了。面對這兩種極端，都市型格如何追求品質導向呢？

　　巴賽隆納以網格作為型格。塞爾達為巴賽隆納設計網格布局一百五十年後，當地需要重新思考。巴賽隆納充滿了移動與停放的汽車，那些汽車所製造的汙染雖然不像北京或德里那麼致命，但依然有害。此外，街道上擠滿的汽車把社交活動擠到網格街廓的斜角。最重要的是，巴賽隆納的綠地空間已經縮小。在塞爾達的時代，那裡有很多綠地，如今該市的人均綠地空間是6.6 平方公尺，倫敦是 27 平方公尺，阿姆斯特丹是 87.5 平方公尺（世界衛生組織設定的經驗法則是，人均綠地面積至少要有 9 平方公尺）。[16]

　　由於大眾旅遊對巴賽隆納構成威脅，「奪回街道」在巴賽隆納掀起了一股經濟暗流。每年遊客的數量急遽增加，這些暫留當地的人若無其事地穿過鄰里，走向城市中的主要旅遊景點——蘭布拉大道、大教堂、海灘。巴賽隆納就像另一個被遊客淹沒的城市威尼斯一樣，兩地的遊客從城市中拿走的東西比他們

貢獻的還多。他們使用城市的服務，但只繳納很少的稅金。觀光經濟通常不會產生許多非旅遊的副產品，也不會為城市居民帶來很多高技能的勞力。

　　從市長到巴塞羅納的一般市民都非常渴望以不同的方式來運用公共空間。把塞爾達的網格街廓視為型格而不是固定形式，可以達到這個目的。規劃如下：想像一個由九個都市街廓組成的塞爾達結構，人流與車流穿過三條水平街道與三條垂直街道。現在以一個超級街區（superilles）來取代這九格，車流在其周圍流動，超級街區內的三條水平街道與三條垂直街道都變成行人專用區。這樣做的邏輯不只是為了追求無車生活的便利舒適，也可以把集中在網格斜角的社交與經濟活動分散開來，因為人們可以輕易到達超級街區的各個地方。

　　這項改造計畫預計從塞爾達的家鄉「擴展區」開始做起，有些人把這項計畫宣傳成「雅各來到巴賽隆納」，但這是一種誤導，這項計畫毫無由下而上的改造。為了使超級街區發揮作用，它們必須進行大規模地協調：從超級街區內趕出來的車流，必須能夠繞著每個超級街區的周圍運行，並進入更大的城市。「擴展區」的超級街區規模約 400 × 400 公尺，包含五千至六千人。為了讓交通系統運作，更大的規模是必要的。他們把服務超級街區的公車數量壓到最少，但是讓任何居民只要步行不到五分鐘就能搭到公車。該計畫希望，隨著時間經過，藉由超級街區的擴大延伸，可以恢復一些綠地空間。儘管沒有明講，該計畫的目的是創造新的巴塞羅納公共空間，使它與公共紀念碑周圍的遊客亂流分隔開來。

　　這些計畫闡明了一個重要的一般議題：型格可以藉由擴大

形式來改善一個地方的特質。就像觀看與分析一樣,把東西變大可以使它變得更多樣化與複雜。畢竟,從小生物變大生物的演化就是這樣運作的。不過,在建成環境中,「擴大規模」與一般認為「小地方比大地方更有特色」的想法(這個想法是根植於一個事實:當今的大規模建築大多有清一色與中性的特質)相互矛盾。但是在某些情況下,規模更大,品質更好,巴賽隆納的超級街區就是一例。

5. 多元的──種子規劃

現在蘇迪爾先生似乎快要創造出開放城市了,但是如果在開放城市之前使用定冠詞 the,他還辦不到。開放城市並沒有單一模式。舉凡殼體與型格、邊界與標記、不完全的空間等等──這些在主題與變奏的音樂模型中都有多元的樣貌。智慧城市的高科技也是開放的,它負責協調變動的複雜性,而不是把複雜性縮減成單一的效率標準。適用於 ville 的原則,也適用於cité。不同類型的經歷在社交上並不融合,複雜的 cité 比較像是混合物,而不是化合物。所以蘇迪爾先生可以規劃「一個」開放城市,他的鄰居運用同樣的正式工具來銷售印度薄餅,他也可以規劃一個完全不同的地方。

這個合理的主張是以開放的方式擴大規模的關鍵。你在城市的不同地方與環境中,重複一種通用的形式(例如街頭市場),接著演變出不同種類的街頭市場。麥德林為這種規劃提供了一個鮮明的例子。規劃者在幾個貧困地區設計了圖書館,並設定最高成本與最低的建設標準。但他們讓每個社區與建築師自行

設計每個圖書館的樣子。結果顯示，他們以非常不同的方式使用非常不同的結構：有些圖書館全天候開放，有些圖書館晚上關閉；有些圖書館是為兒童設計，有些為成人設計；有些看起來像傳統的圖書館，有些不像，比如馬贊蒂設計的黑色大樓。

　　我把這項技術稱為「種子規劃」（seed-planning）。如果你是農夫，應該會立刻明白這種規劃的意思，但很遺憾，你花太多的時間窩在咖啡館裡了。在家庭農場中，務農的你會注意到，相同的種子在不同的水、風、土壤所構成的環境下栽種，會長出不一樣的植物群落。有的枝葉繁茂，但花或果實很少。有的群落較稀疏，但每一株都很茁壯。澆灌洗羊藥水的植物和以牛糞施肥的植物也長得不一樣……你不需要離開咖啡館也明白這點。種子就像型格，它的表現形式（植物）在不同的環境中有不同的特質。

　　如今的城市不是農墾出來的，而是總體規劃的。完全成熟的植物就像計畫一樣，它的一些細節也許可以改變（這裡的高樓砍掉一兩個樓層，那裡的一樓往內退縮 1 公尺，以適應不同的條件，但這些改變來得太晚了）。但只有未實現、不完整的最初形式（亦即種子），才有時間成長並融入周圍的環境中。城市的總體規劃是把城市劃分成一個封閉系統，每個地點與功能在邏輯上都與其他的地點有關——這也忽略了農墾的現實狀況（不同群落的同樣種子會爭搶水源，隨著時間經過而變異，或因彼此接觸而消亡）。農場是一種動態生態，不是靜態生態。在都市規劃中，發生不該發生的事情時（例如，大家忽略一個公車站，一起擠在百米外的另一站），總體規劃師因為握有精確又合理的人口／交通分布圖，可能因此覺得總體規劃失敗了。但如果他像農民一樣思考，他會知道這是集群的運作方式：就像天氣一樣，有一些不

可預知、完全無法控制的因素。

　　設計建築物內部的動線時，也會遇到類似的破壞。收費高昂的空間規劃顧問規劃出類似 Google 地圖那樣的效率動線，以避免堵塞及維持眾人的移動。接著，大家發現，規劃與大家想要使用建築的方式（渴望的路線）互相抵觸。員工可能會尋找一條接近老闆的路線（「注意我！我加班到很晚！」），或是接近他想約會的迷人同事──而這兩種渴望都不在總體規劃的綱要中。種子規劃不做整體規劃，而是在開放系統中創造「局部秩序」。種子規劃的本質是盡量不規定形式與功能的關係，這樣做可為變化與創新留下最大的空間。

　　奧斯曼男爵──以及他之後的亞伯特・史佩爾（Albert Speer）和羅伯・摩西斯（Robert Moses）──不顧人們的欲望與需要，制定了任性的總體規劃。[2]但是，由上而下總體規劃的弊端，與試圖從大局觀察城市是不同的。另一種大局思維的興起，是因為想要反抗自由市場的地方破壞力。那是孟福和其他費邊社會主義者對抗總體規劃的方式：就像田園城市一樣，目的是為每個人提供良好的住房、工作和公共服務。後來隨著時間經過，誠如都市法學者傑拉德・弗魯格（Gerald Frug）所言，那些目標逐漸從輿論與辯論中消失。改良主義者之所以逐漸放棄那樣的遠見，部分原因在於「大」與「好」之間的關係。孟福那種立意良善的總體規劃，是假設人們想過穩定、平衡的生活。這種假設導致城市的簡化，但結果並不理想。穩定平衡的生活是一種失去活力的生活，穩定平衡的城市也是如此。

---

② 譯注：亞伯特・史佩爾（Albert Speer，1905 － 1981）是希特勒的御用建築師。

　　想要追求靈活性、複雜化的種子規劃可能遇到一個障礙：堅信每個地方都應該有明確的視覺身分。在規劃界，這種信念主要是源自於凱文・林區（Kevin Lynch），他是 MIT 城市規劃專家中的核心人物，比媒體實驗室的出現早了一個世代。林區主張，把城市的各種形式以固定清晰的意象組合起來很重要。他的論點是根據一項特定的研究。《城市的意象》（*The Image of the City*）這種書，是從採訪波士頓的居民以了解他們與建成環境的關係而來的。他得出的結論是，人們是以固定清晰的意象來看待「家」或城市中對他們很重要的地方。他說明了人們如何把腦中的城市場景連結起來，在腦中形成整個城市的地圖。他的方法強調「清晰度」是一種正面的社會價值：一個地方的定義愈清楚，大家愈能感覺到「這是我的鄰里」或「我屬於這裡」。[17]

　　這個論點是源自於十八世紀園藝景觀設計者，他們認為每塊土地在土壤、微氣候等方面都有明顯的地方特色；園藝景觀設計者在規劃土地及栽種植物時，應該帶出那些場所精神（genius loci）。有一群人主張只栽種本地植物，就是因為深信每塊土地都有其獨特的地方特色。在英國鄉野，這很合理，因為不列顛群島的地形和氣候如此多元，短短 20 公里之差，可能呈現兩種截然不同的場所精神。這也是一種農村知識，類似農民知道同樣的種子會長出不同群落的知識。但林區利用「場所精神」來縮限城市設計的範圍。

　　隨著其研究的進展，他的用詞變得愈來愈抽象。幾何圖形取代了照片的圖像。林區逐漸認為，人類的棲息地是由四種基本的幾何形式組成的：線、圓、碎形、正交。人們如何生活在這些形式中不是那麼重要，城市的五種主要地點如何安排這些基本形

式比較重要：道路，區域、邊界、節點、地標。他堅持自己最初的信念，主張城市設計的目標應該是以這些幾何圖形創造一個清晰的型態，一個清楚易懂的意象與身分——這正好和文丘里推崇的「困難、模糊、複雜性」相反。[18]

　　從社交的角度來看，有一個很大的反對意見。「黑人社區就是這個樣子」很容易演變成「那才是黑人的歸宿」。即使是在比較溫和的環境中，比如一個充滿波蘭人的社區，都市規劃者如何釐清其視覺身分？你可以幫在地的天主教會翻修門面，為倫敦當地華沙俱樂部的租金訂定上限，允許街頭小吃攤販售波蘭香腸和其他讓人容易心臟病發的波蘭美食。但一些威爾斯移民也住在那裡，甚至一些英國出生的猶太人也住在那裡。釐清社區身分的意象，將使那些少數族裔的存在隱於無形。城市（ville）裡的危險，也是心理上的危險：堅信一個人有一個主要的自我形象、一個主導的身分（例如黑人、拉美人、同性戀或英國人），那反而縮減了個體的多層次豐富性。

　　城市（ville）採用開放元素並使用種子規劃時，看起來像拼貼畫。這個類比很豐富。柯林·羅（Colin Rowe）和佛瑞德·科特（Fred Koetter）在著作《拼貼城市》（*Collage City*）中所使用的類比，是一種非藝術形式的拼貼，那是一種掛圖，把一個地方或狀況的相關資料疊放在另一個地方或狀況的資料上。這種作法的專家是愛德華·塔夫特（Edward Tufte），他是率先以充滿想像力的方式來呈現統計資料的平面設計師。羅與科特是從一張熟悉的街道地圖開始使用掛圖技巧，下一層可能是顯示住房密度，接著是顯示日間的運用，然後是顯示夜間的運用。這裡的問題在於，隨著層層堆疊，圖畫意象會變得愈來愈難以理解——正好與

林區那些幾何圖形的簡明特質，或帕克與伯吉斯用來代表城市的同心圓所衍生的問題相反。一般來說，當一張圖的形式和顏色與它覆蓋的那張圖完美契合時，掛圖才能發揮效果——但羅和科特認為城市不是以這種清晰度運作的，他們因此對自己的作法感到失望。[19、20]

喬治‧布拉克（Georges Braque）其實可以為如何想像一個複雜、開放、種子規劃的城市提出另一種模型。一般常把布拉克與畢卡索視為拼貼畫的「發明者」，但是把多種不同的彩帶、剪報、舊的邀舞卡、圖畫、兔子尾巴等等東西黏在一個平整的表面上，可追溯到十九世紀家庭流行的家庭回憶剪貼簿。一九一二年，布拉克與畢卡索把這種溫馨的家庭藝術轉變成高雅藝術。布拉克首先把模擬橡木紋的壁紙剪下來，然後把木炭畫黏在上面。這裡的拼貼原則是鄰接，而不是像掛畫那樣層層堆疊。由於它強調邊緣並突顯出對比，這種藝術是「可解讀的」——我們可以看出特別的事情正在發生，就像製作精良的滲透聲音一樣。約瑟夫‧康奈爾（Joseph Cornell）製作的 3D 立體拼貼則是更進一步，清晰地表達了模糊性。例如，他在木箱裡裝滿了填充小鳥，把那些木箱和裝著阿斯匹靈的藥罐與織針一起放在同一個架子上。一隻填充麻雀似乎正在閱讀拜耳藥廠（Bayer）阿斯匹靈罐子上的警告標籤。這些盒子之所以令人難忘，正是因為這些相鄰性可能意味著什麼，或根本沒意味著什麼。

哲學上，拼貼形式與明確意象之間的對比，是出現在一個世紀前約翰‧杜威（John Dewey）與信奉理想形式的貝內德托‧克羅齊（Benedetto Croce）之間的友好書信往來中。對杜威來說，人們的交流與互動促成了拼貼之類的形式，標記了語言的

邊界與相鄰性、誤解與共識。杜威同年代的作家詹姆斯·喬伊斯（James Joyce）和葛楚·史坦（Gertrude Stein）的語言就是文學拼貼。這種複雜性是杜威認為人應該面對阻力，從中學習，而不是壓制它的原因（誠如第六章談的零阻力精神）。但是對克羅齊來說，一種形式不管做什麼用途或是在什麼情境，都有一個獨立的本質。相鄰性很有趣，但是對克羅齊來說不重要，他認為拼貼是一種「對形式的恐懼」。他會覺得林區的四種幾何形狀和五種主要地點闡述了城市的本質，而不是一種簡化。[21、22]

總之，開放的城市（ville）以五種形式來提升複雜性。公共空間可以促進同步活動，對邊境（有孔）的重視更甚於邊界（無孔），藉此提高城市部分地區之間的滲透性。開放的城市會適切地運用標記，以簡單的素材，隨意地放置標記，藉此突顯出毫無特色的地方。開放的城市在建築上使用型格，以便在城市中創造出類似音樂的主題與變奏。最後，透過種子規劃，主題本身（把學校、住房、商店或公園放在哪裡）可以在整個城市中獨立發展，形成一個複雜的城市整體意象。開放的城市（ville）會避免犯下重複與靜態形式的錯誤。它會創造物質條件，讓人豐富及加深集體生活的體驗。

蘇迪爾先生既不是現代藝術家，也不是哲學家。我認為，他對拼貼畫的興趣，可能只是因為萬一他被趕出尼赫魯廣場（他很可能被趕走），他想知道他可以轉往何處。為了自己的事業，他會去找一個與城市的其他地方相連的地點，以便吸引各地的顧客上門，但非正規的相連讓他可以自由地發展事業，不受中央的控制。能幫他因應這些難關的城市，是由五種開放的形式建構而成的。

第九章

創造的連結

在床上，簡短的「要是……就好了」（if only）句型，表達了一種失望或遭拒的情人夢：這段感情本來可以如此美好，但不太可能成真。現在情人離開了，純粹的渴望有它自己的甜蜜。出了臥房，「要是……就好了」道出了個人在學校或工作中未能實現個人的渴望，這種情況就毫無甜蜜可言了，後悔消耗了生存所需的活力。

我決定創立一個小小的副業，擔任兼職的規劃師時，腦中浮現了這些想法。我不希望自己的理念只處於「要是……就好了」的過渡狀態，我不想與現實保持被動關係。我知道，我的理念付諸實踐時，會受到考驗，也會改變，我會經常失敗，但不會後悔。後來事實證明了這點。

我曾在規劃的兩個極端工作，我當過小社區的顧問，也當過國際組織的顧問。這樣的經歷無法代表絕大多數為市政府工作

的全職專業規劃者。此外，我也會第一個承認，以下幾頁描述的規劃實務，如今回顧起來反而清晰，不像雅各當初反嗆我「那你會怎麼做呢？」的時候那麼模糊。想要銜接生活與建築之間、ville 與 cité 之間的斷層，需要花時間想辦法。

1. 聯合打造——採用開放形式

聯合打造，而不是諮詢。雅各出現以後，很少規劃者敢像摩西斯那樣厚顏無恥地向大眾宣告：「聽我的就對了，我知道什麼是最好的。」少了那種厚顏無恥的大話，取而代之的是用比較微妙的方式來揮鞭。例如，社區「諮詢」通常是指一個規劃部門解釋它想在哪裡、以哪種方式開闢一條新路，大眾代表（從單車愛好者到住在公路附近的人）開始大聲抗議。規劃當局經過「豐富的意見交換」後，承諾會「審慎考慮」反對意見。接著，規劃當局就著手去做它一開始就打算做的事情。就像外交談判一樣，這種規劃流程通常會加入一點伎倆：一開始就在提案中安插一些規劃者很樂於刪除的細節，以便給大家一個「協商真的有成果」的錯覺。（倫敦一些規劃案的常見伎倆是，故意提議採用很高的路燈瓦數，等協商時才降低瓦數。）

智慧城市分成「規範型」與「協調型」兩種。在錯誤的規劃方式中，在諮詢大眾意見的會議上，規劃者變成了明星，居民成了觀眾。米歇爾・卡隆（Michel Callon）寫過一本精彩著作《在不確定的世界中行動》（*Acting in an Uncertain World*），他在書中提到，當大師不是某個領域的權威，覺得那個領域的問題無關緊要或微不足道時，迷信「專家」的信徒會增加。像德里的容

積率（FAR）這種實例，或程式碼差異的技術細節，因此蒙上了一種神祕的光環。即使專家不是以盛氣凌人的方式主導會議，這種諮詢大眾意見的組織只是做做樣子，扼殺了交流。[1]

　　這種會議上通常會有一份文件（房裡幾乎沒人讀過），伴隨著口頭簡報，但投影片切換太快，使人無法細想。實體環境可能不利於大家的參與，高起的講壇面對著成排的椅子，把與會的大眾變成觀眾，就像古代的劇場（pnyx）一樣。精心製作的模型完美地展示提案，但給人一種「只可遠觀，不可褻玩焉」的感覺。結果導致提案本身變得虛幻，大眾無法實際體會提案是什麼感覺，或不知道隨著時間經過，提案將如何融入他們的體驗中。

　　「諮詢」這種形式非常不適合處理衝突。講壇上的人西裝筆挺，手裡拿著雷射筆，講解著簡報上的圖案和統計數字。底下的大眾以喊叫聲壓過臺上的人，這種群情激憤的方式雖然極端，但是在這種情況下，是向當權者說出真相的合理方法。然而，在小規模的規劃案中，講臺上的人不見得是開發者、政治人物或專家。講臺上有許多人是中階的技術人員，其中有許多人對於憤怒的大眾指定給他的角色（權貴的走狗）感到很不安。這些困惑的規劃者被迫與大眾對立，只能照本宣科地陳述法規——別怪我，這些規章不是我制定的。這種辯解是導致諮詢無效的另一種方式。法規就是法規，技術人員很樂於說明法規，但他們其實沒有資格評斷法規。不管是處於「權貴的走狗」或「別怪我」的模式，規劃者本身從交流中得不到任何收穫，最後他講出一貫的說法「我們會審慎考慮你們的意見」時，往往是抱著如釋重負的心情，慶幸諮詢會議終於結束了。大眾只能繼續生悶氣。

　　相反的，聯合打造的目的，是讓雙方都覺得參與很重要，

讓技術熟練的創造者與生活經驗豐富的居民從一開始就一起制訂
計畫。上一章描述的那些開放的城市形式可以作為指南。理論上
是如此，但如何付諸實踐呢？

　　聯合打造的三種技巧。我在會議中以大家能夠體會的方
式，使用某些素材來促成聯合打造。這三種方法分別是：使用保
麗龍模型；使用透明的塑膠覆蓋片；使用大家可以觸摸與組合的
組件型錄。我尋找不同的場景，以打破被動劇場的模式。這樣做
對聯合國開發署與人居署所做的規劃工作尤其必要，因為它們想
讓窮人直接就地參與，而不是在辦公室或會議中心裡。我最喜歡
的場所是教堂，那不是出於任何宗教信仰，而是因為那是很大的
遮蔽空間，很容易擺放模型、掛圖、組件型錄。我比較喜歡採用
的「桌子」是支架臺（或稱擱板桌），支架上面擺放 4×8 的膠
合板。開會時，全體站著，大家可以繞著他們正在打造的實體物
件走動。

　　我很愛用保麗龍，這種材質切割容易，所以人們可以自製
模型。「專家」會展示出讓大家雕刻的組件，他們通常會拿一
袋組件來當型格。這種模型構建的目的，不是為了打造單一模
型，而是為了打造相同建築的多個模型。我們會向大家展示，如
何以多種方式組合各種組件。我們是使用一種快乾、水溶性的保
麗龍膠。這樣很容易創造、改變或打破一個形式。如此一來，虛
擬語態的話語可以轉變成視覺形式，可能性和假設性的場景便取
代了政策聲明。

　　這裡的組成元素是城市規劃者的特殊貢獻。在最簡單的層

面上，沒有設計經驗的人通常是採直線思考——這也是最容易切割的。但是，如果像塞爾達那樣切去街廓的邊角，你需要夠多的街廓，才能看出切了斜角的街廓如何形成整體。「專業」只用來具體指出創造一個網格系統需要多少個削角的街廓。一個更棘手的技術面是尺寸：組件的尺寸愈大愈好。那種讓大家體會的模型，是讓人繞著桌子走動，凝視及思考桌上的組件，想像自己在地平面上穿梭走動。比較小的模型通常只能鳥瞰，但我們又不是鳥。

在這方面，我再次看到柯比意瓦贊計畫的兩種模型尺寸時，還是很驚訝。小版本看起來合理，放大的模型則清楚地暴露出它的貧乏。因此，設計者思考手上的專案時，必須計算雕刻比例應該多大，好讓大家有在模型中穿梭走動的幻覺。使用保麗龍時，需要一種更難的專業知識：顯示模型架構在歷經歲月的洗禮後，可能出現怎樣的磨損。大家通常不知道建築物的哪個部分特別容易受到影響。所以，在聯合國教科文組織（UNESCO）於開羅舉行的規劃競賽中，有些規劃者在模型上根據不同的電腦預測，在保麗龍模型上加上割痕和凹痕——對一般都市人來說，這種刻意的損形在直覺上並不明顯。

在日常規劃的層面上，桌上擺滿各種替代的保麗龍模型，可以打破「形狀」和「功能」只能一對一配對的思維習慣。更重要的是，它們促使大家思考型格的本質。例如，在芝加哥，一個探索如何設計新小學的專案，必須判斷什麼是最重要的空間：是教室、禮堂，還是操場？Googleplex 可能把這些空間與功能都混在一起，但如果你是在一所貧校就讀的孩子，教室是用來學習的地方，教室空間的隔離與安全性，可能比令人分心的融合設

計更重要。在這種情況下，設計者是以代表房間的組件來建構架構，而不是填充一個預定的外殼。

在建築系中，製作模型是把複雜的 2D 視覺概念，轉變成可觸知的 3D 立體形式。CAD（電腦輔助設計）的出現，並沒有使模型製作變得多餘，因為相較於電腦幫你建構模型，你自己動手建構物件會讓你更深入了解那個模型。在建築課程之外，社區也是以有點類似的方式來思考模型的使用。模型讓你感覺到意象，因為第七章所述「領悟」（prehension）被啟動了。此外，繞著模型走動也可以啟動尺度衡量活動──第七章提過，身體處於活動狀態時，那才會發生。[2]

為了上海的一個公園專案，我和 Q 女士買了很大塊的保麗龍，希望讓當地居民把保麗龍切割及雕刻成各種平臺形狀、長椅、兒童遊樂設施等等。那些形狀以建築學院的標準來看很粗糙，但這正是重點所在：那些模型是粗略地呈現現實，它的粗略正好可以吸引大家針對現實應有的模樣進行討論。此外，保麗龍模型可以切出很大的形狀，這也可以增添它們的公共價值。在上海，我們測試提案時，一個建築模型約是人體大小的四分之一。Q 女士覺得，能夠搬動那樣的模型，可以增加人們對形式的參與。這就像在外面與真人下棋，比在室內窩在一張桌子前或上網下棋更有實體感一樣。

無論是桌面尺寸，還是地面尺寸，可攜式的保麗龍模型都有助於解開那個綁住「形式─功能」的結。在我們的上海實驗中，我們把五個不同的公園長椅放在兩個不同的平臺上，然後問大家，這些不同的組合是否可以同時讓當地居民及無居留權的人使用（當時需要「居留證」才能在上海生活）。正因為這個問題

很怪（公園長椅和合法居留權有什麼關係？），討論迴避了比較有引導性、受控制的話語形式。

塑膠覆蓋層是推銷活動中常見的道具，通常是以掛圖的形式排列以講述故事，最終促成「買下來！」的結果。在聯合打造的過程中，這些塑膠片必須以不同的方式製作。程序如下：畫架上擱放著黑板，把大片的透明塑膠片釘在黑板上，塑膠片上印著某個場地的特定部分，包括外部形式、內部人流、行人模式等等。在每張現實圖上，都可以覆蓋各種提議的改變圖。

我們有一個專案就是這樣做的。一開始那是學校作業，學生是聯合打造者。後來變成社區專案，與一組非常不同的客戶合作。我和吉爾多・羅巴薩（Guido Robazza）及安東尼・帕谷（Antoine Paccoud）做了塑膠覆蓋層來分析，如何在紐約下東區建造一個收容所，為無家可歸者、老人、年幼的孤兒提供安身的房間──這可能是一種有害的組合。這三種族群的分布可用不同的方式分開，以每個塑膠片來顯示不同的分法：設計師把那些塑膠片相互重疊，可以研究它們的相似處與相異處。建築系的學生想要合成一幅整體的意象，但將來實際住在裡面的人有不同的空間欲望。年幼的孤兒無疑需要保護者，所以他們想盡可能接近老人，把他們視為祖父母。老年的詛咒是孤獨，他們會有一種回應的衝動，但比較弱。我們在會議上把不同的人際接觸度展示在掛圖上，這種方式比較社交導向，而不是著重功能性的空間配置。塑膠片有一個特別的優點：它可以讓大家發現滲透性。例如，我們把合併老人及孤兒的兩種方法疊放在收容所的同一樓層圖上，發現我們可以在角落製作類似「膜」的東西，為互動提供一些空間，也可以作為緩衝。

以上敘述，技術上看似簡單，可能讓人誤以為真的很容易。羅與科特為《拼貼城市》製作拼貼時發現，覆蓋資料是一種複雜的流程，往往會做出看起來沒多大效果的拼貼圖。一個技術上的難題是，那些數字通常是從不同的來源收集的，使用的類別不一致。你需要打破龐大的資料集，使用內部的細節資料。在那個收容所專案中，我們必須花大量的時間，打造一個通用資料庫，以便做不同的比較，協調來自建築師、城市、慈善機構的不同資料集，以及對老人與孤兒的調查結果（調查是詢問他們想居住的空間）。

如今，你可以在電腦上製作複雜的覆蓋層，但是對一群六十到一百人的民眾來說，大型塑膠片的實體尺寸（我們是用 100 公分 ×140 公分的塑膠片）更能讓他們體會變化。任何人都可以翻動塑膠片，在不同的意象之間來回切換。透明片的材質比較笨重，這也鼓勵那些聚集在紐約西班牙哈林區一間教堂裡的人主動接手做簡報：「教授，讓我來……吧！」雖然那時我的身體還很硬朗，但我很樂於扮演文弱書生的角色。

在這種分析中，塑膠片必須是可拆卸的，而不是緊釘成推銷用的掛圖格式。這樣一來，才方便重新配置及安排他們講述的故事：把密度圖（由單色點構成）放在主題背景圖上（像上一章描述的諾利圖那樣，以黑色代表建築、白色代表空間），可講述一種故事。把密度圖覆蓋在建築中的居民財富圖上（由不同顏色的點組成），可講述另一種截然不同的故事。

我認為這種覆蓋程序最適合以下的情況：一個社區需要解開那個綁住「形式—功能」的結（例如「學校建築應該只用於教學」這種封閉的主張）。只要改變覆蓋層，接著討論每個情境的

樣子，就可以輕鬆地實驗在學校建築範圍內進行不同活動的情況。

　　第三種聯合打造的方法是利用組件型錄。我這輩子一直對型錄很感興趣，從展示建材到窗飾，再到建築裝飾的目錄都讓我愛不釋手（這無疑可以用佛洛依德的心理學來解釋：主要是因為我三、四歲時被剝奪了玩具）。我也把這種癖好帶進了聯合打造的勞務中。

　　零件的目錄與保麗龍設計有關，但不一樣。更確切地說，它充實及詳細說明了保麗龍的粗略設計。建築師雷姆‧庫哈斯（Rem Koolhaas）最近在威尼斯雙年展（Venice Biennale）上展出一系列複雜的零件，但貧窮的社區通常負擔不起那麼多種組合（例如，展示間提供十五種不同的窗戶讓人挑選），所以這種需要想像力的工作更需要實體感。打造這些組件型錄的價值因此變得更重要。我們花錢印製小冊子，就像商業型錄一樣。在開羅，有人把那些小冊子放在桌上，作為家居裝飾的一部分。由於我對型錄一直很感興趣，我其實是各種金屬家用門及防凍塑膠窗框的專家，我也學會用討喜的圖像來展現這些平淡無奇的物件。

　　在開放的設計方式中，人們可以自由地選擇吸引他們的材料與組件。但由於他們對各種可能性的了解有限，他們往往會選擇自己熟悉及傳統的東西。在一九六〇年代的荷蘭，當規劃者與當地居民一起建造新住房時，居民並不想要新的房子。雖然他們在經濟上不如上海新天地的潮人，這些普通老百姓也想要「熟悉」所帶來的安心感。在阿拉維納的伊基克專案中，建築師創造的現代主義建築外殼逐漸填入西班牙殖民時期的窗戶。在自建專案中，人們往往不知道有哪些可能性——他們何必知道呢？他

們又沒有訂閱建築期刊。要求大家像專家工程師或建築師那樣立即發明新東西是不切實際的。

我們整理出來的組件型錄也是如此。由於我們主要是和貧困的社區合作，組件型錄上只介紹適合貧民自建住屋的建材。然而，這些建材往往品質較差。我們為每種預算挑選最好的組件，令人驚訝的是，市場上有一些便宜但創新的建材。居民有超過最低消費水準的閒錢時，他們會像比較富裕的社區那樣，選擇已經驗證可行的形狀，而不是選擇創新或有趣的形狀。設計品質良好的專案與居民的需求之間會出現不對稱，這種不對稱必須以某種方式解決。

❖　❖　❖

專家退出。我從芝加哥社區組織者索爾·阿林斯基（Saul Alinsky）的工作中，找到一種處理這種不對稱的方法。阿林斯基那種組織者不是「引導者」──那個可怕的用詞是把掌控偽裝成建議。他那種組織者是親自參與其中；他們會爭論、生氣、承認錯誤、毫不掩飾自己比共事者擁有更多的知識及更豐富的經驗。他組織的那種社區似乎打破了芝加哥學派讓大家自己解讀的方法（亦即被動同理心的政治），但兩者不是完全不同。阿林斯基組織社區的方式使他的追隨者意識到他們何時該離開了，讓社區自己做決定。

我試著讓規劃工作朝著我和團隊「應該離開」的時刻發展。我向社區說明不同設計方案的優缺點以後，我會告訴社區，在某個時點，我們會讓他們決定做什麼。這個程序正是讓規劃有開放性的關鍵。權威人士離開現場後，接下來會發生什

麼？底下我舉兩個非常不同的例子。

在芝加哥的貧民區卡尼格林（我在那裡成長），我們的離開賦予在地人很大的力量，因為有關當局很少讓民眾自己決定要做什麼。社區利用我們留下的素材來決定新幼兒園的興建，而且他們把決策流程稱為「卡尼格林的驕傲」。我們離開後，他們以不同的方式來看待我們留下的實體物件（這是我們後來得知的）。切割過的保麗龍模型不再是我們與客戶之間交流的媒介，如今變成一種存在，一種現實，一種獨立的角色。一位女士告訴我：「我盯著掛圖，想著你說明那張圖時，菸抽得多凶。現在，現場沒有你，沒有菸霧繚繞，只有這張圖……」我問她為什麼那很重要。「我在掛圖中看到你在現場時我沒注意到的東西。」

貝魯特的內戰結束後，我有一次更深刻的專家退出經驗。為了說明那次經驗，我需要先講一下背景資訊。

黎巴嫩內戰持續了十五年（一九七五年至一九九○年），但內戰結束後，暴力衝突依然在這個國家內迴盪。這場紛爭原本只是介於該國的天主教馬龍派（Maronite）的精英以及與巴勒斯坦解放組織（PLO）結盟的穆斯林組織聯盟之間。後來隨著交戰派別的轉變，衝突跟著千變萬化，也因外部參戰國（主要是以色列和敘利亞）的入侵而變得更複雜。那段期間，有二十五萬人死亡，數十萬人在國內流離失所，還有數十萬人逃到國外。聯合國透過臨時機構「聯合國暫時駐黎巴嫩軍」（UNIFIL）干預了黎巴嫩的內戰。一九七八年與一九八二年以色列入侵黎巴嫩後，UNIFIL 試圖協助維持國際和平（以色列最後於二○○○年撤軍，但它對黎巴嫩來說依然有空中威脅。二○○六年，黎巴嫩對敘利亞的存在進行了重大的反擊。）一九九○年以後，聯合國的

其他機構開始扮演很小但有用的角色，為貝魯特的重建提供技術援助。

內戰涉及貝魯特境內許多鄰里之間的戰爭，迫擊炮與機關槍改變了該市的實體與社會結構。例如，在建築中，相較於有玻璃窗的房間，樓梯間反而變得更安全。這些勤務直井變成建築內的公共空間，當地遭到砲火的猛烈襲擊時，許多家庭移到勤務直井吃飯及睡覺。綠線（Green Line）近距離地顯示了長期衝突的後果：這裡有兩個相鄰的社區，一個是天主教社區，另一個是穆斯林社區，他們為了分隔彼此的邊界爭鬥了很久，久到連那裡的斷壁殘垣都長出高大的野草，甚至樹木。我在黎巴嫩發生內戰前曾去過那裡，當時我還是大學生，貝魯特給我的印象是一個國際大都會，許多不同的族群設法住在一起。三十年後我又回到那裡，實體破壞的規模之大，完全抹除了那些記憶。我在麻省理工學院的會議上得知貝魯特的內戰後規劃以後，我回到貝魯特不是為了親自參與規劃，而是為了觀察重建工作是如何運作的。[3]

在貝魯特的南部，一個重建小組堅持要求，參戰各方至少都要有一些成員參與討論如何清理斷壁殘垣，然後重建。起初，各派系情緒激動，會議毫無進展。不過，漸漸地，他們把注意力轉移到修復損壞的不同方法。他們把焦點放在實體情境、而不是彼此上。當討論的焦點集中在如何處理斷壁殘垣或如何拉設電線時，敵對各方終於壓抑著不滿，進入休戰狀態。

專家退出是出現在這種情況下。一位聯合國的規劃師因母親生病而離開一週，他回來時對大家說：「很抱歉丟下了你們。」一位貝魯特南部的男子回他：「我們設法繼續討論了。」參與者確實那樣做了，當時他們把焦點放在某個鄰里需要的電線長

度，而不是他們對彼此的不滿。專家退出並未促成他們的友好和解，因為他們的分歧太大了。但專家的消失並未導致規劃流程中斷。他的離開意味著參與者必須為重建問題具體地承擔責任，方法包括為殘跡清理專案的某些部分設定最後期限，或思考去哪裡為臨時電纜購買電線。

第五章提過，在倫敦，如何透過表面的禮貌互動來因應潛在的衝突。相對的，這裡是以比較深入的方式來處理分歧：把焦點放在實體結構、而不是彼此上。這種合作方式與一家沙烏地阿拉伯建築公司的重建方式正好相反。那家沙國建築公司主導了城市其他部分的重建，它是採用由上而下的規劃模式。這種聯合打造精神也與指引麥德林市長法哈多的精神不同。在麥德林，一旦優秀的設計師完成了工作，他設計的圖書館便提供人們值得引以為傲的建築。如今回顧過往，我覺得，我在貝魯特觀察到的這個時刻與其他的類似時刻，他們暫停了社會意義上有關「誰」的討論（例如誰屬於某個地方、誰不屬於），更客觀中立地關注實體意義上的「什麼」。

基於這些原因，與社區合作時，我盡量避免對社區貼上標籤或賦予他們身分，好讓社區對特殊人群來說是特別的地方。聯合打造的價值在於，它以複數的形式表達，並創造出不同版本的開放城市，不是只有一個。我描述的三種實務作法都是為地方提供替代的模型，而不是清楚定義一個地方，藉此創造出開放性。

這三種作法都和「公地」的倫理價值觀有關。「公地」（commons）這個英文字最初是指農民共用來放牧的土地。十七與十八世紀，不同國家的圈地法（Enclosure Acts）把這些空間私有化，導致動物只能在主人的土地上吃草。農業公地作為一種

實體空間，體現了滲透性的特色（如上一章所述）。小牧群中的動物在彼此附近吃草，或在一群同伴之中吃草。牠們之間的邊界是動物的邊界，圈地則促成了石頭邊界的形成。圈地的過程常造成家庭食物短缺，因為私有土地面積小，限制了單一小地主能飼養的牛羊數量。因此，產權比生產力重要。

　　左派試圖顛覆這種說法，聲稱共享資源可以提高生產力。十九世紀，德拉梅內神父（Abbe de Lamennais）從天主教的觀點提倡這個主張。他深信，修道院的園圃比個人或單一家庭維護的菜圃更有經濟效率；一大群人的共同勞動意味著日夜不停地勞動，日復一日，週復一週。那種勞動是為了一個比自己還崇高的原則而付出，也是受到那個原則的激勵。卡爾・馬克思（Karl Marx）從完全世俗的角度，提出類似的觀點。艾彌爾・涂爾幹（Émile Durkheim）描述的「有機團結／有機連帶」（organic solidarity）概念也是如此。還有人類學家馬塞爾・莫斯（Marcel Mauss）也是如此，他是涂爾幹的姪子，創立了現代的合作研究。這些論點在當時出現的合作銀行、殯葬協會、相互保險公司中可以看到具體的實例。

　　如今，在系統領域，開源軟體可說是「數位公地」的資源集合。現在大家頌揚公地，通常不是基於一個更崇高的原則（像德拉梅內神父那樣），而是為了共同的利益。不過，「公用」（commoning）這個字眼還是帶有一種理想主義的色彩，它是指分享商品與服務的衝動，也是指想要號召那種分享活動的各種群體。

　　聯合打造的倫理焦點略有不同，那是一種比較嚴苛的體驗。

❖　❖　❖

　　用機器聯合打造。技術上，城市（ville）可分為「規範型」與「協調型」的智慧城市（參見第六章）。規範型的智慧城市不是和居民一起打造的都市形式：地方的形式與功能都是預先設計好的，使用上是採用誘人但令人麻木的「簡單好用」原則，這是封閉的城市（ville）。協調型的智慧城市是聯合打造的，它的即時資料不僅讓人思考如何使用城市，也像里昂或庫里提巴（Curitiba）那樣，讓人思考如何為不同的建築形式與街道規劃打造模型。替代的形式可作為現代開放城市（ville）的模型。

　　如何與機器對話？其實，清醒的時候，我們幾乎無時無刻都在和機器對話。這些對話通常是以程式編寫的文字或聲音結尾，告訴我們該做什麼。鍵盤上所謂的「指令」（Command）鍵，命名很貼切──它既不是對話討論，也不是聯合打造。

　　我前面提過的程序可以直接從紙張或保麗龍轉移到螢幕上。多虧某些電腦輔助設計程式，這十年來我們已經可以在螢幕上製作出類似保麗龍模型的圖，並穿梭其間。3D列印技術的出現，意味著現在可以裁切出真正的保麗龍模型，讓人仔細端詳。就像所有的螢幕作品一樣，那會失去一定程度的實體觸感，但會帶來巨大的社交效益：你不需要親自出席規劃會議，就可以參與規劃。然而，這種轉移並不完美，部分原因在於那些數位機器的特質。那些機器有兩種形式：複製人（replicant）和機器人（robot）。我們身為用戶，與這兩種機器有不同的對話。

　　複製人是模仿人類功能的機器，只是它們做得比人類更好，例如心脈衝，或汽車廠使用的機械手臂。複製人從來不會疲

倦，但我們之所以理解它，是因為它做的事情和我們做的事情一樣。與複製人互動時（例如透過聲控應答裝置），我們就像與另一個人交流一樣。

合適的機器人不是以人體為基礎，而是採用一種獨立的形式，根據其他的邏輯打造而成。以米契爾設計的自駕車為例。如果那臺車有方向盤和剎車系統，它就算是複製人，儘管我們希望人類駕駛人永遠不需要操作自駕車的方向盤和剎車系統。不過，在機器自駕下，乘客不會有被動的感覺。如果自駕車是像機器人那樣運作，沒有方向盤和剎車系統，搭車的體驗就像搭火車或飛機一樣——是被動的體驗——乘客很容易就信任它的運作。幾乎所有的智慧型技術都面臨這種選擇。例如，使用Google 地圖時，你可以不看地圖，只依循語音說明，你還是可以像看地圖那樣抵達目的地。Google 地圖上有一個移動的圓點代表你，那個點會循著建議的路徑移動。第一種不看地圖的走法是「機器人」型，第二種看著圓點在地圖上移動，是「複製人」型。協調大數據處理的互連電腦組合，其連接方式是模仿大腦的神經活動，那是屬於「複製人」型；但是分發資訊不需要模仿腦細胞的化學作用，那是屬於「機器人」型。

這樣看來，聯合打造時，我們似乎應該選複製人當機器夥伴，而不是選機器人。但是在專家退出的關鍵時刻並不適合。從機器人接手問題，比從複製接手問題來得容易。這只是因為機器人和我們比較不像，它的能力也不會讓我們想要跟它比較。研究顯示，在工廠的工作場所中，儘管機器人有無限的力量，但大家常把機器人視為有限範圍的工具，只執行特定功能。大家常把複製人視為威脅，把它們當成取代裝配線上人類的超級人類。多

數機器人不算簡單好用，因為它們看似人類，我們理解它們的行為；複製人則會讓人想要跟它比較——這對我們不利。技術世界中會出現嫉妒性的比較，就像第五章描述的個人化階級一樣。[4]

在設計工作中，「機器人」型的功能是在螢幕上以圖示出現，顯示建築外觀下隱藏的結構；3D 列印則是偏「複製人」型的流程，以機械式切割機來取代手工切割保麗龍模型，切割機運作起來就像手工切割一樣，甚至比手工好得多。由於複製人會讓人產生嫉妒性的比較，所以我避免在聯合打造時使用太多的 3D 列印技術。就像高科技的其他方面，機器人變得好用，那就像 Google 推銷「簡單好用性」，是無心插柳的結果：好用是一種資源，不是替代品。人們需要理性看待環境，而不是被動地依循駕駛艙的指令。相較於複製人，機器人使這個流程變得比較容易。我們需要把機器視為一種「對使用者來說是陌生的」，而不是一種「簡單好用」的存在。誠如我們在城市（cité）中應該對陌生人抱持開放的態度、但對他們的依賴有限一樣，我們與高科技的關係也應該如此。

總之，聯合打造是以直截了當的方式來反駁「做某事只有一種正確方法」的想法，也反對「我們應該模仿專家定義的最佳實務」這種封閉的想法（無論那個專家是真人或數位的）。但機器傳達了一個不是那麼直截了當的訊息：在複雜的環境中合作，你需要與合作夥伴保持一定的距離。儘管我們可能想對機器保持警覺，但這樣做似乎違背人性。與他人合作的祕密關鍵，在於一種抽離——那與齊美爾的面具不一樣。

2. 合作但不親近——社交性

人們愈了解彼此，似乎無可避免會愈走愈近。陌生人會消失，鄰居、朋友或情人會出現。但這是對社交生活複雜層次的誤解。在社交生活的複雜層次中，我們必須尊重他人不可知與不可及的東西。相反的，「聯盟」與團結可能會破壞他人的獨特性，勒龐把那種破壞描述為都市群眾的劣化效應，那會把人們變成一群不假思索的盲目民眾。

那麼，我們如何與那些保持距離的人持續往來呢？從約翰·洛克（John Locke）以降，這個問題的一種答案是功利主義：你需要與別人一起做你無法單獨完成的事情。你就咬緊牙關加入別人吧，但你不必到酒吧跟大家一起喝啤酒。根據功利主義的算法，去喝酒其實是浪費時間。這種功利效用的計算忽略了社交衝動，社交衝動會鼓勵我們與不親近的人（以後也不會變親近的人）合作。

工作坊。從我開始寫作起，我就一直很注意波士頓的一家麵包店。我追蹤那家店近五十年了，這段期間，那家麵包店只轉手過三次。它本來是希臘移民創立的家族事業，約三十年前賣給一家更大的烘焙公司，新老闆帶來了自動化設備，把這家麵包店從手工店變成工業工廠。約十年前，那家大公司拋售這個事業，麵包店又回歸成家族事業，但這次是轉賣給拉美裔的家庭。現在，這家麵包店雇用約四十名員工，標榜有機烘焙，藉此吸引波士頓的年輕精英，因此掌握了一個小眾市場。它可以自詡

為「麵包師變 Google」。[5、6]

　　在第二個時期，業主不在現場，但他引進「複製人」型的機器來完成烘焙的整套任務，藉此把工廠自動化。負責操作機器的員工其實不知道如何烘烤麵包。麵包雖然好吃，但顧客沒有理由不去別家買，因為產品是標準化的。拉美裔老闆買下這家麵包店後，麵包師再次取得烘焙特殊麵包的手藝，也重獲機器的掌控權，尤其是對烤箱的掌控——現在換成麵包師傅視烘焙狀況來調整機器，而不是採用預設的烘烤溫度。

　　那家麵包店當初之所以吸引我，是因為半個世紀以前，那家店的老闆在抵制波士頓學校的種族融合運動中是堅定的支持者，那家店也不雇用黑人，因為希臘人認為黑人帶有失敗的病毒。那家麵包店轉賣給大型食品公司時，以種族為由不錄用求職者已經是違法行為，所以麵包工廠內的人員迅速變動，引進了葡萄牙人、墨西哥人、黑人，他們都只拿最低工資，對工廠幾乎沒有感情。一旦找到薪水稍高的工作，他們就會轉往別處。這家麵包店轉賣給有抱負的移民家庭後，雇用了不同種族的拉美裔與黑人，也雇用了最初那個希臘業主的一些第二代親屬。

　　這些人留下來了，並證明了他們可以在工作場所合作，這提升了麵包店的生產力與獲利能力。不過，他們的合作與克勒肯維爾那個混合社區的表面禮貌不同，這裡的合作是指勞工在工作上更密切的交流，例如，有人把攪拌器停下來以判斷麵糰是否均勻，或者工人透過烤箱厚厚的玻璃門來判斷麵包熟度。這些判斷會引發很多爭論，但因為烘烤週期很短，所以爭論的時間很短暫。在這些時刻，文化差異似乎不重要。儘管我是善良的自由主義者，聽到一位希臘麵包師傅以「古巴」來形容一批長

棍麵包的顏色時（意指麵包烤得太黑），我還是很難過。但除了我以外，其他人似乎都沒注意到那個形容詞。套用都市學家艾許‧阿明（Ash Amin）的說法，這種工作場所變得「對差異漠不關心」。

　　然而，以這種方式合作並不會拉近人們的距離。麵包店入口的附近有一間酒吧，那是勞工社交的地方。在那裡，保持距離變得很明顯。那家酒吧曾是一個燈光昏暗的地方，金屬牌桌上覆蓋著方格塑膠桌布，但現在已經開始出現仕紳化的跡象，窗戶沒掛簾窗，木桌也上了一層啞光漆。下班後，這裡的客人偶爾會聊到工作（就像世界上的所有員工一樣），烘焙師傅非常關注雇主的愚行。不過，他們開的其他玩笑大多和運動賽事有關，我聽不太懂，但我聽得出來他們如何表達彼此之間的距離。他們在麵包店裡一起認真工作，在酒吧裡放鬆，他們從來不會邀請其他族裔的人到家裡坐坐。

　　「這家麵包店位於大城市」這個事實，也許可以說明原因。強調團結又有遠見的工作坊設計，通常是設在城市外。例如，十八世紀克勞德—尼古拉斯‧勒杜（Claude-Nicolas Ledoux）在阿爾克—塞南（Arc-et-Senans）設計的鹽場，是一個自給自足的社區。工人住在法國東部鄉村的廣大森林裡，也在那裡提煉精鹽。作為一個整體，那裡就像一個沒有宗教的修道院。十九世紀夏爾‧傅立葉（Charles Fourier）設計的同居社（phalanstery）也是刻意遠離城市的工作坊——封閉、自給自足、完整的社區。[1]在城市的複雜社會中，人們彼此之間維持差異化、片面的關係。即使

---

① 譯注：同居社（phalanstery）為法國空想社會主義者傅立葉（Charles Fourier，1772–1837）幻想的社會主義基層組織。

你和別人不一樣，或不喜歡別人，你還是可以和他共事得很好。

　　合作的工作坊也與混合社區形成對比。混合社區有遭到下毒的風險，那導致大家不願直接處理他們的分歧。在工作坊中，差異呈現出另一個面向：「差異」這件事對生產力毫無助益。如果大家老是想著彼此之間有多相似或多不同，他們不可能好好地共事。「誰在做事」比「該做什麼」更重要。Googleplex與手工麵包店形成了鮮明的對比：Google 在公司內部設立壽司吧、乒乓球桌、健身房，那一切都是為了把社交樂趣帶進職場以提高生產力。相反的，烘焙師傅想找樂子時，他們是去麵包店外面找。

　　基於以上的所有原因，如今的麵包店傳達出一種哲學訊號：它是社交性的例證。

　　社交性。功利主義的思維認為，為了讓大家有效地共事，他們需要有共同的目的或目標。在會議上，你需要先達成共識才行動。我在上一本著作《合作》（*Together*）中，試圖說明合作不一定需要達成共識。在許多形式的合作中，參與的各方並沒有共同的立場，例如在外交談判中，談判對象的利益與你的利益無法協調。[7]

　　那麼，是什麼把人們黏在一起呢？如前所述，洛克的答案是，你需要對方去做你無法獨自完成的事情。這就是亞里斯多德在集體防禦與貿易方面所描述的「集住」（synoikismos）。

　　這種功利主義的答案忽略了合作的主觀面。想想士兵在戰爭看似無望時依然繼續奮戰。如果是功利主義的戰鬥，當戰鬥的

結果註定失敗時，你會拋棄戰友。麵包店展現出一種不是那麼極端的主觀關係：一種包容的社交力，讓大家互動，促進大家的合作，儘管那種經歷不會讓他們的關係變得更親近。他們為自己的工作感到自豪，這使他們對其他的勞工產生尊重。

「社交性」是指因為共同完成一項無關個人的任務，而與他人產生一種有限的友愛關係。當大家一起做事，而不是在一起時，就會出現這種有限的友愛關係。在規劃中，社交性扮演關鍵要角。在我們舉行的會議中，如果人們愈來愈專注聆聽別人的意見，而不是固執地堅持自己最初的觀點，就會出現這種跡象。規劃者離開會議現場時，社交性會增強，例如芝加哥的卡尼格林區、貝魯特南部都是這樣。在沒有專家的支持下，人們只能自己面對任務，於是他們把注意力轉移到即將建造的東西上。

開放式規劃之所以獨特，是因為觸發社交性的因素是一個有問題的物件——就像四種版本的學校或診所，以保麗龍做成，放在桌上。這些有形的東西，即使狀態非常粗略，也會吸引大家一起思考該做什麼。有趣的是，即使讓大家決定挑選哪種模型，那也無法消除大家抱持的不確定性。我在參與的專案中看到了這種懷疑：會議結束後，大家仍繼續打量桌上的保麗龍模型，或是又開始翻動塑膠掛圖。即使合作的時間結束了，大家並未停止接觸那些打造出來的物件。

在城市（cité）中，社交性與非個人化是情感上的對比——勒龐認為暴力團結主宰了群眾。社交性並未出現在齊美爾對都市生活的描述中，因為他認為人在公共場合、在街上移動時，他與路人沒有任何效益關係。當素昧平生的陌生人一起做出有效益的事情時，才會出現社交性。下班後一起喝啤酒，接著在公車站

或地鐵站道別，這些行為傳遞出關懷他人的訊號。相較之下，Googleplex 提供的樂趣則是強調你與他人在一起，分享快樂與舒適。我認為，麵包師傅的老闆比較不愛操弄人。總之，社交性是一種簡約又誠實的社交關係

就像生活的每個面向一樣，社交性的體驗也涉及某種政治。第六章提過，托克維爾以兩種方式使用「民主」一詞。第一種意思跟「多數決」有關，他很擔心多數決，因為多數就像暴民一樣，可以把意念強加在少數人上，亦即 51％的人壓制了其他 49％的人。他把民主的第二種意思等同於「個人主義」。這裡，他想到的社會是：人們彼此疏遠，只顧自己的事情；他害怕這種個人主義（這種個人主義與艱苦的個人奮鬥相去甚遠），因為它「悄然剝奪了行為的彈性」。在這種社會中，人們幾乎都有同樣的品味與信念，生活盡可能地簡化、簡單、輕鬆，這種社會因此失去了活力：不同的人之間的合作逐漸消失。托克維爾認為，志願組織可以因應這種威脅，它可以吸引大家參與，而不是退出。他認為自願組織是社交場所。

我描述的三種實務作法是遵循這種托克維爾的「參與」邏輯，但專家的自願退出為這種流程帶來了一個特殊的轉折，迫使人們重新編排工作。如果放任組織自己做主，組織的決策可以透過投票來簡化。這種結果是民主的，但那是從托克維爾的第一種意義來講：多數人的意念占了上風。民主行動終止了交流過程，也終止了社會名流的關係，多數人的專橫霸道迫在眉睫，少數人的聲音不再重要。

在我提過的規劃實務中，確實是如此。即使大家已經做出決定，很多矛盾依然存在——正因為建築很明顯，建築可以以不

同的方式進行。沒有結論，沒有單一正確的方法。

　　此外，不公正的決定更容易加以抵制。很久以前，黑格爾（Hegel）描述主奴關係時，他說這種反抗能以一種方式運作。「你把我弄得很痛！」是受傷者的哀嚎，那是把焦點放在主人做的事情上。壓迫的範圍，壓迫的語言，壓迫的行為，都是由主人定義的。事實上，「suffering」（苦難）在古希臘文中是passive（被動）這個字的近親。在黑格爾看來，只有當受苦者的感受從這個軌道上解脫，受苦者才不再是奴隸。例如，政治社會學家詹姆斯・斯科特（James Scott）研究了美國南方遭到奴役的族群如何發展出一種彼此交流的語言，但他們的主人認為那種語言只是胡言亂語。他們以主人聽不懂的語言相互交流，藉此擺脫了精神上的奴役。

　　我快寫完這一章時，倫敦發生了一場可怕的悲劇，那場悲劇以不同的方式詮釋了黑格爾的經典主張。二〇一七年六月十四日的清晨，大火吞噬了格蘭菲塔（Grenfell Tower），那是一棟社會住宅大樓，坐落在倫敦西部時尚的肯辛頓區（Kensington）的邊緣。大火奪走了七十九條人命。火勢迅速蔓延，因為新的外牆包層是採用易燃的材質，迅速把火焰從四樓的內部引到整棟大樓的外層，導致整棟二十四層的大樓陷入火海。外牆的包層是由鋁複合板夾著聚乙烯核心（一種名為 Reynobond PE 的產品），表面看起來明亮乾淨，號稱是「品質升級」，但實際上是危險的易燃材質。它比另一種材料稍便宜一點，另一種材料每平方公尺只貴兩英鎊，但鋁複合板是夾著真正的阻燃材質。美國和德國已經禁止大樓使用 Reynobond，但英國的規劃者選了「划算」的方案。[8]

　　悲劇發生後，有關當局與受害者開始各說各話──這也成了問題。政府當局與官方規劃者都解釋了當初的裝修決定是如何做出來的，以及是誰決定的，但他們難以說出他們挑選最便宜的方案是因為那棟大樓的住戶大多是窮人。火災的受害者感到震驚又困惑，他們希望大家能意識到他們的苦難。那種創傷是難以言喻的，以交流的方式去感受人們的感受是必要的，而不是把焦點放在那些與創傷有關的詞彙上。但是肯辛頓當局缺乏 EQ，他們與災民的認知落差幾乎是立即擴大了。當災民吵吵鬧鬧、狼狽不堪地出現在一場公開會議時，會議遭到取消。首相來視察災難現場時，她只與消防員交談，未與災民交談。正式調查展開了，負責人曾是會計師，他坦言他對窮人的住房一無所知，說他希望進行目標明確的（所以「有限」）的調查。這種聲明只是進一步擴大官員和災民之間的落差罷了──災民無法以條列式的重點來傳達失去家園的痛苦。主人的語言和他們的語言之間的隔閡，最終只對主人有利。

　　我相信，我在這一章中描述的聯合打造方式，可以從一開始就避免格蘭菲塔那種悲劇的發生。對居所有適度了解的居民，若有機會在 Reynobond PE 和稍微貴一點的外牆包覆材質之間做選擇，絕對沒有人會挑選便宜一點的材質──但居民根本沒有那種選擇機會。沒錯，規劃者本來可以在公開的諮詢會議中提到，美國與德國已禁用他們偏好的那種材質，但他們並未在會議中提起這個麻煩的事實。

　　一般來說，聯合打造在建設之初就探索替代方案，這樣做可以暴露出風險與困難。慎重考慮替代方案可以促成合理的評估。專家在決策時刻退出，可以賦予那些將來住在那裡的人自主

權。這樣一來，大眾獲得了信任，而不是被動地接受對待；專家也找到身為顧問的適切角色。我列出的步驟是聯合打造的一種方式，這種方式以面對面的交流為基礎，但是在更大的範圍內，你也可以使用高科技工具在網路上進行。我們需要以一種開放、互動的方式來打造環境，而不是像黑格爾主張的那樣退出主奴關係。聯合打造的結果可能模稜兩可，令人不滿。然而，相較於導致那場可怕火災的封閉、由上而下、節約的方法，這種建築更民主、更真實。

第四部

城市倫理

第十章

時間的陰影

　　雪萊（Shelley）的詩〈奧西曼德斯〉（Ozymandias）是這樣
開頭的：

我遇見一位來自古國的旅人，他說：
「軀體不存的兩柱石足
佇立在大漠……

下面幾行寫道：

座基上仍可見以下碑銘：
『吾乃奧西曼德斯，萬王之王，
觀吾大業，眾霸主，誰能模仿！』
除此更了無一物……」

　　這首詩傳達了顯而易見卻遭到忽視的事實：時間抹煞了人類的作品。這本書的最後一部分，是把「奧西曼德斯」帶入城市。[①]雪萊為建造者的流行語「永續」（sustainable）增添了痛苦的轉折。人類該如何思考他們建造的東西？該如何生活呢？

　　中風後的康復期間，一個朋友帶給我史蒂芬・葛林布萊（Stephen Greenblatt）的著作《大轉向》（*The Swerve*）。那本書描述文藝復興時期盧克萊修（Lucretius）的古詩《物性論》（*On The Nature of Things*）重新出土。那首長詩勸那些生命快到盡頭的人別再懼怕死亡，因為死後不會留下任何東西，沒有超然的靈魂。生命就只是開始、發生，然後就停止了。那等於在邏輯上把雪萊的觀點做了極端的延伸。你可能會覺得，推薦盧克萊修的詩給我做床邊讀物的人不是真正的朋友。然而，盧克萊修說，我們應該接受這種狀態，因為人生中沒有什麼是註定或可預測的。事件的發展很少遵循因果的直線，中間會出現彎路、顛簸、死胡同。他稱之為「轉向」（clinamens）。原子「在絕對無法預測的時間與地方移動，稍微偏離直線，進行無法確定的細微運動（nec plus quam minimum），造成碰撞與結合，使實體物質往不可預測的路徑移動」。盧克萊修是一位開放時代的哲學家。[1、2]

　　古代把這種運氣的力量擬人化，變成幸運女神（Fortuna）。她管控發現與發明，也是新酒、新帆、建築新形狀的女神。不過，她可以把香甜的長生不老藥變成毒藥，或使新的宮殿倒塌。在上古時代的後期，她變成一個比喻：命運之輪。這個比喻

[①] 譯注：「奧西曼德斯」是古埃及的法老王拉美西斯二世（Ramesses II）的名稱希臘化後的結果，其執政時期是埃及新王國最後的強盛年代。

在某種程度上傳達了以下的訊息：機運主宰了人類的創造，就像盧克萊修的「轉向」主宰物理學一樣。

　　啟蒙運動突顯出那個時代深受幸運女神的眷顧。一七五四年，美學家霍勒斯・渥波爾（Horace Walpole）寫信給朋友賀拉斯・曼（Horace Mann），說他自創了一個新字「serendipity」。那個新字源於波斯語，意指「快樂的意外」。渥波爾巧妙地解釋那個字是指「人在偶然間機靈地發現他並未追求的東西」。他對開放時代的看法是樂觀的。他對於發現意想不到的事物充滿了信心，因為他相信大自然本質上是良善的。[3]

　　如今，幸運女神不再那麼眷顧我們了。隨著氣候「變」遷，她威脅到我們的建成環境。那個「變」字看似平淡無奇，但它表示令人迷失的破壞事件可能發生。女神的破壞力在突如其來的洪水或反覆無常的氣溫飆升中變得很明顯。城市能透過建築來擺脫這些危機嗎？誠如後文所示，試圖這樣做更廣泛地揭露了建成環境的不穩定特質。

1. 大自然衝擊城市——長期與短期的威脅

　　時間的兩個影子。二〇一二年秋季，颶風桑迪（Hurricane Sandy）來襲時，曼哈頓下城的燈光全暗了下來。一位專家在廣播中宣布，真的沒什麼好可擔心的。他說，在東河（East River）附近第 14 街的東端，保護曼哈頓發電廠的安全牆有 12 呎高（約 3.66 公尺），用來保持電廠內發電機的乾燥綽綽有餘。這裡所謂的「綽綽有餘」，是根據過去海平面上升的統計平均值估算的。結果，河水上漲到 14 呎高（約 4.23 公尺），衝破了堤

壩，導致發電廠停止運轉。後來，專家又出現了，這次他是從一個應急的電臺宣布消息，他說颶風桑迪是百年一遇的事件，雖然我們一年前才遇過另一個「百年一遇」的風暴（幸好它的走勢偏離了城市）。

這些錯誤的宣告之所以會發生，是因為專家是在比較封閉的均值範圍內思考。儘管氣候變遷的長期後果是確定的，但每年的氣候卻是一個反覆無常的現象——例如那兩次「百年一遇」的風暴僅隔一年。同樣的，儘管墨西哥灣流肯定會改變流向，兩極的融冰與海平面的上升，導致墨西哥灣流的新流向難以預測。關於氣候暖化，美國太空總署地球觀測站（NASA Earth Observatory）的專案顯示，由於海洋溫度穩定地上升，在海面上偶然形成的風暴會變得愈來愈強勁，但確切的強度依然難以預測。雖然氣候變化的發生在科學上是無庸置疑的，但事件的展開是由不確定性主導。[4]

氣候變遷長期帶來了無可避免之勢，短期帶來了難以預測的事件。兩者都需要我們重新思考城市是如何打造的。

長期的陰影最主要來自汙染——在人們每吸一口氣就想吐的地方特別明顯。不過，最可怕的殺手不是大家明顯感受到的空氣，而是懸浮微粒空汙（以 PM2.5 衡量）。那種懸浮微粒吸久了會導致肺部退化，引發多種癌症。二〇一三年，中國大城市的 PM2.5 指數平均是倫敦的十二倍，紐約的十四倍。有時北京的 PM2.5 指數甚至飆升至 525，而健康指數的上限約 20。這些懸浮微粒主要是煤力發電廠造成的。為了因應這個可預期的麻煩，中國正為一些城市大舉投資其他能源。[5]雪萊與這項努力無關。

有些長期的都市氣候威脅並未促成如此直截了當的應對措

施。例如，政府間氣候變遷委員會（IPCC）為未來幾十年設定了 2℃的全球暖化上限，但如今看來那個上限肯定會突破。若要符合那 2℃的目標，製作過程造成嚴重汙染的水泥就不該再作為普遍使用的建材，但目前還找不到廉價的替代建材。為了節省空調使用的能源，建築的窗戶應打開，但是在六十樓開窗非常危險。玻璃大樓可能需要降低高度，好讓空氣從外面自然流入，但是摩天大樓相互較勁之下，都市的大樓愈蓋愈高。低耗能或被動式建築出現在廣告中的機率，遠大於實際出現的機率。聯合國人居署估計，從任何意義上來講，新興城市中僅約 15% 的新建築是節能的。[6、7]

有些人以「混沌」來形容變化莫測的風暴，以及氣候變遷所帶來的氣溫飆升。但系統分析師尼爾‧詹森（Neil Johnson）對這個詞的使用提出質疑。複雜的系統「通常是在不同類型的安排之間變動，因此衍生局部的秩序」，然而，「混沌」是指「系統的輸出變化非常不規律，看似隨機」。這種區別質疑了「混沌派」喜歡提出的一種現象：蝴蝶拍動翅膀，引發一系列的活動以後，在地球的另一端引起暴風雨。事實上，這個故事並非純粹的渾沌，而是連串的路徑依賴。昆蟲的翅膀順著一條彎曲但可解釋的路徑，一小步一小步地攪動著微風，而微風又攪動著其他愈來愈大的風，最終形成了暴風雨。這種路徑依賴也適用於氣候領域。所以，海洋中央連串的氣溫變化可能透過一系列的事件，在其邊緣產生不同的風暴潮（storm surge）。[②8]

我們常聽到「要長遠思考」這樣的建議，但氣候變遷的

---

② 譯注：風暴潮（storm surge）是由熱帶氣旋、溫帶氣旋、冷鋒的強風作用和氣壓驟變等強烈的天氣系統引起的海面異常上升現象。

長期挑戰如此巨大，可能激起一種不好的堅忍自制主義，也就是說，什麼都不嘗試，因為我們無能為力。然而，在處理短期不穩定的事件時，我們還是可以運用意志力來做一些有效的事情——也就是說，我們可以重新思考「水」。

　　惡水。很少大城市是完全被陸地包圍、遠離水域的。從古至今，水路一直支撐著經濟，也決定了上海、倫敦、紐約等大城市的形狀。長期以來，水資源管理一直是合作工作的重點。例如，在中世紀的荷蘭，他們一起挖溝渠、水閘、堤壩，以與海爭地，這些努力拉近了人民的關係。阿姆斯特丹的歷史學家黑特·馬柯（Geert Mak）指出，這些共同努力促成「一種奇怪的權力關係凝聚，一種共識與妥協的文化，軟化並最終掩蓋了最激烈的世代衝突」。然而，前現代的設計師對堤壩與碼頭幾乎沒有美學興趣，水資源管理只是城市的功利性主題。[9]

　　在近代，城市的水域邊緣開始改變意義，變成美學場所。早在一八〇二年，《歐洲雜誌》（*European Magazine*）就描寫過倫敦原始的西印度碼頭（West India Docks），如今的金絲雀碼頭構成那裡的一部分，該雜誌寫道：「沒有什麼比碼頭更美了。碼頭有必要的水深，水面（多虧有船閘）像鏡面一樣光滑，像遠離風暴的避風港那樣印入眼簾。」這種觀點呈現出商業與美學的結合。然而，隨著港口需要更大的空間，這種結合在市中心開始崩解：如今的貨櫃港非常需要大片的土地，所以通常設在遠離人口中心的地方。卡車與飛機已經取代了勤務船的功能。在市中心，歐姆斯德的中央公園象徵著一種水的純美學體驗。在

中央公園的水庫裡，大片水域變成純欣賞的東西。一九〇九年丹尼爾・伯恩罕（Daniel Burnham）為芝加哥的湖濱所做的設計，也落實了這種美學至上的理念。他排除任何實際用途的蛛絲馬跡，在湖邊建造了公園、長廊，以及其他低密度的用途。他寫道：「觀水是一種孤獨的行為，是在凝視虛無。觀水時，其實忘卻了支持生活的一切條件。」[10]

水邊美學產生了實際的連鎖效應，在城市中創造了不平等的價值來源。例如，孟買的新水邊專案提議把許多小型企業與人行道上的遊民趕出濱水區；開發商提出的部分理由是基於視覺美觀，也就是說，藉由降低人口密度及用途的複雜性來「清理」景觀。布宜諾斯艾利斯和倫敦等地的開發專案也有類似的問題：為了追求賞心悅目，而以犧牲社會與經濟的混合使用作為代價——這些都是伯恩罕那個芝加哥計畫的徒子徒孫，都是以「視覺愉悅」之名導致「社會排除」之實。

在氣候變遷的時代，還有另一種轉變：水變成一種既有破壞性，也有功能性及美化景觀效益的東西。水帶給城市的威脅分三種：海邊的城市（例如紐約、里約熱內盧或孟買）可能偶爾洪水氾濫成災；內陸城市可能因含水層逐漸乾涸而面臨缺水問題；新的降雨模式把雨水轉移到人煙稀少的地方。徑流太多時，就會發生洪水氾濫；地下水的保水量太少時，會出現乾旱；氣候變遷會導致洪災與旱災加劇。冰層融化、海平面上升、改變的洋流等等，都會轉化成地面與陸上降雨型態的不規律，導致下雨頻率過多或過少。

有害的水威脅源自於一些水文循環的基本原理。一般來說，海洋的蒸發量比降雨回歸海洋的水多 9% 左右。這 9% 產生

的降雨可能落到陸上，也是陸上河流的主要水源。這些陸地的水中，有多少水保留在地下，而不是流失？下面有下水道系統的鋪面與未開發的土地不同：據估計，在完全堅硬的地面、下面有下水道的環境中，85% 的降雨會流失，僅 15% 的降雨滲入地下。[11]

多數的水生態系統不是像心跳那樣處於恆定平衡的狀態，即使沒有偶發的「轉向」，水生態的平衡也會改變。例如，湖泊從貧養型轉變成優養型的進化過程就是如此。貧養型是指雜草與藻類稀少、魚類豐富也深潛；優養型是指植物叢生，魚類稀少，底部逐漸淤塞。長時間下來，這個過程把湖泊變成陸地。引進合適的植物與魚苗來穩定雜草與魚類之間的平衡點，是一種人為干預，那樣做可以長時間阻礙上述的自然轉變。人類造成的大氣暖化，跟上述那種為了保護水域的人為干預不一樣。人類造成的大氣暖化只會加速湖泊從貧養型轉變成優養型，把濕地變成旱地。

總之，缺水是全球氣候變遷的長期威脅，因為地下含水層逐漸乾涸，地上的水循環也變了。過多的水在短期內也會變成一股有害的力量，例如不穩定的風暴與徑流。如何以不同的方式打造城市以因應這些水的破壞力呢？這是個大哉問。在颶風桑迪過後，出現了兩個答案。

兩種防洪帶。一般來說，因應氣候變遷有兩種不同的策略：減緩與調適。第一種是減少創傷的來源，例如修建堤壩（高屏障）來阻擋風暴潮。第二種是處理創傷，例如濕地可以減緩風暴

潮，並持續轉變成緩衝。減緩與調適策略應該是相輔相成的，但往往會出現衝突。以颶風桑迪過後的紐約發電廠為例，當時爭論的重點是：究竟是要在原地鞏固及加高東河邊的防潮牆，還是要承認這些減緩的防禦措施沒什麼效用，承認這種超級風暴可能會經常發生，乾脆把發電廠搬到內陸。這些爭論最後形成兩種不同的提案：建造兩種不同的防洪帶。在防洪帶上，以不同的方式堆積沙子、泥土、碎石以因應風暴潮。第一種防洪帶是減緩型，試圖在海浪第一次來襲時，打破風暴潮的威力。第二種防洪帶是調適型，試圖在風暴潮來襲後因應不確定的潮起潮落。

　　減緩型防洪帶的支持者認為，理想的情況下，強大的城市受到挑戰時，可以維持平衡。例如，在發電廠的討論中，減緩型防洪帶的支持者認為，保護機器的防潮牆應該蓋得很高，使風暴潮永遠無法沖刷進來，讓發電廠變成一座堅不可摧的堡壘。另一種減輕浪潮影響的變型方式，是在發電機的周圍安裝高壓的抽水機與排水管；還有另一個作法——也是最昂貴的——是打造第二套完整的備援系統、甚至第三套，以防第一道防線失靈。這些看似完全合理的概念背後，是想要建立某種基礎設施穩定狀態。「復原力」（resilience）在這裡是指，目標是讓系統迅速恢復正常功能。

　　減緩型策略的批評者聲稱，這種模式並未跳脫框架思考，策略應該要隨機應變，也就是說，應該去因應干擾，而不是去抵禦干擾以維持城市的平穩。調適型的電廠提案是放棄原來那個濱水位置，把發電廠遷到內陸的高地。遷廠的同時，也必須縮小電廠的規模，因為曼哈頓的高地已有密集的建築，需要以幾家小電廠來承接那個濱水發電廠的任務。在這種提案中，「調適」意味

著營造形式必須隨著不規則發生的事件而變。

颶風桑迪過後，我的同事亨克・歐文克（Henk Ovink）和艾瑞克・克林南柏格（Eric Klinenberg）受政府及洛克菲勒基金會的委託，為紐約的氣候變遷專案提出建議，這使得減緩型與調適型策略之間的分歧明顯了起來。（歐文克目前是荷蘭的「國際水務特使」，克林南柏格是災害社會學的專家。）「設計重建都市」（Rebuild by Design）提案是為了反駁一些危言聳聽的言論（聲稱下個世紀將有數百萬人不得不撤離紐約那種沿海城市），以及好萊塢電影鍾愛的那種科幻悲觀主義（聲稱人類文明已到盡頭）。[12]

最好的減緩型方案是 BIG 建築事務所（Bjarke Ingels Group）為曼哈頓南端提出的「Dryline」防洪帶設計。我們在本書的其他部分曾提過，BIG 建築事務所的建築師正在為 Google 設計讓員工完全與城市隔絕的「創意創新中心」。Dryline 這個名稱讓人聯想到紐約空中鐵道公園（High Line）把廢棄鐵軌改造成公園的專案。Dryline 基本上是一條 10 英里長的防洪帶：那是一條沿著曼哈頓南端建造的組合，由填充的沙子與泥土製成，就在現有的海濱前。他們打算在這條防洪帶的上面與後面，興建遊樂花園、都市步道等等。因此，Dryline 在打造地方時，除了承諾提供樂趣以外，防洪帶也有抵禦風暴潮的作用。氣候科學家克勞斯・雅各（Klaus Jacob）指出，問題在於 Dryline 的高度是固定的（目前是 15 呎），以後隨著海平面上升，風暴潮可能突破它的防衛。

設計師就像廣播電臺的專家那樣，陷入封閉式的固定思維中。長遠來看，就像 Googleplex 周圍的街道一樣，你不可能把

周圍的環境都隔絕在外。然而,這個方案雖然提供一種永續安全的假象,但它的最大優點在於,在氣候「轉向」中,它降低了水對城市的威脅。此外,公園的實際規劃很好,在總長 10 英里的防洪帶上有很多很好的細節,儘管防洪帶遭淹沒時,許多設計細節可能化為烏有。[13]

另一個調適型的「設計重建都市」提案,是在史泰登島(Staten Island)周圍建造「Living Breakwaters」防洪帶,就在 Dryline 的對面,尤其是托滕維爾(Tottenville)的南岸地區。Living Breakwaters 是建造一系列延伸到水域裡的防洪帶,目的是提供「分層的保護系統」。隨著時間經過,這些防洪帶會受到侵蝕及改造,因為防洪帶是採用深溝結構,那表示潮汐作用會逐漸更動結構。設計師預計,隨著海平面上升,防波堤之間的沙丘會慢慢受蝕。這個專案的目標是維持托滕維爾的牡蠣養殖場(著眼於經濟效益,而不是像 Dryline 方案那樣著眼於娛樂效益)。這兩種防洪帶的提案是以不同的方式吸引大眾。Living Breakwaters 帶來肉眼看不見的經濟效益,都市居民需要先理性了解那個效益才能欣賞它。Dryline 則是能見度高,明顯可見,它的理念是簡單好用。

伯恩罕打造的那種硬邊公園,是以混凝土取代濕地。遺憾的是,那種公園的防洪帶減少了自然的水資源管理。如果以更靈活的方式來思考土地,興建防洪帶不只是一個塑造土壤的工程,它會詢問:該種什麼植物才能讓濕地發揮作用?例如,這裡需要從外地移植一些對苯酚汙染的水比較不敏感的蘆葦,以排除汙染,為魚類打造棲息地,讓大自然得以回歸。由於周圍的生態環境與原始環境非常不同,如果什麼都不做,放任環境回歸本

質，那樣做能達到的成效微乎其微。

在減緩型與調適型的爭論中，隱藏著一個巨大的倫理問題。氣候變遷主要是人為的。因此，人類應該試著以更溫和的方式，思考他在自然界的地位，與大自然合作，而不是試圖支配大自然。

黑暗的崇高。從古代開始，山區因狂野荒蕪，看似不宜人居，超出了人為馴化的可能。相反的，文明則可以在山谷或沿海的平坦地區蓬勃發展。十八世紀末，瑪喬麗・荷蒲・尼可森（Marjorie Hope Nicolson）寫道，相較於人類在都市裡橫向地強加於自然界的「型態、規律性、對稱性、限制、比例」，高聳的山脈象徵著「多元性、多樣性、不規則性，最重要的是⋯⋯不確定性與宏大」。因此拜倫（Byron）寫道：

> 阿爾卑斯山高聳入雲，
>
> 它是大自然的宮殿，巨牆的尖頂白雪皚皚，聳入雲端，
>
> 永恆地坐落在冰冷又崇高的殿堂中，
>
> 雪崩在那裡形成及崩落——雪的雷霆！
>
> 那一切擴展了精神，但也令人震驚，
>
> 聚集在這些山峰的周圍⋯⋯

這是一種黑暗、破壞版的崇高景象：大自然使人為創造顯得微不足道。如今，水取代了山，變成一股惡性的崇高力量。山是固定不動的，但惡水在颶風中造成不規律地衝擊，或在乾旱時

持續罷工——也就是說，「永恆的 vs. 變化無常」的。[14、15]

對自然的敬畏是浪漫主義時代的一大主題，體現在施農古爾（Senancour）的作品，以及那個時代的風景畫中：美國人會想到哈德遜河畫派（Hudson River School），[③]歐洲人會想到卡斯巴・大衛・佛列德利赫（Caspar David Friedrich）。[④]在這些風景畫中，創造者（Homo faber）並不存在，圖中只呈現大自然那無邊無際的原貌。佛列德利赫把這種令人敬畏的景色與恐懼感連在一起——他筆下的孤獨人像似乎位於即將墜入峽谷或急流的邊緣。這種看待自然的方式與啟蒙運動截然不同（渥波爾等人在自然環境中感到很輕鬆自在），也與克勞德・洛蘭（Claude Lorrain）早期的自然畫不同。[⑤]洛蘭在油畫中自然地插入不朽的建築，以凸顯及強調山谷、田野或河流的形狀。洛蘭把創造者的作品視為山水的延續，佛列德利赫則是刻意凸顯出畫中毫無人造物件，好讓觀看者主觀地感覺到自己的渺小。

惡水代表黑暗崇高的進一步演化，超越了不納入人造物件的浪漫主義畫派。現在黑暗因為創造者的所作所為而出現了，許多生態學家現在相信大自然正在反擊。如果海德格還活著，他無疑會針對人為的氣候創傷說：「看吧！我早說過了！你們對自然有錯誤的看法，以為可以隨心所欲地改變它。」他遠離城市除了是因為納粹思想以外，也是因為他渴望過侵略性沒那麼強的生活，他想跟大自然更和諧地相處。

---

③譯注：19 世紀中期一批美國浪漫主義風景畫家發起的藝術運動。之所以叫「哈德遜河畫派」，是因為該畫派的早期主要作品都是描繪哈得遜河谷及周遭景致。

④譯注：卡斯巴・大衛・佛列德利赫（Caspar David Friedrich，1774 － 1840）為 19 世紀德國浪漫主義風景畫家。

⑤譯注：克勞德・洛蘭（Claude Lorrain，1600 － 1682）是法國巴洛克時期的風景畫家。

這種渴望由來已久,可以追溯到第二章提過的維吉爾逃離羅馬。盧梭是十八世紀與渥波爾的年代相近的人,他寫詩讚美在新鮮空氣中過簡單的生活,以母乳餵養嬰兒兩年,穿自家紡製的衣服,那些詩深深吸引了同時代的人。那個年代的人就像他一樣,覺得自然的居住方式與城市的人造建築形成了強烈的對比。在工業時代,馬克思似乎認為,汙染的工廠與廢棄的土地是現代社會的一大轉變;大自然就像無產階級的勞動,遭到了剝削。早在《政治經濟學批判大綱》(*Grundrisse*)中,馬克思就寫道:「對人類來說,大自然變成純粹的物件,只是有用的東西,不再是一種為自己運作的力量……人類迫使大自然變成消費的項目或生產的方法,以滿足他們的需要。」[16、17]

值得注意的是,只有特定階層的人,才能以友好的方式與大自然為友。如果你像盧梭那樣,在家裡穿著簡單的薄紗織布所製成的衣服,你需要不停地生火取暖。你那近乎裸體的自然裝扮,也需要搭配隔熱保溫效果良好的房子。窮人裹著厚實的衣物,因為他們的小屋是隨便蓋的。現代類似薄紗織布的東西是有機什錦穀物堅果早餐,簡單、美味、價格高昂。在建成環境中,在馬斯達爾城和松島那樣的智慧城市裡,環保生態等同於昂貴的建設。挑戰在於如何與大自然建立一種適度、沒有特權的關係。大自然需要我們建立那種關係。

在因應氣候危機時,針對哈姆雷特經典提問的變形「to build or not to build」(建造,還是不建造),有一個明確的答案:建造。環境必須以不同的方式建造。建造城市的倫理方式是以調適為首要原則。純粹的減緩是不適切的策略。如今惡水有凌駕我們的力量,我們無法逆轉。誠如其他領域的經驗一樣,我們需要

與不利於我們的力量合作。不過,這些解決問題的對策,效果不僅於此。減緩型與調適型是所有建築的基本模式,這兩種因應古怪氣候變遷的方式也可以作為打造城市(ville)的借鏡。

2. 破壞與累增——「正常」的都市時間

打造城市(ville)是發生在兩個時段。在第一個時段中,時間之箭穩步前進,建築與空間緩慢地增添到環境中。添加到建成環境中的東西通常很小,例如興建或翻新一棟房屋,增設一個小巧的公園。在第二個時段,時間之箭是以大膽聲明的形式大幅前進,打破環境中既有的東西。那是巨大工程的時代,無論是巴澤爾傑特的下水道、奧斯曼的街道、塞爾達的街廓,還是歐姆斯德的公園,都屬於這一類。第一時段的性質是調適性的,考慮到已經建構的背景脈絡,屬於雅各的「緩慢成長」領域。第二個時段可能看似災難時期,破壞或抹除了背景脈絡,像柯比意的瓦贊計畫那樣。許多號稱打破傳統都市形態的智慧城市也是如此。「現在」把「以前」視為敵人。

緩慢成長、調適型、累增的領域,從情感面牽動著我們。但是在現代的建成環境中,破壞是無可避免的,因為現代建築比早期的許多建築消亡得更快。我們現在估計,商業高樓的壽命約三十五到四十年。相較之下,喬治王時代的排屋已經屹立數百年了,而且還可以再屹立數百年。兩者之差,與建築不良無關,而是因為僵化的規格。這是核心投資比較喜歡那些完全符合目的的建築結構所造成的。隨著用途改變,居住環境跟著演變,建築雖然沒壞,但失去了用途。我在上海和 Q 女士一起走過的那些

無處可去的公路，就是這種破壞的實例。如今類似的事情在倫敦南岸（South Bank）的許多區域正在發生。新建築的保質期將比舊建築短很多，因為它們在快速演變的城市中有僵化的形式／功能。現代都市景觀的多變特質強化了老建築的情感氛圍。

累增與破壞的對立，如今在世界各地的都市發展中都引起了爭論。破壞現有都市結構的專案往往是為了權力炫耀，尤其是政客青睞的象徵性公共建築，例如奧運體育館、藝術博物館、水族館（幾年前流行的昂貴建案）。對一所連增添圖書的經費都很拮据的學校來說，水族館沒有多大的價值。累加式的成長因此變得更有吸引力，因為相較之下，那似乎是在由上而下統治的城市中進行由下而上的發展。

但是在 cité 中，如果你是亞洲移民，你想把孩子送到很遠的學區去就讀好學校，有人告訴你：「你要有耐心，大家的態度改變很慢。」你可能會認為，在社會上，破壞才是一種正義的展現。在 ville 中也是如此，現代的超大都市光是那龐大的規模，就需要全新的大都市形式。例如，墨西哥城的居民約有兩千五百萬人，分布在廣大的地形上。他們大多很窮，在住處附近找不到工作。他們通勤的時間長達兩三個小時。在一個規模跟荷蘭一樣大的城市裡，他們需要一個比目前這種失敗的漸進式交通方案更好的解方。他們需要大刀闊斧的建設來改變這座城市。

因此，這個有關破壞與累增的爭論過於複雜，不能簡化成「由上而下 vs. 由下而上」的爭論。更了解都市時間的一種方法，是看它與氣候變遷的時間有什麼關聯。大破壞可以與衝擊城市的風暴相提並論嗎？在雅各的參考架構中，兩者應該可以相提並論。就像摩西斯想讓公路貫穿紐約的華盛頓廣場公園那

樣，那種專案是「劇烈的」。這也是班雅明對進步的看法，他覺得進步就像一場人為的風暴，播下破壞的種子。破壞＝創傷。

　　就像因應氣候變遷時，我們想同時採用調適型與減緩型策略一樣，把「逐漸累增」和「有計畫的破壞」同時用來打造城市（ville）更合理。實際上，這樣做是必要的：為墨西哥城的居民興建新的火車站，或是在北京以太陽能發電機取代煤力發電廠，都是無法放著慢慢完成的專案，但是當地為這些專案所做的調適可能需要很長的時間才能完成。

　　砲臺公園城。關於如何在破壞與累增之間拿捏平衡，砲臺公園城（Battery Park City）是一個很好的實例。那是位於曼哈頓南端的新社區，颶風桑迪來襲時，它首當其衝。砲臺公園城主要是一九八〇年代與一九九〇年代在垃圾掩埋場上興建的社區，比東邊的華爾街辦公大樓區更多元化。當時的想法是打造一個看起來和曼哈頓其他住宅區很像的 ville，複製一八一一年曼哈頓最初採用的網格形式。這個社區的主要規劃師史坦頓・艾克斯塔特（Stanton Eckstut）直接闡述其工作信條如下：「多數建築必須是背景建築，雖然有些建築可以成為『明星』，但還是應該以設計良好的街道為重。」他的信條正好和柯比意的瓦贊計畫相反。他想模仿現有的街道格局，這個動機促成了其他類似的規劃手法。例如，重建曼哈頓街牆；模仿上東區與西城區的街道上那些低層聯排別墅的外觀。由景觀設計師保羅・弗里德伯格（M. Paul Friedberg）領導的砲臺公園城景觀設計，重新創造了一個許多紐約人希望擁有的紐約：樹木種植的成效良好，不因幾十年來

狗尿的影響而發育不良;水泥盆栽裡栽種鮮花,沒人偷過。整體規劃的五項原則是:「①從小處思考;②運用既有的東西;③整合;④利用街道來創造空間;⑤建立設計準則。」

針對這些指導原則,批評人士指出,砲臺公園城似乎在模仿美化的時代,把過去理想化了,就像現在的上海新天地一樣。它的多元性是立即的多元性,刻意一次完成。相反的,瑞可托住宅區(Rector Place)模仿的街道則是歷經好幾個世代,慢慢地增添,才達到外觀的多元化。每個世代都在街道上增添自己的設計品味。此外,由於那幾代人的經濟財富與財富運用相當多元,導致內部建造形式有多種變化,街區的中心較為低矮,垂直的邊緣高聳。街道看起來很複雜,因為它們反映了當地生活差異的累積。

這種批評背後的時間邏輯是什麼?不斷累增的元素構成了一種主題與變奏,一種型格,那是由建築與生活的交集創造出來的。以最普通的都市物件——門廊——為例。一八九○年代,紐約的建築法規對紐約市貧困地區的住房進行改革,規定房子的入口必須以臺階通往高起的門廊。這些寬大臺階的設計,只是為了讓大家進出擁擠的房屋。然而,住在廉租公寓裡的人逐漸把門廊當成社交場所,尤其是紐約酷暑難當的時候,他們會在臺階上鋪放毯子以便坐下來,或把臺階當作餐臺,放置餐飲。新用途並未導致舊形式失效,而是變成更複雜的形式,不限於單一用途,因此系統變得更開放了。

砲臺公園城的累增是一種特殊的型格建築。規劃者把「主題與變奏」的結果大規模地套用在一個新地方。也就是說,他們不是自己做變化,而是從別處挪用。那可能看起來像投機取

巧，但這種在垃圾掩埋場上立即打造的社區是以優雅的方式慢慢變舊。砲臺公園城保留了其根本的中產階級特質，它周圍的地區——翠貝卡（Tribeca）和華爾街——已經完全落入富豪手中。此外，這個街區有人居住，這裡也有多種不同的社區團體，做各種事情（從清理遊客的垃圾，到參加社區大樓一樓會議室舉行的活動，應有盡有）。

然而，這種挪用有一個問題，為孩童保留的遊樂空間就是一個明顯的例子。幼兒在精心耙過的沙堆裡玩得很開心，但是社區棒球場卻常常空無一人。那個棒球場位於默里街與沃倫街之間的北端大道（North End Avenue）上，是孩童閒晃的好去處，卻乏人問津，原因不單只是城市的青少年人口減少那麼單純。那裡與第六大道和第三街交叉口的籃球場形成了鮮明的對比。孩子可以從紐約市的各地搭地鐵抵達那個籃球場。籃球場以鐵柵欄圍了起來，只有幾棵零星的樹木。第六大道上緩慢行進的卡車與亂按喇叭的計程車，發出震耳欲聾的聲響。那些聲響和籃球場邊的可攜式收音機所播放的拉丁音樂或饒舌節奏結合在一起。在這個擁擠的遊樂場上，一切都是發生在硬質路面上。但青少年（包括砲臺公園城的青少年）喜歡聚集到那個地方，因為那裡是他們自己做挪用，而不是別人為他們做挪用。

在艾克斯塔特規劃的社群裡，有一個大破壞：一個名叫布魯克菲爾德廣場（Brookfield Place）的大型辦公大樓。那棟大樓是西薩・佩里（Cesar Pelli）設計的，底層是一個室內的熱帶花園，外面是一個遊艇碼頭。那棟大樓與整個鄰里的風氣截然不同：那些熱帶植物要是暴露在紐約市的空氣中會死亡，遊艇的主人也不是本地人。儘管那棟建築很醜，但它有一個優點：它沒

有試圖掩飾它與周圍的環境格格不入。打從那個建案啟動一開始，那種破壞就已經註定了，因為它的資金是來自國際上那些購買空間、而不是地方的人——亦即核心投資者。

涂爾幹有個說法頗能引起共鳴，他說，一個人投入新的集體行動形式時，「連自己也不認得了」。在涂爾幹之前的世代，這句話可以戲劇性地套用在第一次對平民進行機械化戰爭的美國士兵上，這是源自美國內戰的作法。那些美國士兵也搞不清楚自己為什麼會那樣做。涂爾幹認為士兵的困惑也適用於更普遍的情況：破壞使自我與他人的意識迷失方向。對相反的思想學派來說，破壞是一種行動號召。例如，激進的勞工組織者把罷工視為政治覺醒的時刻，而不單只是一種談判的籌碼。罷工釐清了制度的問題所在。[18]

開放系統的思維把破壞視為改變整個系統——創造引爆點以喚醒系統。一個小變化觸發更大的變化，就像俗話說的蝴蝶拍動翅膀觸發暴風雨那樣。在封閉系統中，小事件持續累積，但不會引爆，而是以平順的線性方式逐步累加。如果出現成長，那是因為某個東西增加了，而不是因為突然發生某事，打破了現有的格局。

紐約的規劃者希望砲臺公園城成為都市的引爆點，在曼哈頓下城引發更大的變化，把華爾街從金融機器轉變成一個混合住房、學校、辦公室、藝廊、小商店的區域。類似雅各主張的那種緩慢成長，從翠貝卡一直蔓延到華爾街，似乎並未如規劃者所願啟動「從辦公區變住宅區」的轉變。這需要一個大型、戲劇性的專案——即使那個專案看起來和城市的其他地方一樣。但是砲臺公園城並未引爆改變，因為它的旁邊有八車道的西側公路（West

Side Highway）。那條公路變成真正的邊界，而不只是障礙而已，阻止專案滲入周圍的環境。

佩里設計的辦公大樓不僅破壞了周遭的住宅與娛樂環境，也是一個隨意的價值標誌——就像塑膠長椅一樣，雖然它比長椅昂貴許多。它等於是在宣告：「如果你想找一間能看到自由女神像的鑲木辦公室，不管周圍的環境如何，這裡有適合你的選擇。」如果你正好是當地的居民，或喜歡好的建築，你會覺得佩里那棟大樓是負面標誌，因為紐約隨處可見類似的商業大廈，那些建築是從建築師的文件櫃中直接搬到地面上興建而成的。不過，這棟建築雖然任意破壞了砲臺公園城的夢想，它還是有一點值得一提。

這種任意的強行置入，與倫敦碼頭區的喜朗船塢（Heron Quays）之類的濱水專案形成了對比。在那些濱水專案中，我們似乎是從另一個時代來看待這座城市的一部分。模仿一個非常大的結構，彷彿它一直在那裡，可以隱藏它侵入都市結構的規模。藉由營造「建築是來自不同時代」的假象，結構的存在就變得合情合理了。判斷力被一種「既成事實」的感覺所蒙蔽，大家對這種感覺也無能為力。相反地，在砲臺公園城，這棟突兀的都市建築使你不得不意識到這個強加的東西，那是一種不同價值的主張。我很遺憾地意識到，我設計的塑膠長椅是在社經規模的另一個極端做同樣的事情，它們在破舊的建築前宣告，那裡有一些有價值的東西，一些與周遭的情境脈絡無關的東西。

在這方面，柯比意留下了錯誤的破壞形象。他所想的「破壞過去」，是把過去抹除、夷平，然後在上面建造。這樣一來，城市居民就會對以前的一切失去感覺。好的破壞，無論是在藝

術上、還是在生活中，都不是徹底的消除。現代畫家賽‧湯布利（Cy Twombly）在一些作品的標題及片段的意象中，引用十七世紀畫家尼古拉斯‧普桑（Nicolas Poussin）的作品，只是為了突顯出他自己那些滴落、潑濺的線條。同樣的，一棟與傳統街區格格不入的建築，或是像紐約空中鐵道公園那樣不像一般遊樂場的公園，或像汙水處理廠上方的遊樂場那種公共空間，都可能是好的破壞。這就是刻意設計的破壞：它可以藉由凸顯情境脈絡，使人意識到某個地方。

　　情境脈絡規劃（contextual planning）很迷人，因為它尊重隨著時間經過而發展的環境，那是居住與創造的時間交叉。相反的，柯比意那種「夷平再建」的方法，完全不顧情境脈絡。不要更換那個喬治王時代的門楣；不要砍倒那棵樹；若要增設新窗戶，要謹慎，確保它可以融入：尊重環境脈絡。然而，就像所有的誘惑一樣，這種脈絡規劃可能有曚騙效果，但現代的情境脈絡不是如此。芝加哥和上海常見的街景脈絡包括麥當勞、星巴克、蘋果、滙豐（HSBC）的提款機，或者，更昂貴的 Gucci 和 BMW 展示中心。「一成不變」的情境脈絡也延伸到基礎設施。如果你把上海和芝加哥的摩天大樓都拆到只剩骨幹，它們的鋼骨架構在結構上幾乎一模一樣（事實上，這兩座城市的大型工程公司可能是向同樣的製造商採購鋼鐵，因為它們的其他建築構件幾乎都一樣）。毫無特色的標準化是現代城市（ville）的「情境脈絡」。

　　在這裡，我們想比較氣候危機中調適與破壞的關係，以及一般建築中的這種關係。兩者的倫理平衡是不同的。為氣候變遷進行調適，等於是承認人類以建築來擺脫危機的能力有限。在一

般的建築中，調適則可能是對人為力量的屈從。

　　從情境脈絡思考，落實調適型規劃，是指你把改變緩緩地導入，以免干擾既有的秩序，讓改變可以慢慢地被吸收並融入之前的情境脈絡中。這種漸進主義是以零阻力改變為重，它的改變本質上是保守的：你不能打造突出的東西，你很謹慎，不會造成麻煩。需求並不緊迫：想讀白人學校的黑人孩子必須等待。這種情況下沒有危機。

　　過去不是因為已經發生了就比較好，同樣的，新的東西不是因為它與過去不同就比較好。自命為藝術家的建築師往往特別喜歡破壞，就像藝廊靠「越界」藝術致富、科技業的新創公司承諾「革新」產業、投資銀行靠沒人想過的金融工具賺錢一樣。然而，少了日常建築的破壞，ville 和 cité 都會萎縮。

　　我們已經看過，在氣候變遷的領域，時間在長期投下的陰影，與時間在多變的短期所投下的陰影不一樣。在一般的建築領域，時間以兩個相似的維度存在：長期是累增形式，當前是破壞結構或建築類型的形式。這些時間陰影對建成環境的品質有什麼影響？

　　要回答這個問題，不妨先思考一下時間在技藝中扮演的角色。技藝的發展很緩慢，也就是說，技藝是累增的。我為《匠人》（The Craftsman）那本書所做的計算，促成了如今眾所熟知的「一萬小時定律」——那時熟練複雜的技能所需的時間，那些技能包括打職業網球、拉大提琴，或成為出色的外科醫生。此外，構成專業技藝的每項技能都與情境脈絡有關。優秀外科醫生的剪切技巧需要小心地處理患部，並在手術過程中運用許多其他類型的熟練手勢。

　　然而，能工巧匠若要改善技藝，破壞是必要的，那需要來一場技藝風暴。如果某個東西顯得格格不入，且在已知的領域中無法吸收，破壞可能促使木匠或外科醫生重新思考自己已知的事情。在技藝界裡，這種破壞是特殊又寶貴的引爆點：能工巧匠的技能因面對意外狀況而變得更好，於是，舊的技能得以擴展，或新的技能添加到舊的技能中。我不是在描述一種理想的狀態，而是我研究的多數能工巧匠精進技藝的方法：他們需要在關鍵時刻推翻以前認為理所當然的事情。同理，費斯汀格發現打破常規——從而產生認知失調——會刺激他實驗室裡的動物。在另一個極端，杜威認為，藝術家是從遭遇阻力中成長的。

　　在建成環境中，破壞不見得會提高建築的品質。它可以激發與喚醒人們對周圍環境的意識，並注意到對比鮮明的環境（佩里的大樓就是如此），但結果不見得是更好的建築。在我們調查過的城市中（從上海到芝加哥），沒有一個城市是因「建築或規劃是新的形式」或因「它破壞現有的結構」而改善了建成環境的品質。像貝內德托・克羅齊（Benedetto Croce）那樣的理想主義哲學家（杜威的友善對手）當然會說，一個東西的品質與它存在的時間無關。但如果你是一個務實的人，可能會覺得那種說法令人費解。建築難道不是一種技藝嗎？為什麼它不能套用技藝規則，透過累增與破壞的交互作用而變得更好呢？

　　這些倫理上的閃爍其詞與比較，歸結到底是一個犀利的主張：優質環境就像技藝一樣，是可以修復的。

3. 修復——品質考驗

拯救陳腔濫調。「韌性」（resilience）與「永續性」（sustainability）是主導當前都市規劃的陳腔濫調。不管那兩個詞意味著什麼，每個人都支持那兩個主張，包括聯合國、洛克菲勒基金會、馬斯達爾城的建造者。事實上，多數的建造者都標榜那兩個詞，藉此合理化各種好的、壞的、不好不壞的都市開發。不過，這兩個陳腔濫調不完全相同。音樂中，持續的音符有暫停時間的性質。建築中也是如此，「永續」可指持久的、永久的、耐久的。「韌性」是指從力量或壓力中及時恢復。有彈性的金屬可以吸收壓力，因此不會斷裂或永久變形，而是會彈回來。在技藝品中，有韌性的東西可以修復，有韌性的環境也是如此，它能及時地復原。

城市需要不斷地修復——這對經常穿梭在破舊街道上、忍受電力不足、或搭乘老舊大眾運輸的都市人來說，不是什麼新聞。實務上，修復有缺陷的建築，比一開始就把建築造好的花費更多。如果有關當局對開支錙銖必較，又延遲維修的話，那會導致交通更難修復，紐約與倫敦的通勤鐵路就是如此。形式與功能之間的鬆散配對，也可以避免日後花大錢修補問題，例如上海如今需要斥資補救那些無處可去的公路。在封閉系統中，某個元素出問題時，整個系統可能會停擺或崩解，就像由上而下的管理中，錯誤以命令的形式出現時，會搞垮整家公司一樣。

一般來說，開放的城市比封閉的城市更容易修復。開放的城市在運作上比較寬鬆，權力關係偏向互動性，而不是命令性。所以，東西出問題或使用壽命結束時，可以調整及改造。原

則上是如此，但實務上開放的城市該如何修復呢，如何讓它變得有韌性呢？

關於如何修復，城市規劃家可以向能工巧匠學一些特別的技巧。工匠在處理破碎的花瓶時，可以採用三種不同的策略：還原、補救、改造。城市受到氣候變遷的衝擊或內部受到破壞時，也可以使用這三種策略。[19]

修復的形式。在還原花瓶的過程中，工匠試圖使花瓶看起來像新的一樣。他盡可能用上每片碎瓷，根據原始配方製作填料，並使用透明黏合劑。在還原圖畫時，這種修復比較複雜，因為圖畫修復師需要決定他要把圖恢復到什麼狀態。以文藝復興初期的風景畫為例，究竟是要恢復到最初完成的狀態呢？還是恢復到兩個世紀後那幅畫成名時的狀態？無論是哪種狀態，工匠的修復都必須隱於無形，讓時間暫停。

第二種修復花瓶的方式是補救。在這種修復工作中，工匠是使用現代的瓷器配方，而不是模仿原本的瓷器配方，並使用黏合膠把物體黏在一起，這種黏法比較強固，但會顯現在花瓶的表面上。同樣的修補方式也發生在故障機器的修理上：以更好的新記憶體晶片取代原晶片，使機器運作得更快。不過，修補後的物件還是做原本的用途：花瓶裝的水量還是一樣，機器依然執行同樣的程式。在修補的物件上，工匠的手藝顯而易見，修復的某些方面比原來更好。

第三種修復是改造。在這種情況中，東西壞了正好是改變的機會，你可以同時改變它的形式和功能。工匠面對碎花瓶

時，決定以碎瓷片來做盤子，而不是花瓶。他把碎片嵌入腐蝕性的黏合劑中，那種黏合劑會融蝕鋒利的邊緣，如此一來，新容器可以用來裝盛水果或肉類，形式與功能都改變了。在現代以前，節儉的陶瓷家都是這樣做，以免浪費珍貴的材料。改造也適用於機器的節省運用──老汽車拆下的玻璃與鋼板可以拿去熔化，用來製造建築的玻璃窗與結構梁柱。在改造中，工匠變成形式的創造者，而不是為他人構想的形式服務。原始物體變成未來作品的材料，那材料變得像盧克萊修那樣，彷彿他的材料改造沒有預定的形式或命運。

這三種修復形式涵蓋了從封閉到開放的形式。還原是一種封閉的修復：模型決定材料、形式和功能。補救則是不限制材料，但形式與功能之間仍緊密相連。改造時，形式與功能之間的連結鬆開了，即使材料仍是原來的。

把還原、補救、改造套用在都市規劃上，可以讓我們更了解韌性。上海出售那些模仿維多利亞時代的村莊或包浩斯小鎮的建案是「還原」的例子，因為那需要把現代創造者的工藝隱於無形。孟福的田園城市是「補救」的例子，那種城市使用了多種材料，新舊皆有，內有農場和工廠，但形式與功能之間的連結依然緊密。城市的「改造」則是採用第八章描述的開放形式：型格促成變化的流程，城市（ville）因創造同步性而變得更複雜，因形式的不完整而變得比較不固定，因邊緣有滲透性而增加社交互動性：基於這些原因，形式與功能之間的連結鬆開了，城市可以自由發展，因此開放了。

這套「修復」理論也可以套用在政治上。把碎花瓶恢復成原狀，就好像在社會上把文化恢復至原始狀態，或者，更確切

地說，是渴望回到伊甸園般的時代，過著純樸真實的生活。例如，塞爾維亞民族主義者認為，他們的文化在十三世紀是以一種純粹的狀態存在。現代的塞爾維亞「還原派」為了恢復文化的純粹狀態，不惜對已經一起生活七個世紀的穆斯林鄰居發動戰爭。恢復民族純潔是一種封閉的韌性。

「補救」則具有比較中心主義的混合特質，例如美國人對政府權力平衡的傳統信仰；即使組成國家的人變了，國家機器依然可以持續運作。美國制憲者認為，只要政府三權分立，而且每一權可彌補其他兩權的缺陷，系統就能維持平衡。因此他們認為，同一派系統治三權（如現況），很容易走向獨裁。從分析上來看，「永續性」與「韌性」在這種補救中是截然不同的。你不希望一個政黨或派系是永續的（亦即持久、永遠執政的），你確實希望系統是有韌性的，任一權不足或無力時都能復原。

最後，革命是一種政治「改造」：國家的花瓶破了，那就創造出不同的東西。在現實中，激進的政治變革以新的黏合媒介，來改造現有的官僚、士兵、實體資源。就像俄國革命一樣：在布爾什維克的統治下，舊的當兵方式沒有改變，指揮的層級仍在──事實上，這些層級制度變得更僵化，軍隊在戰場上的自主權比沙皇時代還小。政治重組雖然比較開放，但並未廢除之前的權力，只是重新思考它的元素如何配合。

以上的討論，都和思考如何修復一個深受氣候變遷所苦的城市有關。BIG 建築事務所提議的防洪帶承諾帶來永續性，也就是說，不管是洪水或暴風，它都能抵禦。Living Breakwaters 設計的防洪帶是以改造作為修復模式，承諾提供韌性。它是順應變化，而不是抵禦變化。

　　在思考氣候變遷時，尤其是氣候變遷對城市的影響，盧克萊修應該是當今不錯的諮詢對象。他建議我們不要與時間掀起的動盪搏鬥，而是接受它，與之共處，與之共事。形式的破壞與累增之間的衝突也是如此。這些「碰撞與結合使實體物質的演進變得難以預測」。盧克萊修不是那種主張被動、無為、屈服於雪萊那種絕望的斯多葛派──事實上，古代的斯多葛派很少建議大家對命運無動於衷。在古希臘語中，「krisis」意指決定，當事情到了緊要關頭、無法再迴避時，就需要做出決定。盧克萊修的拉丁語為那個希臘字的意思增添了新的層次。他說，面臨危機時，我們必須冷靜地決定該做什麼。斯多葛學派蔑視歇斯底里或恐懼所造成的危機心態。韌性的技術應該致力在城市中恢復那種古老精神，其中最有價值的是改造的技藝。

結　語

眾多之一

　　康德大街。康德大街（Kantstrasse）是一條又長又寬又直的街道，從西柏林的商業區開始，穿過薩維尼廣場（Savignyplatz）周圍一個比較上流的區域，接著來到城市中的亞洲社區中心，最後變成柏林舊有勞工階級區的主要街道。我中風後，開始研究康德大街。大腦燒斷神經後，身體的耐力立即衰退，這種活力只能透過穩定的運動恢復。我長時間沿著康德大街散步以鍛鍊身體。在這些漫步中，街道似乎濃縮了整個城市的倫理。

　　象徵著帝國主義、納粹、共產時代柏林的不朽建築與公共空間，並沒有在這裡出現。西城歌劇院（Theater des Westens）極其豪華，建於一戰之前，坐落在這條大街的商業起點。這附近有一棟醒目的建築——法薩南街（Fasanenstrasse）的柏林證交所——看起來彷彿是把麥當勞的招牌做立體化的延伸。除此之外，這裡的住房、商店、街景都不太起眼。

　　大量湧入柏林市中心與東部的新潮年輕人不太關注康德大街，但這條路幾乎從頭到尾都很熱鬧、有趣，充滿了特色。康德大街有一兩個地方是充滿活力的聚會地點，例如巴黎酒吧（Paris Bar）是我這種年長的中產階級又放蕩不羈的人喜歡聚集的地方。但附近的施瓦茲咖啡館（Schwarze Café）更像是這條街上的典型場所，那裡通宵營業，是年輕客層聚集的地方，他們幾乎都不認識彼此。

　　這裡跟其他的大城市一樣，許多獨居者住在康德大街及其附近。一項指標性的研究估計，在人口兩百多萬的城市中，獨居人口的比率約是 25% 至 30%。這主要是因為壽命延長，也因為以前成年後就有結婚生子的迫切需要，如今這種需要已經式微。康德大街的兩旁有很多店家為單身人士提供服務，例如便利店提供一人份的外食，也為想要烹煮單人份伙食的人提供單根香蕉和單顆洋蔥。不過，即使這條街上有許多人形單影隻，卻絲毫沒有孤獨淒涼的氣氛，因為白天大家是出來做生意，晚上是出來社交。[1]

　　當地人確實會在街上與陌生人打交道，但他們也會保持距離。例如，過去三年間，一家很棒的音樂行關門了，原處開了一家更高級的店。我進店裡打聽，得知店長本人是業餘的巴松管玩家。她說她的公司開價高於那家音樂行：「租金貴得離譜！」不過，「那是當時的價格了。」她說完後，便轉身去接待付費的顧客。一位越南裔的菜販告訴我，像我這種盎格魯撒克遜人目前在他的家鄉很受歡迎，接著笑著賣給我紅辣椒，還說那是「對德國佬不利」的紅辣椒。聽他這麼一說，我的社會學觸角馬上敏銳地顫動了。我問他，是否覺得自己生活在一個充滿敵意的地方，他

只是聳聳肩回應，就結束了我的問題。

　　我中風以後，發現康德大街上路人的冷漠變得更加明顯。暈眩是中風的常見後果，尤其是在劇烈運動之後。在康德大街上散步時，我常得背靠著建築物的牆壁或商店的櫥窗玻璃以穩住身體。這個舉動常引起路人的注意，但他們通常只是瞥一眼就逕自離去。某種程度上，我為此感到高興，我不想成為別人大驚小怪的對象，不想被當成年老體弱的人。即便如此，在康德大街上，一個老人靠牆貼著並不常見，我還是很好奇為什麼他們只看我一眼，別無其他的反應。

　　一個明顯的原因是，康德大街代表齊美爾描述的都市環境：居民與活動都很混雜，街道也因為這種混雜而充滿活力，但它仍然不是熱情、反應熱烈的社區。在康德大街上，大家戴著齊美爾的面具，不參與，情感封閉。那種解釋對康德（也是這條街名的由來）來說似乎太簡單了。對他來說，這個陌生人的世界可能以更國際化的方式顯得更加開放。

　　康德。康德在一七八四年發表的短文中主張，一個世界主義者不該深深以為自己屬於任何地方，或以任何身分自居。前面提過，十六世紀，這種世界主義者是以外交官的形象呈現，他能夠從一地移到另一地、從一個文化移到另一個文化。康德把世界主義者的形象加以擴展，變成「世界公民」，那是一種超越在地習俗與傳統的人類象徵。康德那篇文章發表四年後，他的助手克里斯多夫・馬丁・維蘭德（Christoph Martin Wieland）解釋了康德的主張，維蘭德指出：「世界主義者……把世上所有的民族視

為單一家族的許多分支……是由理性的人組成的。」但康德本人並不相信世界主義者的條件如此美好。[2]

康德想像世界主義是對人性基本矛盾的回應:「人類先天想要與他人相連,」他寫道:「……但他也很想把自己孤立起來……」康德稱這種矛盾為「非社會的社會性」(unsocial sociability),他的意思是指「想要進入社會,卻被相互對立的力量綁在一起,那種相互對立的力量不斷威脅要分裂社會」。就是這種矛盾導致人類的經驗變得扭曲。人們需要與他人往來,卻又害怕與他人交往。為了克服「非社會的社會性」,你必須保持距離,冷靜客觀地以超脫個人的方式與他人打交道。[3]

社會評論家艾許‧阿明(Ash Amin)把康德的世界主義者描述成一個「對差異漠不關心」的人,因此可以做到寬容。在波普爾定義的開放社會中,寬容是最重要的美德,以撒‧柏林(Isaiah Berlin)也這麼想。寬容是必要的,因為世上沒有唯一的真理,只有多種矛盾但同樣有效的真理。我們可以說,寬容取決於對真理的漠視──至少要漠視那些攸關生死的真理。康德不是這種自由灑脫的世界主義者。他宣稱:「人……需要一個主人,主人會瓦解他的意志,逼他服從一個大家普遍接納的意志。」他所謂的主人,不是指一個人(領袖)這樣做,而是一套原則吸引大家走出自我,迫使他們從總體思考,而不是從個人的角度思考。[4、5]

儘管康德的例子看似極端,那其實反映了世界主義者的形象(對差異漠不關心)是基督教的核心。聖奧古斯丁寫道:「上帝之城與風俗、法律或制度的差異無關。」這種神聖的世界主義超越了局部與細節,以擁抱更高的真理。四部福音書都把耶穌描

述成漂泊者，不屬於任何地方，他的真理無處不在。[6]

　　從世俗的角度來看，康德的世界主義者有幾分道理。我們如何向權力說真話？不是大喊「你傷了我」，而是宣稱「你所做的是錯的」。同樣的，《精神現象學》（*Phenomenology of Spirit*）中有一個出名的片段，黑格爾也主張超脫個人的轉變：奴隸與主人發生衝突時，絕口不提個人，而是要求主人在原則上理性地為他的行為辯護，藉此在精神上掙脫主人的枷鎖。誠如格蘭菲塔火災的案例所示，超脫個人可以消除公平正義，但陌生人仍是構成整座城市的主導人物，他的冷漠既是一種行為事實，也是一種倫理難題。[7]

　　康德型的城市（cité）？康德針對城市中上演的精彩戲碼，設定了一套條件。康德那種自由的世界主義者形象，可以用來描述當今轉變城市的全球公民及全球化力量。第三章提過，核心投資者主導現代都市的投資，現在我們可以輕易把他們視為康德所指的那種世界主義者，他們在全球搬運資金，抽離任何地方，對他們投資的地點毫無情感或依戀。但是，比較貧窮的移民也是康德所指的那種世界主義者，例如那個來自麥德林、擅長調適的圖書館年輕女助理。這種移民之所以能夠生存下來，只是因為他們能夠超越地方習俗與傳統的限制。

　　托克維爾型的冷漠是城市（cité）裡的一種惡習，表現在封閉社區的種族與階級隔離中。這種往內的退縮可轉化為建成形式，就像 Googleplex 那樣。在倫敦的克勒肯維爾，居民於發生衝突之後所表現出來的表面禮貌，也會把他人推開。猶太人與穆

斯林對彼此的真實感受，隱藏在表面看不見的地方。

　　對滕尼斯來說，社區的溫暖似乎是冷漠的解方。他認為，人與人之間的距離愈近，愈熱情。每對決定離婚的夫妻都可以推翻這種論點。這種說法套用在非正式的都市關係中也很奇怪。對蘇迪爾先生那樣的人來說，拉進距離是危險的。他的生存不需要他更了解他的顧客或鄰居。由於他是販售贓物，愈是處於匿名的狀態愈好。在尼赫魯廣場，非正式的地盤是暫時的：商家來來去去；露天市場周邊的新創企業辦公室每隔幾個月就會空出來。這些物質條件影響了蘇迪爾先生對拉近距離的渴望：他向我透露私事充其量只是一個插曲——對我而言發人深省，對他來說只是隨口一提。我猜，他請我喝茶一個小時後就忘記我了。

　　然而，冷漠也有另一種比較正面的意涵。在康德大街上，我貼在路邊站著，表示別人不需要介入，因為他們不必採取任何行動。麥德林的情況也是如此，當地人靠街頭智慧來判別身體感受，藉此區分哪些感受需要採取行動，哪些不需要行動。在古希臘廣場的同步空間中，人們會篩選那些同時叫囂著以吸引其注意力的活動，並專注在需要回應的活動上（例如指向神殿的手勢），把其他的要求當成雜訊，直接過濾掉，不予理會（例如商人喊：「來買橄欖！」）。後來我逐漸明白，在康德大街上，匆匆瞥一眼反映了「行動」與「存在」之間的區別。那表示陌生人不必對另一個陌生人做任何事。

　　那種區別代表主動與被動的對比。在電子方面，簡單好用的程式除了要求用戶遵守規則以外，不太需要用戶花什麼心思；開源程式通常要求使用者自己編寫程式。規範型的智慧城市對居民的要求很少，協調型的智慧城市要求很高。創造者之間的社交

關係（例如波士頓的麵包師傅），在許多方面，都比他們和鄰居的低調社交生活帶給他們更多的滿足感。同樣的，大眾「諮詢」會議反而把大眾「被動化」了；聯合打造則是請大眾扮演更積極的角色。這本書討論的所有開放形式都鼓勵積極的參與，因為沒有一種形式是穩定或自給自足的。

儘管公開的城市（cité）是一個行動的地方，而不是一個存在的地方，但它不會引起別人的同情。亞當・斯密（Adam Smith）在《道德情操論》（*The Theory of Moral Sentiments*）中，為同情心的運作方式提出了最早的生理學解釋。你在街上看到有人跌倒，跑過去幫他，是因為你可以想像那種疼痛就像你自己的膝蓋撞到那樣。在康德大街上，路人若有亞當・斯密描述的那種同情心，他們看到我時，會想像自己難過地靠著牆，因此上前來詢問我是否需要幫忙。[8]

黃金法則把這種生理反應轉化為倫理道德的規範。例如，伊斯蘭教的聖訓（Hadith）提到，先知對一名追隨者說：「你希望別人怎麼對你，就怎麼對人；你不喜歡別人怎麼對你，就不要那樣對人。」《論語》（一種倫理指南，而非神學指南）也說過，待人如己，子貢問曰：「有一言而可以終身行之者乎？」子曰：「其恕乎！己所不欲，勿施於人。」[9]、[10]（子貢問：「有一個字可以終身奉行嗎？」孔子說：「那就是恕字吧？自己不願意的，不要強加於人。」）

這些準則是取決於你對他人的認同度。一位美國前總統宣稱「我可以感受到你的痛苦」時，他表現出對他人完全開放的態度。同情地傾聽每位選民的心聲，當然是贏得選票的必要條件，但這種說法有嚴重的錯誤。首先，總統這句口頭禪帶有某種

道德帝國主義的成分。當我說我可以體會任何人的感受時，那表示他們經歷的一切都不會超出我理解、感受、接觸的範圍。邏輯上的推論是，如果我無法理解別人的體驗，我可能會停止關心他。我對那個依然陌生的陌生人無動於衷，他和我之間有無法逾越的鴻溝。這種反常的後果亦屬於「己所不欲，勿施於人」黃金法則的一部分。

在瑞典，我曾想過，如何把我們對離鄉背井的「他者」所產生的認同，應用在難民上。猶太傳統強調人與人之間的共同關係，就像康德的助手維蘭德所說的那樣，但那是基於一個比較悲慘的原因——如〈利未記 19:34〉所言：「和你們同居的外人，你們要看他如本地人一樣，並要愛他如己，因為你們在埃及地也做過寄居的。」在瑞典，即使初來乍到的難民在漫遊瑞典後，最初燃起一陣樂觀的情緒，大家也可以明顯看出波士尼亞人和瑞典人之間的認同不容易達成。例如，外來者必須努力學習瑞典語，瑞典人必須在學校裡接受戴面紗的女孩。即使這三十年來民情有如鐘擺一般來回擺動，但是瑞典身為一個開明的社會，他們在當時與現在都不想迴避外國人。然而，對他們來說，就像其他大方地接納難民的國家一樣，認同外人的倫理價值觀與完全開放是兩回事，就像許多難民也無法完全對收留他們的國家開放一樣，雙方都無法認同彼此。

齊美爾有一篇文章與「己所不欲，勿施於人」這個黃金法則形成了對比，那篇文章是搭配〈大都會與精神生活〉（The Metropolis and Mental Life）一文。齊美爾在〈陌生人〉（The Stranger）中寫道，陌生人會模仿既有的社群與生活方式。有時就像 PEGIDA 的遊行者那樣，陌生人的形象確切地定義了一個

民族不願看到自己的方式，就像奧斯卡‧王爾德（Oscar Wilde）在《格雷的畫像》（*The Picture of Dorian Grey*）中所描述的肖像。不過，有時就像在慕尼黑車站一樣，人們會忘記自己，去因應陌生人的需求：難民餓了，就這麼簡單。你只是想到難民餓了，難民並沒有讓你感到飢餓。[11]

康德式的城市（cité）基本理念主張：不該由認同來主導城市；同樣地，人們應該變得「對差異漠不關心」。他們擺脫了人類學的束縛，因此可以開放地接納那些生活在同一地方、但與自己不同的人。對十九世紀俄羅斯的流亡者赫爾岑和《不設防的城市》的作者柯爾來說，康德的建議可能是，不要為離鄉背井後悔，現在你應該為自己做事。

世界主義的痛苦。在吾師漢娜‧鄂蘭（Hannah Arendt）的一生中，我近距離地目睹了這個建議。她的著作《人的條件》（*The Human Condition*）構思於一九五〇年代。在那本書中，她想像公共領域是一個大家可以自由平等地討論及辯論的地方，因為他們從自己特有的私人環境中解放了出來。在後來的著作中，她反對身分導向的政治，尤其是種族導向的政治。但她對公共領域的看法與康德不同，她的看法是取決於地方，例如古代雅典的廣場、中世紀西恩納市的廣場、紐約上西城的咖啡館──不同群體可以面對面交談的任何地方。

鄂蘭應該可以成為優秀的開放系統理論家。對她來說，在人口稠密的市中心，任何相遇或衝突都無法產生徹底或穩定的真相。她所謂的「新生」（natality），是努力與他人一起重塑生

活，如果你照她的話做，就會重生，那是一種無止境的交流與互動流程。數學家尼爾‧詹森（Neil Johnson）指出，「新生」創造出時間上的局部秩序；巴赫汀指出，新生需要對話交流。在學習如何合作的過程中，大家會愈來愈擅長「新生」，變成合宜的都市人。

然而，現在我意識到，這個理論的一切使她付出了極大的代價。從她和雅各之間的對比可以看出這點。當時，鄂蘭與雅各都住在紐約，但據我所知，她們兩人沒接觸過。雅各堅定捍衛紐約的當地社區，但是在越戰期間，出於對國家整體的厭惡以及對家庭的考量，她仍然願意離開那裡。鄂蘭身為被迫移民、而不是主動選擇移民的人，她面臨著一種不同的困境：在很多方面，她鄙視美國，但她決心一直待在這裡。她說到克利的天使時，曾告訴我：「你不能倒退走。」然而，相較於雅各在加拿大過著美好的新生活，一如既往地積極投入在地的生活，鄂蘭有時會流露出茫然若失的跡象，那種感覺也許是痛苦的——尤其當她無意間開始講德語，猛然意識到而停下來，隨即陷入沉默的時候。

她相信生活將不斷地重新塑造，這與巴謝拉的觀點相呼應。巴謝拉放棄小屋的安全感（小屋的存在就像孩子的搖籃），轉而面對城市的困境。因此，打造一座城市會有破壞與破裂。這是「行動」的領域，改造的領域。

開放。作為一個城市（ville），康德大街的形式是開放的。白天，雜貨店、廚具商、診所、餐廳混合在街道兩旁的建築中營業。那些建築在形式上是不完整的，因為它們在地面上可以不

斷地改造。薩維尼廣場的鐵路下方空間，可以看到空間運用的調適。那些拱門裡，現在有書店、餐廳、廉價服裝店。隨著康德大街往更多勞工階級的地方延伸，那些與南部高架鐵軌毗鄰的小街有滲透性。這裡的營造形式在街道外觀的後面是不規則的。在地面之上，亞洲人與德國居民共用住房。與康德大街平行的庫坦大街（Kurfürstendamm）比較引人注目，那裡有電影院、精品店、知名旅館，吸引著遊客，儘管那些魅力如今已經褪色。在康德大街上，人與人之間的細微差別是漸進、凌亂的，而不是突然出現在街區中間，也不是整齊地出現在角落。

康德大街雖然形式上開放，但它最初的打造並不是開放的，它不是都市規劃者與都市人聯合打造出來的。這有部分原因與二次大戰有關。同盟國的轟炸破壞了這裡的一些城市結構，所以這裡需要迅速的修復或立即興建新的建築，不可能採用聯合打造那種緩慢協商的流程。在後續的幾十年間，柏林是一個分裂的城市，有關當局急於展現自由的柏林，嚴格控管它的發展。基於這些歷史因素，這條街道不完全是開放城市（ville）的完美模型。

不過，就像奧斯曼打造的巴黎一樣，那裡不受創造者的意圖所影響，發展出自己的生命。例如，一九六〇年代的柏林都市人不會料到街上出現亞洲人，但那個地方已經能夠吸收及接納他們。抽象地說，形式本身逐漸取得了自主性，不再受到最初創造者的意圖所限。就像 cité 一樣，這個 ville 的形式是逐漸開放的。

社區之間的滲透性，因地方而異的型格，以及分布不同型格的種子規劃：這些在應用上都不僅僅是局部的，然而這些形式的特徵不是壓倒性與不朽的。開放的城市（ville）因其標記、參

差不齊、不完整的結構而充滿個性。儘管奧斯曼當初設計巴黎的大道是希望它們有紀念意義，看起來氣勢恢弘，但那些大道後來都出現康德式的「曲木性」。戰爭對康德大街也產生同樣的效果，這些街道現在看來已被大規模地保留，在某種程度上獲得了一種比較低調的自我。

奧斯曼設計的大道變成今天的樣子，德里不拘一格，康德大街包容多元性——這些都不是無可避免的發展。然而，都市規劃者可以促成這種流程：我們可以提議形式；必要時，我們可以質疑那些生活方式不開放的人。但如今城市規劃的問題在於過度強調控制與秩序，就像上世紀的雅典憲章那樣，故意阻礙形式的演變。都市規劃者與都市人之間的倫理關係應該落實某種謙和適中的精神：生活在眾人之間，投入與自己不同的世界。套用文丘里的說法，生活在眾人之間可以讓「意義變得更豐富，而不是更明晰」。這就是開放城市的倫理。

謝辭

　　幾年前，死神以中風的名義（抽菸造成的）來找我做了一次考察。那段期間，醫生 Rom Naidoo 和物理治療師 Jayne Wedge 治療及照顧我，繼女 Hilary Koob-Sassen 擔任我的運動教官，Dominic Parczuk、Ian Bostridge、Lucasta Miller 陪我散步。一度我感到特別沮喪時，Wolf Lepenies 告訴我為什麼醫療數據不該左右一個人的人生觀。

　　就像大病一場的人一樣，我因此體悟到對我真正重要的事情是什麼。回顧過往，我對十五年前我和 Richard Burdett 在倫敦政經學院合開的城市研究課程特別滿意。那門課的開設，是為了把城市的建造及居民的生活方式連結起來——這正是本書的主題，也是我把這本書獻給 Burdett 夫婦的原因。

　　我年輕時曾為紐約市長 John Lindsay 效勞，他對紐約的願景是：那是對所有人開放的城市。在這個貧富差距懸殊、實體日

益衰敗的城市裡，即使身處在種族暴力與種族關係緊張的情境中，他依然堅持這樣的信念。他無法解決這些問題，不表示他的願景是錯的。在本書中，我試著去了解如何把他的願景發揚光大——如何敞開我們這個時代的城市。

在撰寫本書的過程中，底下諸位與我的討論讓我受惠良多，在此一併致謝：已故的 Janet Abu-Lughod、已故的 Stuart Hall、Ash Amin、Kwame Anthony Appiah、Homi Bhabha、John Bingham-Hall、Craig Calhoun、Daniel Cohen、Diane Davis、Mitchell Duneier、Richard Foley、David Harvey、Eric Klinenberg、John Jungclaussen、Adam Kaasa、Monika Krause、Rahul Mehrotra、Carles Muro、Henk Ovink、Anne-Marie Slaughter，以及最重要的，陪伴我三十年的伴侶 Saskia Sassen，她既是評論家、享樂生活家，也是最佳玩伴。多虧有她，我才開始了解城市生活的倫理層面。感謝 Günter Gassner，以及我在哈佛大學設計研究院與麻省理工學院城市研究與規劃系的學生，幫我探索建成環境。

最後，我想感謝為這本書的出版付出心血的人，尤其是兩位編輯 Alexander Star 和 Stuart Proffitt，他們一直是最細心的讀者；總是關懷備至的經紀人 Cullen Stanley；以及曾是我的助理，如今是我的同事兼朋友的 Dominick Bagnato，謝謝他一直支持我。

附注

第一章　簡介：扭曲、開放、簡約

1. Jacques Le Goff, *La Civilisation de L'occident médiéval* (Paris: Flammarion, 1997).

2. Immanuel Kant, *Idea for a Universal History from a Cosmopolitan Point of View* (1784). The best English translation remains Lewis White Beck in *Kant: On History* (New York: Bobbs-Merrill, 1963). 'Crooked timber' appears in Thesis 6.

3. Jerome Groopman, 'Cancer: A Time for Skeptics', *The New York Review of Books*, 10 March 2016.

4. Francis Crick, What Mad Pursuit: *A Personal View of Scientific Discovery* (London: Penguin Books, 1990).

5. Melanie Mitchell, Complexity: *A Guided Tour* (New York: Oxford University Press, 2009), p. 13.

6. Steven Strogatz, *Sync* (London: Allen Lane, 2003), pp. 181–2.

7. Flo Conway and Jim Siegelman, *Dark Hero of the Information Age: In Search of Norbert Wiener, the Father of Cybernetics* (New York: Basic Books, 2005).

8. Robert Venturi, *Complexity and Contradiction in Architecture* (New York: Museum of Modern Art, 1966), p. 16.

9. William Mitchell, *City of Bits* (Cambridge, Mass.: MIT Press, 1996), p. 7

10. Aristotle, *The Politics*, translated by T. A. Sinclair (1962); revised translation by Trevor J. Saunders (1981) (London: Penguin Books, 1992).

11. William James, 'Pragmatism, Action and Will', in *Pragmatism: The Classic Writings*, ed. H. S. Thayer (Cambridge, Mass.: Hackett, 1982), p.181.

12. Yochai Benkler, 'Degrees of Freedom, Dimensions of Power', *Daedalus* 145, no. 1 (2016): 20, 23. 亦見 Shoshana Zuboff, 'Big Other: Surveillance Capitalism and the Prospects of Information Civilization', *Journal of Information Technology* 30, no. 1 (2015): 75–89, and Tim Wu, *The Master Switch: The Rise and Fall of Information Empires* (New York: Knopf, 2010).

13. 布克哈特的話是以英文的形式出現在 Ernst Cassirer, 'Force and Freedom: Remarks on the English Edition of Jacob Burckhardt's"Reflections on History"', *The American Scholar* 13, no. 4 (1944): 409–10.

14. Giovanni Pico della Mirandola, 'Oration on the Dignity of Man', in *The Renaissance Philosophy of Man*, ed. Ernst Cassirer, Paul Oskar Kristeller and John Herman Randall, Jr (Chicago: University of Chicago Press, 1948), p. 225.

15. Michel de Montaigne, 'Same Design: Differing Outcomes', in

The Complete Essays, trans. M. A. Screech (London: Penguin, 2003), pp. 140–49.

16. Bernard Rudofsky, *Architecture Without Architects: A Short Introduction to Non-Pedigreed Architecture* (Albuquerque: University of New Mexico Press, 1999). 諷刺的是，該書的原版包含魯道夫斯基在紐約現代藝術博物館（MOMA）舉辦的某個展覽的目錄，MOMA 正好是那種藝術風格的堡壘。

17. Gordon Cullen, *Townscape* (London: The Architectural Press, 1961), pp.175–81.

18. Richard Sennett, The Craftsman (New Haven: Yale University Press, 2008), pp. 197–9.

19. Richard Sennett, *Together: The Rituals, Pleasures and Politics of Cooperation* (New Haven: Yale University Press/London: Allen Lane, 2012).

第二章　不穩定的基礎

1. Ildefons Cerdà, *Teoría de la construcción de las Ciudades* (*Theory of City Construction*) (1859) (Barcelona: Ajuntament de Barcelona, 1991).

2. 這是我在我的小說 *Palais-Royal*（New York: Knopf, 1986）中試圖以虛構的形式講述的故事。關於當時更普遍的全貌，請見 Roy Porter, *Disease, Medicine and Society in England*, 1550–1860, 2nd edn (Cambridge: Cambridge University Press, 1995), pp. 17–26.

3. David L. Pike, *Subterranean Cities: The World beneath Paris and London, 1800–1945* (Ithaca: Cornell University Press, 2005), p. 234.

4. Friedrick Engels, *The Condition of the Working-Class in England*

in 1844, trans. Florence Kelley Wischnewetzky (London: Allen · Unwin,1892), p. viii.

5. Peter Hall, *Cities in Civilization* (London: Weidenfeld and Nicolson, 1998), pp. 691–93.

6. Karl Marx and Friedrick Engels, *The Communist Manifesto*, http://www.gutenberg.org/ebooks/61.

7. Charles Baudelaire, 'The Painter of Modern Life', in *Baudelaire: Selected Writings on Art and Artists*, trans. P. E. Charvet (Cambridge: Cambridge University Press, 1981), pp. 403, 402.

8. Zygmunt Bauman, *Liquid Modernity* (Cambridge: Polity Press, 2000).

9. Cf. David H. Pinkney, *Napoleon III and the Rebuilding of Paris* (Princeton: Princeton University Press, 1972) and Charles E. Beveridge, *Frederick Law Olmsted: Designing the American Landscape* (New York: Rizzoli International Publications, 1995).

10. Antoine Paccoud, 'A Politics of Regulation: Haussmann's Planning Practice and Badiou's Philosophy', PhD thesis, London School of Economics and Political Science (LSE), 2012.

11. 參見 Richard Sennett, *The Fall of Public Man* (1977) (New York: W. W. Norton, 2017).

12. K. C. Kurt Chris Dohse, 'Effects of Field of View and Stereo Graphics on Memory in Immersive Command and Control', MSc thesis, Iowa State University, 2007, Retrospective Theses and Dissertations 14673.

13. Degas quoted in Roberto Calasso, *La Folie Baudelaire* (London: Allen Lane, 2012), p. 171.

14. Joan Busquets, *Barcelona: The Urban Evolution of a Compact City* (Rovereto: Nicolodi, 2005), p. 129.

15. Joseph Rykwert, *The Idea of a Town: The Anthropology of Urban Form in Rome, Italy and the Ancient World* (Cambridge, Mass.: MIT Press, 1988).

16. Ildefonso Cerdà, *Teoría general de la urbanización* (*General Theory of Urbanization*) (1867) (Barcelona: Instituto de Estudios Fiscales, 1968–71).

17. Lewis Mumford, T*he City in History* (New York: Harcourt, Brace World, 1961), p. 421. 亦見 Peter Marcuse, 'The Grid as City Plan: New York City and Laissez-Faire Planning in the Nineteenth Century', *Planning Perspectives* 2, no. 3 (1987): 287–310.

18. Eric Firley and Caroline Stahl, *The Urban Housing Handbook* (London: Wiley, 2009), p. 295.

19. Arturo Soria y Puig (ed.), *Cerdà: The Five Bases of the General Theory of Urbanization* (Madrid: Electa, 1999).

20. Anne Power, *Estates on the Edge: The Social Consequences of Mass Housing in Northern Europe* (New York: St Martin's Press, 1997).

21. Frederick Law Olmsted, 'Public Parks and the Enlargement of Towns', in *Frederick Law Olmste:, Essential Texts*, ed. Robert Twombly (New York: W. W. Norton, 2010), pp. 225ff.

22. 地圖在 www.insecula.com/CentralPark.

23. Michael Pollak, 'What is Jamaica, Queens, Named After?', *The New York Times*, 3 July 2014.

24. 關於非正式性，參見 Charles E. Beveridge and David Schuyler (eds), *The Papers of Frederick Law Olmsted, Vol. 3: Creating Central Park, 1857–1861* (Baltimore: Johns Hopkins University Press, 1983).

25. 參見瑪西婭・雷斯（Marcia Reiss）在 *Central Park Then and Now*（San Diego, CA: Thunder Bay Press, 2010）中收集的相片。

26. Olmsted, 'A Consideration of the Justifying Value of a Public Park', in *Frederick Law Olmsted: Essential Texts*, ed. Robert Twombly (New York: W. W. Norton, 2010), pp. 283ff.

27. Piet Oudolf and Noel Kingsbury, *Planting Design: Gardens in Time and Space* (Portland, Oregon: Timber Press, 2005), pp. 36ff. 一種取自 J. Philip Grime, *Plant Strategies, Vegetation Processes, and Ecosystem Properties* (Chichester: Wiley, 2001) 的類型學。

28. Gustave Le Bon, *The Crowd: A Study of the Popular Mind* (1895), trans. Jaap van Ginneken (Kitchener, Ontario: Batoche Books, 2001), pp. 14–17.

29. Sigmund Freud, *Group Psychology and the Analysis of the Ego* (1921) (New York: W. W. Norton, 1975).

30. Elias Canetti, *Crowds and Power* (New York: Viking Press, 1962).

31. José Ortega y Gasset, *The Revolt of the Masses* (1930) (New York: W. W. Norton, 1964).

32. Georg Simmel, 'The Metropolis and Mental Life', in Georg Simmel, *On Individuality and Social Forms: Selected Writings*, ed. Donald N. Levine (Chicago: Chicago University Press, 1971), pp. 324–39.

33. 我引用自己的翻譯，in Georg Simmel, 'The Metropolis and Mental Life', in *Classic Essays on the Culture of Cities*, ed. Richard Sennett (New York: Appleton-Century-Crofts, 1969), p. 48.

34. 同前。

35. 同前。

36. 同前。p. 47.

37. Greg Castillo, 'Gorki Street and the Design of the Stalin Revolution', in *Streets: Critical Perspectives on Public Space*, ed. Zeynep Çelik, Diane Favro and Richard Ingersoll (Berkeley: University of California Press, 1994), pp. 57–70.

38. James Winter, London's Teeming Streets, 1830–1914 (New York: Routledge, 1993), p. 100.

39. 參見倫敦大學學院巴特萊特建築學院空間語法實驗室（Space Syntax Laboratory）的研究。關於實驗室在密度方面的研究，請見：Nick Stockton, 'There's a Science to Foot Traffic, and It Can Help Us Design Better Cities', Wired Magazine, 27 January 2014, www.wired.com/2014/01/space-syntax-china/.

40. Spiro Kostof, *The City Assembled: The Elements of Urban Form through History* (Boston: Little, Brown, 1992), p. 214.

41. William H. Whyte, *The Social Life of Small Urban Spaces*, DVD/video, Direct Cinema Ltd, Santa Monica, California, 1988.

42. Henry Shaftoe, *Convivial Urban Spaces: Creating Effective Public Spaces* (London: Routledge, 2008), pp. 88–91.

43. Marianne Weber, *Max Weber: A Biography*, trans. Harry Zohn (New York: John Wiley ・ Sons, Inc., 1975).

44. Jonathan Steinberg, *Bismarck: A Life* (Oxford: Oxford University Press, 2011), p. 86.

45. Stefan Zweig, *The World of Yesterday* (1942), trans. Anthea Bell (London: Pushkin Press, 2009), Chapter VIII, 'Brightness and Shadows over Europe'.

46. 原始參考文獻是 Max Weber, *Wirtschaft und Gesellschaft*

(Tübingen: J. C. B. Mohr (P. Siebeck), 1922), p. 00; 這篇文章首次發表於 1921 年，大約寫於 1917 年。我的翻譯。

47. Max Weber, *Economy and Society: An Outline of Interpretive Sociology*, ed. Guenther Roth and Claus Wittich, Vol. 1 (New York: Bedminster Press, 1968), p. 4.

第三章　Cité 與 Ville 的分離

1. William I. Thomas and Florian Znaniecki, *The Polish Peasant in Europe and America* (New York: Knopf, 1927).

2. Harvey W. Zorbaugh, *The Gold Coast and the Slum* (Chicago: University of Chicago Press, 1929).

3. Martin Bulmer, *The Chicago School of Sociology: Institutionalization, Diversity, and the Rise of Sociological Research* (Chicago: University of Chicago Press, 1986), pp. 59–60.

4. 參　見 Richard Sennett, *Families against the City* (Cambridge, Mass.: Harvard University Press, 1970).

5. 我母親做這個課題的田野調查是為了 Charlotte Towle, *Common Human Needs* (Washington, DC: Federal Security Agency, 1945), *passim*.

6. Robert Park, 'The City: Suggestions for the Investigation of Human Behavior in the Urban Environment', in *Classic Essays on the Culture of Cities*, ed. Richard Sennett (New York: Appleton-Century-Crofts, 1969), pp. 91–130, at p. 91.

7. Louis Wirth, 'Urbanism as a Way of Life', *American Journal of Sociology* 44, no. 1 (1938): 20.

8. Michael Dennis, *Court · Garden: From the French Hôtel to the City of Modern Architecture* (Cambridge, Mass.: MIT Press,

1986), p. 213.

9. Le Corbusier, *When the Cathedrals Were White*, trans. Francis E. Hyslop, Jr (New York: Reynal & Hitchcock, 1947), p. 47.

10. Eric Mumford, *The CIAM Discourse on Urbanism, 1928–1960* (Cambridge, Mass.: MIT Press, 2000) 做了不錯的概述。

11. Le Corbusier, *The Athens Charter*, trans. Anthony Eardley (New York: Grossman Publishers, 1973), p. 65 (dwelling, no. 29), p. 70 (recreation, no. 37), p. 76 (work, no. 46), pp. 84–5 (transport, nos. 62 and 64).

12. James Holston, *The Modernist City: An Anthropological Critique of Brasília* (Chicago: Chicago University Press, 1989), p. 77.

13. Corbusier, *The Athens Charter*, p. 88 (no. 70).

14. José Luis Sert, *Can Our Cities Survive?: An ABC of Urban Problems, Their Analysis, Their Solutions. Based on the Proposals Formulated by the C.I.A.M., International Congresses for Modern Architecture* …(Cambridge, Mass.: Harvard University Press, 1944).

15. Jonathan Barnett, 'The Way We Were, the Way We Are: The Theory and Practice of Designing Cities since 1956', *Harvard Design Magazine*, no. 24, 'The Origins and Evolution of "Urban Design", 1956–2006', 2006.

16. Alex Krieger, 'HDM Symposium: Can Design Improve Life in Cities? Closing Comments or Where and How Does Urban Design Happen?', 出處同前。

17. Barnett, 'The Way We Were, the Way We Are.

18. Aristotle, *Politics*, Book, Chapters 11–12, http://www.gutenberg.org/files/6762/6762-h/6762-h.htm#link2HCH0090.

19. Richard Sennett, 'An Urban Anarchist: Jane Jacobs', The New

York Review of Books, 1 January 1970.

20. Lewis Mumford, *Technics and Civilization* (Chicago: University of Chicago Press, 1934), pp. 344–58.

21. 這些是美國國家公路與運輸官員協會（American Association of State Highway and Transportation Officials）採用的標準，中國土木工程師跟進採用。參見 http://www.aboutcivil.org/typical-cross-section-of-highways.html.

第四章　克利的天使離開歐洲

1. Rana Dasgupta, *Capital: The Eruption of Delhi* (London: Canongate Books, 2015), p. 362.

2. Helge Mooshammer, Peter Mörtenböck, Teddy Cruz and Fonna Forman (eds), *Informal Market Worlds Reader: The Architecture of Economic Pressure* (Rotterdam: Nai010 Publishers, 2015).

3. Eric Firley and Caroline Stahl, *The Urban Housing Handbook* (London: Wiley, 2009).

4. Teresa P. R. Caldeira, 'Peripheral Urbanization: Autoconstruction, Transversal Logics, and Politics in Cities of the Global South', *Environment and Planning D: Society and Space*, 35, no. 1 (2017): 3–20.

5. D. Asher Ghertner, *Rule by Aesthetics: World-Class City Making in Delhi* (New York: Oxford University Press, 2015), p. 9.

6. 目前，關於這些變化的最佳總體指南是聯合國 2014 年的 *World Urbanization Prospects* 修訂版，電子版：https://esa.un.org/unpd/wup/publications/files/wup2014-highlights.pdf.

7. Saskia Sassen, *Expulsions* (Cambridge, Mass.: Harvard University Press, 2014).

8. 德里的人口密度資料來自戶政總署署長暨人口普查站站長辦

公室（Registrar General and Census Commissioner's Office）：
http://www.censusindia.gov.in/2011-Common/CensusData2011.
html; 法國的資料取自：https://www.insee.fr.

9. Jean Gottmann, *Megalopolis: The Urbanized Northeastern Seaboard of the United States* (New York: Twentieth Century Fund, 1961).

10. Cf. Steef Buijs, Wendy Tan and Devisari Tunas (eds), Megacities: Exploring a Sustainable Future (Rotterdam: Nai010 Publishers, 2010).

11. Cf. Saskia Sassen, *The Global City* (Princeton: Princeton University Press, 1998).

12. William H. Janeway, *Doing Capitalism in the Innovation Economy: Markets, Speculation and the State* (Cambridge: Cambridge University Press, 2017), Chapter 4, *passim.*

13. Saskia Sassen, *Cities in a World Economy*, 4th edn (Los Angeles: Sage Publications, 2012).

14. Liu Thai Ker, 'Urbanizing Singapore', in *Megacities*, ed. Buijs, Tan and Tunas, pp. 246–7. 新加坡是例外。

15. Ravi Teja Sharma, 'Floor Area Ratio, Ground Coverage Increased in Delhi; Move to Benefit Buyers', *The Economic Times* (India), 27 November 2014.

16. Martín Rama, Tara Béteille, Yue Li, Pradeep K. Mitra and John Lincoln Newman, *Addressing Inequality in South Asia* (Washington, DC: World Bank Group, 2015).

17. Hai-Anh H. Dang and Peter F. Lanjouw, 'Poverty Dynamics in India between 2004 and 2012: Insights from Longitudinal Analysis Using Synthetic Panel Data', Policy Research Working Paper 7270, World Bank Group (2015).

18. 參見一個公開小組討論在德國世界文化中心（Haus Der Kulturen Der Welt） 放 映 的 電 影：http://hkw.de/en/app/mediathek/video/26489.

19. 關於外灘以及它與純中國人的關係，請見 Harriet Sergeant, *Shanghai* (London: Jonathan Cape, 1991).

20. 關於都會中國的一般入門，請見 Thomas J. Campanella, *The Concrete Dragon: China's Urban Revolution and What It Means for the World* (New York: Princeton Architectural Press, 2008).

21. 感謝鮑勃‧劉‧羅伯茲（Bob Liu Roberts）提醒我注意徐明　前（Xu Mingqian），'Development of Old Neighborhoods in Central Shanghai', in *Shanghai Statistics Yearbook*, 2004 (Shanghai: Xuelin, 2004). Also, Xuefei Ren, 'Forward to the Past: Historical Preservation in Globalizing Shanghai', in Breslauer Graduate Student Symposium, 'The Right to the City and the Politics of Space', University of California, Berkeley, 14–15 April 2006.

22. 2016 年威尼斯雙年展城市時代〈塑造城市〉會議簡報中引用的統計資料；https://urbanage.lsecities.net/conferences/shapingcities-venice-2016.

23. Cf. Philip P. Pan, *Out of Mao's Shadow: The Struggle for the Soul of a New China* (New York: Simon & Schuster, 2008).

24. Xuefei Ren, *Building Globalization: Transnational Architecture Production in Urban China* (Chicago: University of Chicago Press, 2011), pp. 50–58.

25. Joseph Alois Schumpeter, *Capitalism, Socialism and Democracy* (1942) (London: Routledge, 2010), pp. 73, 77–9.

26. 關於霍華德，請見 Richard T. LeGates and Frederic Stout, *The City Reader* (London: Routledge, 1996), p. 345. 柯比意認為，

每棟二十八層的高樓可容納九百人；柯比意一開始就認為這個計畫將包括五十棟高樓。

27. 參見 Florian Urban, *Tower and Slab* (London: Routledge, 2012), pp. 148–64.

28. Campanella, *The Concrete Dragon*, pp. 144–71, especially pp. 163ff.

29. 同樣的，馬克‧弗里德（Marc Fried）發現，二十世紀中葉波士頓一個「夷平後重建」的都更專案導致嚴重的社會迷失；參見 Marc Fried, 'Grieving for a Lost Home: Psychological Costs of Relocation', in *Urban Renewal: The Record and the Controversy*, ed. James Q. Wilson (Cambridge, Mass.: MIT Press, 1966), pp. 359–79.

30. Herbert J. Gans, *The Urban Villagers: Group and Class in the Life of Italian-Americans* (New York: Free Press, 1982).

31. Sharon Zukin, *Loft Living: Culture and Capital in Urban Change* (Baltimore: Johns Hopkins University Press, 1982).

32. Richard Florida, *The Rise of the Creative Class: And How It's Transforming Work, Leisure, Community and Everyday Life* (New York: Basic Books, 2002).

33. Patti Waldmeir, 'Shanghai Starts Search for Its Heritage', *Financial Times*, 22 February 2013, p. 8.

34. James Salter, *Light Years* (New York: Random House, 1975), p. 69.

35. 參見 Marc Masurovsky, 'Angelus Novus, Angel of History, by Paul Klee', Plundered Art, Holocaust Art Restitution Project (HARP), 26 February 2013, http://plundered-art.blogspot.co.uk/2013/02/angelus-novus-angel-ofhistory-by-paul.html.

36. Walter Benjamin, *On the Concept of History*, Gesammelte

Schriften I:2 (Frankfurt am Main: Suhrkamp Verlag, 1974). 我的翻譯。

37. Walter Benjamin, *Moscow Diary*, trans. Richard Sieburth (Cambridge, Mass.: Harvard University Press, 1986), p. 126.

38. 同前 , pp. 37, 61.

第五章　他者的壓力

1. 外國的讀者可以在下面的報導中找到這個事件的精彩描述。'Germans Take to the Streets to Oppose Rise of Far-Right "Pinstripe Nazi" Party', *The Guardian*, 5 January 2015; https://www.theguardian.com/world/2015/jan/05/germans-march-opposepegida-far-right-racism-tolerance.

2. 參 見 Charles Westin, 'Sweden: Restrictive Immigration Policy and Multiculturalism', Migration Policy Institute Profile, 1 June 2006, http://www.migrationpolicy.org/article/sweden-restrictive-immigrationpolicy-and-multiculturalism/.

3. 概 述 請 參 見 Michael R. Marrus, *The Unwanted: European Refugees in the Twentieth Century* (Oxford: Oxford University Press, 1985).

4. 諷刺的是：瓦格納的資料來源之一是亨利希·海涅（Heinrich Heine）寫的一篇報導，那篇報導提到，猶太人生活的一個特點是無休止的旅行（眾所皆知，瓦格納對猶太人毫無同情心）。

5. Dennis Hirota, 'Okakura Tenshin's Conception of "Being in the World"', *Ryūkoku Daigaku Ronshū*, no. 478 (2011): 10–32.

6. Adam Sharr, *Heidegger's Hut* (Cambridge, Mass.: MIT Press, 2006), p.63.

7. Paul Celan, 'Todtnauberg', in *Selected Poems* (London: Penguin,

1996).

8. Paul Celan, 'Hut Window' ('Hüttenfenster'), in Selected Poems.

9. Elfriede Jelinek, *Totenauberg: Ein Stück* (Hamburg: Rowohlt, 2004).

10. Susan Buck-Morss, *The Dialectics of Seeing: Walter Benjamin and the Arcades Project* (Cambridge, Mass.: MIT Press, 1991), pp. 34ff.

11. Martin Heidegger, 'Building Dwelling Thinking', trans. Albert Hofstadter, in Poetry, *Language, Thought* (New York: Harper and Row, 1971), p. 362.

12. Richard Sennett, *The Foreigner: Two Essays on Exile* (London: Notting Hill Editions, 2017), pp. 1–45.

13. Emmanuel Levinas, 'Martin Buber and the Theory of Knowledge', in Maurice Friedman and Paul Arthur Schilpp (eds), *The Philosophy of Martin Buber* (London: Cambridge University Press, 1967), pp. 133–50（散文寫於 1958 年，1963 年首度以德文出版）。

14. 參見 Richard Sennett, *The Corrosion of Character: The Personal Consequences of Work in the New Capitalism* (New York: W. W. Norton, 1998).

15. Paul Willis, *Learning to Labour* (London: Routledge, rev. edn, 2000); Katherine S. Newman, *Falling from Grace: Downward Mobility in the Age of Affluence* (Berkeley and Los Angeles, Calif.: University of California Press, 1999).

16. 外加 Richard Sennett and Jonathan Cobb, *The Hidden Injuries of Class* (New York: W. W. Norton, 1972); Sennett, *The Corrosion of Character*; Richard Sennett, *Respect: The Formation of Character in an Age of Inequality* (New York: W. W. Norton and

London: Allen Lane, 2003); Richard Sennett, *The Culture of the New Capitalism* (New Haven: Yale University Press, 2006).

17. 仕紳化的經典研究是 Sharon Zukin, *Loft Living: Culture and Capital in Urban Change* (Baltimore: Johns Hopkins University Press, 1982). 'Holdouts' are described by ShelterForce, a community organization. 參見 shelterforce.org.

18. 參見 Rachel Lichtenstein, *Diamond Street: The Hidden World of Hatton Garden* (London: Hamish Hamilton, 2012).

19. Robert D. Putnam, *Bowling Alone: The Collapse and Revival of American Community* (New York: Simon & Schuster, 2000).

20. For Robert Frost, see Thomas Oles, *Walls: Enclosure and Ethics in the Modern Landscape* (Chicago: University of Chicago Press, 2015), pp. 6–8.

21. Cf. John Demos, *A Little Commonwealth: Family Life in Plymouth Colony*, 2nd edn (Oxford: Oxford University Press, 1999), pp. 148–9.

22. 參見 Russell Hardin, Trust (Cambridge: Polity Press, 2006), pp. 26, 90–91, 尤其是關於「弱信任」的討論。

第六章　托克維爾在科技城

1. Alexis de Tocqueville, *Democracy in America*, trans. Henry Reeve, vol. 2 (New York: The Modern Library, 1981).

2. Richard Sennett, *Together: The Rituals, Pleasures and Politics of Cooperation* (New Haven: Yale University Press/London: Allen Lane, 2012), pp. 24–9.

3. Nathan Heller, 'California Screaming', *The New Yorker*, 7 July 2014, pp. 46–53; the figure is quoted on p. 49.

4. Richard Sennett, *The Culture of the New Capitalism* (New

Haven: Yale University Press, 2006), pp. 15–83. 多虧帕羅奧圖的行為科學高等研究中心（Center for Advanced Study in the Behavioral Sciences），我得以住在矽谷一段時間。1996–7年，我是該研究中心的研究員。

5. Frank Duffy, *Work and the City* (London: Black Dog Publishing, 2008).

6. 關於辦公室設計的卓越綜合研究，參見 Nikil Saval, Cubed: A Secret History of the Workplace (New York: Doubleday, 2014).

7. John Meachem, 'Googleplex: A New Campus Community', 2004, http://www.clivewilkinson.com/case-studies-googleplex-a-new-campuscommunity/.

8. 雷德克里夫的話是引自 Paul Goldberger, 'Exclusive Preview: Google's New Built-from-Scratch Googleplex', Vanity Fair, 22 February 2013.

9. John Dewey, *Art as Experience* (New York: Perigee Books, 2005), p. 143.

10. Richard Sennett, *The Craftsman* (New Haven: Yale University Press, 2008).

11. George Packer, *The Unwinding: An Inner History of the New America* (New York: Farrar, Straus and Giroux, 2013) and Bill Gates, *The Road Ahead* (New York: Viking Press, 1995), pp. 180–82.

12. Paul Merholz, '"Frictionless" as an Alternative to "Simplicity" in Design', *Adaptive Path* blog, 22 July 2010; http://adaptivepath.org/ideas/friction-as-an-alternative-to-simplicity-indesign/.

13. Evgeny Morozov, *To Save Everything, Click Here: Smart Machines, Dumb Humans, and the Myth of Technological Perfectionism* (New York: Perseus Books, 2013).

14. Nicholas Carr, *The Shallows: What the Internet Is Doing to Our Brains* (New York: W. W. Norton, 2011).

15. Sherry Turkle, *Alone Together: Why We Expect More from Technology and Less from Each Other* (New York: Basic Books, 2012).

16. Norman J. Slamecka and Peter Graf, 'The Generation Effect: Delineation of a Phenomenon', *Journal of Experimental Psychology: Human Learning and Memory* 4, no. 6 (1978): 592–604.

17. Christof van Nimwegen, 'The Paradox of the Guided User: Assistance Can Be Counter-Effective', SIKS Dissertation Series no. 2008–09, University of Utrecht, 2008.

18. 關於裴爾士與建築的關係，請見 Alexander Timmer, 'Abductive Architecture', MArch thesis, Harvard University Graduate School of Design, 2016.

19. Leon Festinger, *A Theory of Cognitive Dissonance* (Stanford: Stanford University Press, 1957), p. 3.

20. Leon Festinger and James M. Carlsmith, 'Cognitive Consequences of Forced Compliance', *Journal of Abnormal and Social Psychology* 58, no. 2 (1959): 203–10.

21. 技術性論文很多，其中兩篇：Jeffrey D. Holtzman, Harold A. Sedgwick and Leon Festinger, 'Interaction of Perceptually Monitored and Unmonitored Efferent Commands for Smooth Pursuit Eye Movements', *Vision Research* 18, no. 11 (1978): 1545–55; Joel Miller and Leon Festinger, 'Impact of Oculomotor Retraining on the Visual Perception of Curvature', *Journal of Experimental Psychology: Human Perception and Performance* 3, no. 2 (1977): 187–200.

22. Elijah Anderson, *Code of the Street: Decency, Violence, and the Moral Life of the Inner City* (New York: W. W. Norton, 2000).

23. Maarten Hajer and Ton Dassen, *Smart about Cities: Visualising the Challenge for 21st Century Urbanism* (Rotterdam: Nai010 Publishers, 2014), p. 11.

24. Adam Greenfield, *Against the Smart City: A Pamphlet* (New York: Do Projects, 2013).

25. Dave Eggers, *The Circle* (New York: Vintage Books, 2014).

26. Anthony M. Townsend, *Smart Cities: Big Data, Civic Hackers, and the Quest for a New Utopia* (New York: W. W. Norton, 2013), pp. 93–115.

27. 參見 Greenfield, *Against the Smart City*.

28. 參見 http://www.masdar.ae/en/masdar-city/the-built-environment.

29. Sam Nader, 'Paths to a Low-Carbon Economy – The Masdar Example', *Energy Procedia* 1, no. 1 (2009): 3591–58.

30. Suzanne Goldenberg, 'Climate Experts Urge Leading Scientists' Association: Reject Exxon Sponsorship', *The Guardian*, 22 February 2016.

31. Norbert Wiener, Cybernetics, revised edn (Cambridge, Mass: MIT Press, 1965), especially 'Preface to the Second Edition', pp. vii–xiii.

32. Gianpaolo Baiocchi and Ernesto Ganuza, 'Participatory Budgeting as if Emancipation Mattered', *Politics □ Society* 42, no. 1 (2014): 29–50.

33. Carlo Ratti and Anthony Townsend, 'Harnessing Residents' Electronic Devices Will Yield Truly Smart Cities', Scientific American, September 2011.

34. Animesh Rathore, Deepti Bhatnagar, Magüi Moreno Torres

and Parameeta Kanungo, 'Participatory Budgeting in Brazil' (Washington, DC: World Bank, 2003), http://siteresources. worldbank.org/INTEMPOWERMENT/Resources/14657_Partic-Budg-Brazil-web.pdf.

35. 'Supporting decision making for long term planning', ForCity, http://www.forcity.com/en/.

36. Robert Musil, *The Man without Qualities*, Vol. 1: A Sort of Introduction and Pseudoreality Prevails, trans. Sophie Wilkins and Burton Pike (London: Picador, 1997), pp. 26, 27.

第七章　合宜的都市人

1. 參見 Tom Feiling, *Short Walks from Bogotá: Journeys in the New Colombia* (London: Allen Lane, 2012), p 00.

2. William James, *The Principles of Psychology*, Vol. 1 (New York: Henry Holt, 1890), Chapter 9.

3. Sara Fregonese, 'Affective Atmospheres, Urban Geopolitics and Conflict (De)escalation in Beirut', *Political Geography* 61, (2017): 1–10.

4. James, *The Principles of Psychology*, Vol. 1, pp. 403–4.

5. Frank R. Wilson, *The Hand: How Its Use Shapes the Brain, Language, and Human Culture* (New York: Pantheon, 1998), p. 99.

6. Clifford Geertz, *Local Knowledge: Further Essays in Interpretive Anthropology* (New York: Basic Books, 1983), p. xi.

7. 參　見 Morris Bishop, *Petrarch and His World* (Bloomington: Indiana University Press, 1963), pp. 102–12.

8. Iain Sinclair, *London Orbital: A Walk around the M25* (London: Penguin Books, 2009).

9. Rebecca Solnit, *Wanderlust: A History of Walking* (London: Granta, 2014), pp. 173–80.

10. 這裡的基礎研究是 David Marr, Vision (Cambridge, Mass.: MIT Press, 2010)。我描述的是「立體視覺」（stereopsis），尤其是深度運動感知。

11. Yi-Fu Tuan, *Space and Place: The Perspective of Experience* (Minneapolis: University of Minnesota Press, 2003), p. 71.

12. Michel Lussault, *L'Homme spatial* (Paris: Seuil, 2007), pp. 64ff.

13. Geoffrey Scott, *The Architecture of Humanism: A Study in the History of Taste* (1914) (New York: W. W. Norton, 1999), p. 159.

14. Allan B. Jacobs, *Great Streets* (Cambridge, Mass.: MIT Press, 1995), pp. 272–80.

15. Jan Gehl, *Cities for People* (Washington, DC: Island Press, 2010), pp. 34–5.

16. M. M. Bakhtin, *The Dialogic Imagination: Four Essays*, ed. Michael Holquist, trans. Caryl Emerson and Michael Holquist, University of Texas Press Slavic Series 1 (Austin: University of Texas Press, 1981), p. 291.

17. 參見 Michael Holquist, *Dialogism: Bakhtin and His World* (London: Routledge, 1990).

18. Bakhtin, *The Dialogic Imagination*, p. 323.

19. Bernard Williams, *Truth and Truthfulness: An Essay in Genealogy* (Princeton: Princeton University Press, 2002), p. 107.

20. 例如參見 Horace R. Cayton and St Clair Drake, *Black Metropolis* (London: Jonathan Cape, 1946).

21. Holquist, *Dialogism*, p. iv.

22. Bakhtin, The Dialogic Imagination, pp. 262–3.

23. Teju Cole, *Open City: A Novel* (New York: Random House,

2011), p. 155.

24. Richard Sennett, *The Foreigner: Two Essays on Exile* (London: Notting Hill Editions, 2017).

25. Gaston Bachelard, *The Poetics of Space*, trans. Maria Jolas (Boston: Beacon Press, 1969), pp. 27, 239.

26. Gaston Bachelard, *The New Scientific Spirit*, trans. Arthur Goldhammer (Boston: Beacon Press, 1985).

27. Louis Althusser, *Essays in Self-Criticism*, trans. Grahame Lock (London: New Left Books, 1976), pp. 107–17.

第八章　五種開放形式

1. John M. Camp, *The Athenian Agora: Excavations in the Heart of Classical Athens* (London: Thames and Hudson, 1986), p. 72.

2. 這項規劃的最佳描述仍是 Sigfried Giedion, 'Sixtus V and the Planning of Baroque Rome', Architectural Review 111 (April 1952): 217–26.

3. Manuel de Solà-Morales, 'Cities and Urban Corners', in *Cities, Corners* exhibition, The B.MM Monographs 4 (2004), pp. 131–4, http://www.publicacions.bcn.es/b_mm/abmm_forum/131-134ang.pdf.

4. Sunniva Harte, *Zen Gardening* (New York: Stewart, Tabori Chang, 1999), p. 18.

5. 諾利這項專案的簡要描述可上網取得：Allan Ceen, 'The Nolli Map and Cartography', http://nolli.uoregon.edu/nuovaPianta.html.

6. 參見 Spiro Kostof, *The City Assembled: The Elements of Urban Form through History* (Boston: Little, Brown, 1992), pp. 28–33.

7. R. Murray Schafer, *The Soundscape: Our Sonic Environment*

and the Tuning of the World (New York: Knopf, 1994), p. 11.

8. 筆者測量的腳步聲。

9. Schafer, *The Soundscape*, pp. 77–9.

10. Alexander Cohen et al., '"Sociocusis"– Hearing Loss from Non-Occupational Noise Exposure', *Sound and Vibration* 4, no. 11 (1970), pp. 12–20.

11. Todd Longstaffe-Gowan, *The London Square: Gardens in the Midst of Town* (London and New Haven: Yale University Press, 2012), pp. 202–4, 209.

12. 這些計算來自景觀設計師的聖經 Robert Holden and Jamie Liversedge, Construction for Landscape Architecture (London: Laurence King Publishing, 2011), pp. 114–17.

13. Gaston Bachelard, *The Poetics of Space*, trans. Maria Jolas (Boston: Beacon Press, 1969), p. xv.

14. Roland Barthes, *A Lover's Discourse: Fragments*, trans. Richard Howard (New York: Hill and Wang, 2010), p. 31.

15. Richard Sennett, *The Craftsman* (New Haven: Yale University Press, 2008), pp. 125–6.

16. 參見 Marta Bausells, 'Superblocks to the Rescue: Barcelona's Plan to Give Streets Back to Residents', *The Guardian*, 17 May 2016.

17. Kevin Lynch, *The Image of the City* (Cambridge, Mass.: MIT Press, 1960), pp. 9–10.

18. Kevin Lynch, *Good City Form* (Cambridge, Mass.: MIT Press, 1981), pp. 37–50.

19. 參見 Colin Rowe and Fred Koetter, *Collage City* (Cambridge, Mass.: MIT Press, 1979), pp. 168ff.

20. Edward R. Tufte, *The Visual Display of Quantitative*

Information, 2nd edn (Cheshire, Conn.: Graphics Press, 2001).

21. Larry A. Hickman (ed.), *The Correspondence of John Dewey*, 1871–1952 (Carbondale: Southern Illinois University Press, 1999–2004), Vol. 3, 25 September 1949, Letter 11135, http://www.nlx.com/collections/132.

22. 參見 Henri Focillon, *The Life of Forms in Art* (New York: Zone Books, 1992).

第九章　創造的連結

1. Michel Callon, Pierre Lascoumes and Yannick Barthe, *Acting in an Uncertain World: An Essay on Technical Democracy*, trans. Graham Burchell (Cambridge, Mass.: MIT Press, 2011).

2. 參見 Richard Sennett, *The Craftsman* (New Haven: Yale University Press, 2008), pp. 39–45.

3. Samir Khalaf and Philip S. Khoury (eds), *Recovering Beirut: Urban Design and Post-War Reconstruction* (Leiden: E. J. Brill, 1993).

4. Sennett, *The Craftsman*, pp. 84–8.

5. Richard Sennett and Jonathan Cobb, *The Hidden Injuries of Class* (New York: W. W. Norton, 1972).

6. Richard Sennett, *The Corrosion of Character: The Personal Consequences of Work in the New Capitalism* (New York: W. W. Norton, 1998).

7. Richard Sennett, *Together: The Rituals, Pleasures and Politics of Cooperation* (New Haven: Yale University Press/London: Allen Lane, 2012), pp. 38–40.

8. 關於這個事件的描述，請見 http://en.wikipedia.org/wiki/Grenfell_Tower_fire, with the caveat that I have contributed to

this Wikipedia entry.

第十章　時間的陰影

1. 參見 Stephen Greenblatt, *The Swerve: How the World Became Modern* (New York: W. W. Norton, 2012).

2. Titus Lucretius Carus, *De rerum natura* (On the Nature of Things) (London: Macmillan, 1893, et seq. editions), 2.216–224, 2.256–567.

3. Horace Walpole to Sir Horace Mann, 28 January 1754, in *The Yale Edition of Horace Walpole's Correspondence*, ed. W. S. Lewis (New Haven: Yale University Press, 1937–83), vol. *20: Horace Walpole's Correspondence with Sir Horace Mann IV* (1960), ed. W. S. Lewis, Warren Hunting Smith and George L. Lam, pp. 407–8.

4. 參見 Sandra Banholzer, James Kossin and Simon Donner, 'The Impact of Climate Change on Natural Disasters', University of British Columbia, Vancouver, Canada; https://earthobservatory. nasa.gov/Features/RisingCost/rising_cost5.php.

5. Pei Li, Jinyuan Xin, Yuesi Wang, Guoxing Li, Xiaochuan Pan, Shigong Wang, Mengtian Cheng, Tianxue Wen, Guangcheng Wang and Zirui Liu, 'Association between Particulate Matter and Its Chemical Constituents of Urban Air Pollution and Daily Mortality or Morbidity in Beijing City', *Environmental Science and Pollution Research* 22, no. 1 (2015): 358–68.

6. 這個複雜主題的不錯概述：François Gemenne, 'The Anthropocene and Its Victims', in Clive Hamilton, Christophe Bonneuil and François Gemenne (eds), *The Anthropocene and the Global Environmental Crisis: Rethinking Modernity in a*

New Epoch (New York: Routledge 2015).

7. Philipp Rode and Ricky Burdett, 'Cities: Investing in Energy and Resource Efficiency', in *Towards a Green Economy: Pathways to Sustainable Development and Poverty Eradication* (United Nations Environment Programme, 2011), pp. 331–73.

8. Neil Johnson, *Simply Complexity: A Clear Guide to Complexity Theory* (London: Oneworld, 2009), pp. 39–40. 原本是以下面的書名出版：*Two's Company, Three is Complexity* in 2007.

9. Geert Mak, *Amsterdam: A Brief Life of the City*, trans. Philipp Blom (New York: Vintage, 1999), p. 5.

10. 引自 2002 年在 Quant 基金會七月學術研討會上的演講：Richard Sennett , 'The Public Realm'。

11. 參見 Michael Hough, *Cities and Natural Process: A Basis for Sustainability*, 2nd edn (London: Routledge, 2004), p. 31.

12. 全球各地類似「設計重建都市」的專案有數百個，但「設計重建都市」是指引許多國際計畫的一種模式。其作品可在「Rebuild by Design」網站上看到：http://www.rebuildbydesign.org/.

13. 關於這項專案的平衡敘述，參見 Jessica Dailey, 'See the 10-Mile "Dryline" That Could Protect NYC's Waterfront', 10 March 2015, http://ny.curbed.com/2015/3/10/9982658/see-the-10-mile-dryline-thatcould-protect-nycs-waterfront.

14. Marjorie Hope Nicolson, *Mountain Gloom and Mountain Glory: The Development of the Aesthetics of the Infinite* (1959) (Seattle: University of Washington Press, 1997), p. 16.

15. Lord Byron, *Childe Harold's Pilgrimage* (1812–16), Canto III, stanza LXII.

16. 馬克思的內容是翻譯及引自 William Leiss, *The Domination of*

Nature (Montreal: McGill-Queen's University Press, 1994), p. 73.

17. Karl Marx, *Grundrisse der Kritik der politischen Ökonomie* (1857–8) (Moscow: Verlag für Fremdsprachige Literatur, 1939).

18. Émile Durkheim, *The Elementary Forms of Religious Life* (Oxford: Oxford University Press, 1912), p. 424.

19. 參　見 Richard Sennett, *Together: The Rituals, Pleasures and Politics of Cooperation* (New Haven: Yale University Press/ London: Allen Lane, 2012), pp. 212–20.

結語：眾多之一

1. Eric Klinenberg, *Going Solo: The Extraordinary Rise and Surprising Appeal of Living Alone* (New York: Penguin Books, 2012).

2. Christoph Martin Wieland,'Das Geheimniss des Kosmopolitenordens' (1788), quotation translated in Kwame Anthony Appiah, *Cosmopolitanism: Ethics in a World of Strangers*, Issues of Our Time (New York: W. W. Norton, 2006), p. xv.

3. Immanuel Kant, *Idea for a Universal History from a Cosmopolitan Point of View* (1784). 我用的是路易士‧懷特‧貝克（Lewis White Beck）的標準版英語翻譯。在這個版本中，德語的拗口標題簡化成 *On History* (New York: Bobbs-Merrill, 1963). 'Unsocial sociability' appears in Thesis 4.

4. Cf. Ash Amin, *Land of Strangers* (Cambridge: Polity Press, 2012), p. 00.

5. Kant, *On History*, Thesis 6.

6. Augustine of Hippo, *The City of God* (426), XIX, xvii.

7. G. W. F. Hegel, *Phenomenology of Spirit*, trans. A. V. Miller

(Oxford: Oxford University Press, 1977), pp. 111ff.

8. Adam Smith, *The Theory of Moral Sentiments*, ed. D. D. Raphael and A. L. Macfie (Oxford: Oxford University Press (Glasgow Edition), 1976), Part I, Section I, Chapters 1–2.

9. Muhammad ibn Yaʿqūb al-Kulaynī, Al-Kāfī, Vol. 2, p. 146.

10. Confucius, *The Analects*, trans. David Hinton (Washington, DC: Counterpoint, 1998), XV.24.

11. Georg Simmel, 'Der Fremde' ['The Stranger'], in *Soziologie* (Leipzig: Duncker and Humblot, 1908). 我的翻譯。

插圖表

1. 約瑟夫・巴澤爾傑特（Joseph Bazalgette）看著修道院抽水站（Abbey Mills）下方興建的北口下水道（Northern Outfall sewer）。（W. Brown / Otto Herschan / Getty）
2. 倫敦的下水道地圖。（Jack Taylor / Getty）
3. 中世紀的巴黎地圖，西元一三〇〇年左右。
4. 一八四八年六月二十五日，聖摩爾路—波平古爾街（rue Saint-Maur-Popincourt）對面的街壘。（Thibault / 奧塞美術館 / Herve Lewandowski）
5. 一八五〇至七〇年建於巴黎的主要新街道，取自《Les Travaux de Paris, 1789-1889》（巴黎，1889），圖 11 與 12
6. 法國畫家尤金・加林—拉盧（Eugene Galien-Laloue），《奧斯曼大道》（*Boulevard Haussmann*）。（Jacques Lievin / 私人收藏 / 佳士得 / Bridgeman）
7. 俯瞰巴賽隆納的擴展區（Eixample）。（JackF / iStock）

8. 巴賽隆納採用削角的方形街廓。（Gunter Gassner）

9. 一八九〇年左右，在達科塔公寓（Dakota）前的中央公園裡溜冰。（J. S. Johnston／紐約歷史協會）

10. 72 街從達科塔公寓往北看的景象。（紐約歷史協會）

11. 柯比意（Charles-Edouard Jeanneret）瓦贊計畫（Plan Voisin）的模型。（Banque d 'Images／ADAGP／Art Resource）

12. 紐約市長羅伯・瓦格納（Robert F. Wagner）的公共住宅建築之一，位於紐約市的東哈林區。（Madamechaotica／Creative Commons）

13. 埃比尼澤・霍華德（Ebenezer Howard）提議的遠景：「一群沒有貧民窟、沒有煙霧的城市。」

14. 長島市陽邊區（Sunnyside）城市住宅公司（City Housing Corporation）的首次開發。（Clarence S. Stein Papers，康乃爾大學圖書館）

15. 二〇一六年美國國慶週末的格林威治村（Greenwich Village）。（Ryan DeBerardinis／Shutterstock）

16. 一九六〇年代，珍・雅各（Jane Jacobs）在白馬酒吧（White Horse Tavern）。（Cervin Robinson）

17. 印度德里的尼赫魯廣場（Nehru Place）。（Richard Sennett）

18. 上海浦東的高樓公寓建築。（Christian Petersen-Clausen／Getty）

19. 上海的石庫門生活。（Gangfeng Wang, Gang of One Photography）

20. 上海的新天地社區。（Shui on Land／Studio Shanghai）

21. 波羅丁斯基大橋（Borodinsky Bridge），莫斯科，1926年。（Yury Yeremin）

22. 《消息報》大樓（Izvestia complex），建於苦行廣場（Strastnaya Square），1924-1927 年。

Creative Commons）

39. 麥德林的社區圖書館。（麥德林自治市）
40. 孟買達拉維（Dharavi）的非正式市場。（Philipp Rode）
41. 義大利那不勒斯的斯帕卡那波利街（Spaccanapoli）。（Ivana Kalamita / Creative Commons）
42. 巴西聖保羅的帕來索波里斯貧民窟（Paraisopolis favela）和莫倫比區（Morumbi）之間的邊界。（Tuca Vieira）
43. 委內瑞拉卡拉卡斯（Caracas）的鳥瞰圖。（Alejandro Solo / Shutterstock）
44. 倫敦的波羅市場（Borough Market）。（Natalya Okorokova / Pond5）
45. 孟買鐵路附近的市場。（Rajesh Vora）
46. 麥德林的「寮屋大樓」（squatter skyscraper）。
47. 北愛爾蘭德里（Derry）的窗框。（Ardfern / Creative Commons）
48. 內建的長椅。（Sevenke / Shutterstock）
49. 街上的庭園擺設。（Tom Plevnik / Shutterstock）
50. 阿姆斯特丹 Van Boetzelaerstraat 的交叉路口，一九六一年。
51. 同一街道興建奧爾多・范艾克（Aldo van Eyck）設計的遊樂場之後的樣貌，一九六四年。
52. 從河濱大道高架橋往北看。（Paul Lowry / Creative Commons）
53. 哈林區（Harlem）西城公路（Henry Hudson Parkway）下方的 Fairway 超市（Stacy Walsh Rosenstock / Alamy）
54. 金塔蒙羅伊住宅（Quinta Monroy），智利的伊基克（Iquique），Elemental 建築事務所設計。（Tadeuz Jalocha）
55. 金塔蒙羅伊住宅自我擴展後。（Cristobal Palma / Estudio Palma）
56. 里昂火車站的內景，巴黎。（Eric Pouhier / Creative Commons）
57. 里昂火車站後來的內景。（David Monniaux / Creative Commons）
58. 砲臺公園城（Battery Park City）的 Liberty Court 豪華公寓。

（Dominick Bagnato）

59. 蒙帕納斯大樓（Tour Montparnasse）與榮軍院（Les Invalides），巴黎。（S. Borisov / Shutterstock）

【Act】MA0046

棲居：都市規劃的過去、現在與未來，
如何打造開放城市，尋找居住平衡的新契機？

作　　　者❖ 理查·桑內特（Richard Sennett）
譯　　　者❖ 洪慧芳
美 術 設 計❖ 井十二設計研究室
內 頁 排 版❖ 極翔企業有限公司
總 編　　輯❖ 郭寶秀
責 任 編 輯❖ 黃怡寧
行 銷 業 務❖ 許芷瑀

發　 行　 人❖ 涂玉雲
出　　　版❖ 馬可孛羅文化
　　　　　　104臺北市中山區民生東路二段141號5樓
　　　　　　電話：(886)2-25007696
發　　　行❖ 英屬蓋曼群島商家庭傳媒股份有限公司城邦分公司
　　　　　　臺北市中山區民生東路二段141號11樓
　　　　　　客服服務專線：(886)2-25007718；25007719
　　　　　　24小時傳真專線：(886)2-25001990；25001991
　　　　　　服務時間：週一至週五9:00～12:00；13:00～17:00
　　　　　　劃撥帳號：19863813　戶名：書虫股份有限公司
　　　　　　讀者服務信箱：service@readingclub.com.tw
香港發行所❖ 城邦（香港）出版集團有限公司
　　　　　　香港灣仔駱克道193號東超商業中心1樓
　　　　　　電話：(852)25086231　傳真：(852)25789337
　　　　　　E-mail：hkcite@biznetvigator.com
馬新發行所❖ 城邦（馬新）出版集團
　　　　　　Cite (M) Sdn. Bhd.(458372U)
　　　　　　41, Jalan Radin Anum, Bandar Baru Seri Petaling,
　　　　　　57000 Kuala Lumpur, Malaysia
　　　　　　電話：(603)90578822　傳真：(603)90576622
　　　　　　E-mail：services@cite.com.my
輸 出 印 刷❖ 前進彩藝有限公司
初 版 一 刷❖ 2020年6月
初 版 三 刷❖ 2024年8月
定　　　價❖ 560元　（如有缺頁或破損請寄回更換）

Building and Dwelling: Ethics for the City
Copyright © 2018 by Richard Sennett
through Bardon-Chinese Media Agency.
Complex Chinese language edition copyright © 2020 by Marco Polo Press, a division of Cité Publishing Ltd.
All rights reserved including the rights of reproduction in whole or in part in any form.

國家圖書館出版品預行編目資料

棲居：都市規劃的過去、現在與未來，如何打造
　開放城市，尋找居住平衡的新契機？/ 理查·桑
　內特（Richard Sennett）著；洪慧芳譯 . -- 初版 .
　-- 臺北市：馬可孛羅文化出版：家庭傳媒城邦
　分公司發行 , 2020.06
　面；　　公分 (Act；MA0046)
　譯自：Building and dwelling : ethics for the city
　ISBN 978-986-5509-23-1(平裝)

　1. 都市計畫　2. 都市化

545.14　　　　　　　　　　　　　109005645

城邦讀書花園
www.cite.com.tw

ISBN：978-986-5509-23-1（平裝）
版權所有　翻印必究